AYN RAND
E OS DEVANEIOS DO COLETIVISMO

BREVES LIÇÕES | DENNYS GARCIA XAVIER

Conselho Acadêmico da LVM

Adriano de Carvalho Paranaiba
Instituto Federal de Educação, Ciência e Tecnologia de Goiás (IFG)

Alberto Oliva
Universidade Federal do Rio de Janeiro (UFRJ)

André Luiz Santa Cruz Ramos
Centro Universitário IESB

Dennys Garcia Xavier
Universidade Federal de Uberlândia (UFU)

Fabio Barbieri
Universidade de São Paulo (USP)

Marcus Paulo Rycembel Boeira
Universidade Federal do Rio Grande do Sul (UFRGS)

Mariana Piaia Abreu
Universidade Presbiteriana Mackenzie

Paulo Emílio Vauthier Borges de Macedo
Universidade do Estado do Rio de Janeiro (UERJ)

Ubiratan Jorge Iorio
Universidade do Estado do Rio de Janeiro (UERJ)

Vladimir Fernandes Maciel
Universidade Presbiteriana Mackenzie

AYN RAND
E OS DEVANEIOS DO COLETIVISMO

BREVES LIÇÕES | **DENNYS GARCIA XAVIER**

LVM EDITORA

São Paulo | 2019

Impresso no Brasil, 2019

Copyright © 2019 Dennys Garcia Xavier

Os direitos desta edição pertencem à
LVM Editora
Rua Leopoldo Couto de Magalhães Júnior, 1098, Cj. 46
04.542-001. São Paulo, SP, Brasil
Telefax: 55 (11) 3704-3782
contato@lvmeditora.com.br · www.lvmeditora.com.br

Editor Responsável | Alex Catharino
Coordenador da Coleção | Dennys Garcia Xavier
Revisão ortográfica e gramatical | André Assi Barreto & Márcio Scansani / Armada
Preparação dos originais | Dennys Garcia Xavier & Alex Catharino
Índice remissivo e onomástico | Márcio Scansani / Armada
Produção editorial | Alex Catharino
Capa | Rafael Sanzio França Silva de Carvalho & Carolina Butler
Projeto gráfico, diagramação e editoração | Carolina Butler
Pré-impressão e impressão | Rettec

Dados Internacionais de Catalogação na Publicação (CIP)
Angélica Ilacqua CRB-8/7057

A949	Ayn Rand e os devaneios do coletivismo / coordenado por Dennys Garcia Xavier. — São Paulo : LVM Editora, 2019. 240 p. (Coleção Breves Lições) Vários autores Bibliografia ISBN: 978-85-93751-72-1 1. Ciências sociais 2. Ciência política 3. Filosofia 4. Liberalismo 5. Objetivismo 6. Rand, Ayn, 1905-1982 I. Xavier, Dennys Garcia	
19-0706		CDD 300

Índices para catálogo sistemático:

1. Ciências sociais 300

Reservados todos os direitos desta obra.
Proibida toda e qualquer reprodução integral desta edição por qualquer meio ou forma, seja eletrônica ou mecânica, fotocopia, gravação ou qualquer outro meio de reprodução sem permissão expressa do editor. A reprodução parcial e permitida, desde que citada a fonte.

Esta editora empenhou-se em contatar os responsáveis pelos direitos autorais de todas as imagens e de outros materiais utilizados neste livro. Se porventura for constatada a omissão involuntária na identificação de algum deles, dispomo-nos a efetuar, futuramente, os possíveis acertos.

SUMÁRIO

Exórdio
A EMANCIPAÇÃO PELAS VIAS DA LIBERDADE 9
    Dennys Garcia Xavier

Apresentação
QUEM É JOHN GALT? 15
    Alexandre Walmott Borges

Capítulo 1
AYN RAND: UMA BIOGRAFIA 17
    Gustavo Henrique de Freitas Coelho

Capítulo 2
POR UMA ÉTICA DO EGOÍSMO 79
    Wesley Costa Xavier
    Dennys Garcia Xavier

Capítulo 3
O ANTAGONISMO RANDIANO: RAZÃO FRENTE AO ALTRUÍSMO 95
    Rosane Viola Siquieroli
    José Carlos Marra
    Dennys Garcia Xavier

Capítulo 4
PACTO, EXPECTATIVAS E NORMAS NA RELAÇÃO SOCIEDADE E INDIVÍDUO 107
    Gabriel Oliveira de Aguiar Borges
    Henrique Bibiano Siqueira

Capítulo 5
O CULTO DA MORAL HIPÓCRITA 119
    Reginaldo Jacinto Alves
    Dennys Garcia Xavier

Capítulo 6
RACISMO E DIREITOS COLETIVOS 131
    Marco Felipe dos Santos
    Müller Mendes Viana

Capítulo 7
EDUCAÇÃO PARA A SUBSERVIÊNCIA: OS "COMPRACHICOS" E A IRRACIONALIDADE CONSTRUÍDA 143
    Anamaria Camargo

Capítulo 8
EGOÍSMO RACIONAL E O PRAZER 155
    Michelle Borges Borsatto
    Dennys Garcia Xavier

Capítulo 9
A ORIGEM DO GOVERNO 165
    Dennys Garcia Xavier
    Nei Oliveira de Souza Junior

Capítulo 10
RAÍZES DO INDIVUALISMO OBJETIVISTA E A REJEIÇÃO DA IDENTIDADE COLETIVA 175
    Renato Ganzarolli

Capítulo 11
UM BREVE ENSAIO SOBRE O OBJETIVISMO DE AYN RAND 191
Roberto Rachewsky

Apêndice
O LEGADO DE AYN RAND 207
Weverton Paulo da Silva
Luciene Gomes dos Santos

AUTORES 219

ÍNDICE REMISSIVO E ONOMÁSTICO 225

EXÓRDIO

A EMANCIPAÇÃO PELAS VIAS DA LIBERDADE

Dennys Garcia Xavier

A razão de ser deste livro

Este livro segue a linha editorial adotada para a série "Breves Lições", que tenho o prazer de coordenar. Após livro dedicado à divulgação de alguns dos elementos doutrinários de F. Hayek, é chegada a hora de evocarmos uma das mais belas e surpreendentes figuras do espírito humano (e isso pelos mais diversos motivos, como o nosso leitor poderá logo ver): Ayn Rand.

Antes de irmos a ela, no entanto, cabe aqui registrar, uma vez mais, o escopo essencial que nos move nas "Breves Lições".

Há tempos a Universidade brasileira virou as costas para a sociedade que a mantém. Há uma série de fatores que explicam tal fato, sem, entretanto, justificá-lo minimamente. Talvez seja o caso de elencar, mesmo que em termos sinópticos, alguns deles, para que o nosso escopo reste devidamente esclarecido.

Em primeiro lugar, a estrutura pensada para as Instituições Públicas de Ensino Superior (IPES) é o que poderíamos denominar "entrópica". Com isso quero dizer que passam mais tempo a consumir energia para se manter em operação do que a fornecer, como contrapartida pensada para a sua existência, efetivo aperfeiçoamento na vida das pessoas comuns, coagidas a bancá-las por força de imposição estatal. Talvez fosse desnecessário dizer, mas o faço para evitar mal-entendidos: não desconsidero as contribuições pontuais e louváveis que, aqui e ali, conseguimos divisar no interior das IPES. No entanto, não é esse o seu arcabouço procedimental de sustentação. Os exemplos de desprezo pelo espírito republicano e pelo real interesse da nação se multiplicam quase que ao infinito: Universidades e cursos abertos sem critério objetivo de retorno, bolsas e benefícios distribuídos segundo regras pouco claras – muitas vezes contaminadas por jogos internos de poder político –, concursos e processos seletivos pensados "*ad hoc*" para contemplar interesses dificilmente confessáveis entre outros. Em texto que contou com grande repercussão nacional, o Prof. Paulo Roberto de Almeida esclarece o que aqui alego:

> Não é segredo para ninguém que as IPES funcionam em bases razoavelmente "privadas" – isto é, são reservadas essencialmente para uma clientela relativamente rica (classes A, B+, BB, e um pouco B-, com alguns merecedores representantes da classe C), que se apropria dos impostos daqueles que nunca terão seus filhos nesses templos da benemerência pública. Na verdade, essa clientela é a parte menos importante do grande show da universidade pública, que vive basicamente para si mesma, numa confirmação plena do velho adágio da "torre de marfim". Não se trata exatamente de marfim, e sim de uma redoma auto e retroalimentada pela sua própria transpiração, com alguma inspiração (mas não exatamente nas humanidades e ciências sociais). A Capes e o CNPq, ademais do próprio MEC, asseguram uma confortável manutenção dos aparelhos que mantém esse corpo quase inerme em respiração assistida, ainda que com falhas de assistência técnica, por carência eventual de soro financeiro.
>
> Nessa estrutura relativamente autista, a definição das matérias, disciplinas e linhas de pesquisa a serem oferecidas a essa distinta clientela não depende do que essa clientela pensa ou deseja, e sim da vontade unilateral dos próprios guardiães do templo, ou seja, os professores, inamovíveis desde o concurso inicial,

independentemente da produção subsequente. A UNE, os diretórios estudantis, os avaliadores do Estado, os financiadores intermediários (planejamento, Congresso, órgãos de controle) e últimos de toda essa arquitetura educacional (isto é, toda a sociedade) e, sobretudo os alunos, não têm nenhum poder na definição da grade curricular, no estabelecimento dos horários, na determinação dos conteúdos, na escolha da bibliografia, no seguimento do curso, enfim, no desenvolvimento do aprendizado, na empregabilidade futura da "clientela", que fica entregue à sua própria sorte. Sucessos e fracasso são mero detalhe nesse itinerário autocentrado, que não cabe aos professores, às IPES, ao MEC responder pelos resultados obtidos (ou não), que de resto são, também, uma parte relativamente desimportante de todo o processo. (ALMEIDA, 2017)

Jamais questione, portanto, pelos motivos expostos, os tantos "gênios" produzidos e alimentados pela academia brasileira. No geral, pensam ser nada mais do que uma obviedade ter alguém para sustentar as suas aventuras autoproclamadas científicas, os seus exercícios retóricos de subsistência e o seu esforço em fazer parecer importante aquilo que, de fato, especialmente num país pobre e desvalido, não tem qualquer importância (e me refiro com ênfase distintiva aos profissionais das áreas de Humanidades). Tem razão, portanto, Raymond Aron quando diz:

> Quando se trata de seus interesses profissionais, os sindicatos de médicos, professores ou escritores não reivindicam em estilo muito diferente do dos sindicatos operários. Os quadros defendem a hierarquia, os diretores executivos da indústria frequentemente se opõem aos capitalistas e aos banqueiros. Os intelectuais que trabalham no setor público consideram excessivos os recursos dados a outras categorias sociais. Empregados do Estado, com salários prefixados, eles tendem a condenar a ambição do lucro. (ARON, 2016, pp. 224-225)

Estamos evidentemente diante do renascimento do acadêmico *egghead* ou "cabeça de ovo", segundo roupagem brasileira, naturalmente[1]. Indivíduo com equivocadas pretensões intelectuais, frequentemente professor ou protegido de um professor, marcado por indisfarçável superficialidade. Arrogante e afetado, cheio de vaidade e de desprezo pela experiência daqueles mais sensatos e mais capazes, essencialmente confuso na sua maneira de pensar, mergulhado em uma mistura de sentimentalismo e evangelismo violento (CROSSMAN, 1952, *passim*). O quadro, realmente, não é dos mais animadores.

Depois, vale ressaltar outro elemento que configura o desprezo do mundo das IPES pela sociedade. A promiscuidade das relações de poder que se formam dentro dela, sem critério de competência, eficiência ou inteligência, o que a tornam problema a ser resolvido, em vez de elemento de resolução de problemas:

> A despeito de certos progressos, a universidade pública continua resistindo à meritocracia, à competição e à eficiência. Ela concede estabilidade no ponto de entrada, não como retribuição por serviços prestados ao longo do tempo, aferidos de modo objetivo. Ela premia a dedicação exclusiva, como se esta fosse o critério definidor da excelência na pesquisa, ou como se ela fosse de fato exclusiva. Ela tende a coibir a "osmose" com o setor privado, mas parece fechar os olhos à promiscuidade com grupos político-partidários ou com movimentos ditos sociais. Ela pretende à autonomia operacional, mas gostaria de dispor de orçamentos elásticos, cujo aprovisionamento fosse assegurado de maneira automática pelos poderes públicos. Ela aspira à eficiência na gestão, mas insiste em escolher os seus próprios dirigentes, numa espécie de conluio "democratista" que conspira contra a própria ideia de eficiência e de administração por resultados. Ela diz privilegiar o mérito e a competência individual, mas acaba deslizando para um socialismo de guilda, quando não resvalando num corporativismo exacerbado, que funciona em circuito fechado.
>
> Tudo isso aparece, de uma forma mais do que exacerbada, na "eleição", e depois na "escolha", dos seus respectivos "reitores", que não deveriam merecer esse nome, pois regem pouca coisa, preferindo seguir, por um lado, o que recomenda o Conselho Universitário – totalmente fechado sobre si mesmo – e, por outro, o que "mandam as ruas", no caso, os sindicatos de

---

[1] O termo *"egghead"* se espalhou rapidamente nos Estados Unidos da América com a publicação dos trabalhos apresentados em um simpósio de 1953 denominado *"America and the Intellectuals"*. Houve ali a evisceração de uma hostilidade latente contra os intelectuais – frequentemente representados por professores universitários – por grande parte da opinião pública.

professores e funcionários. Algumas IPES chegaram inclusive a conceder o direito de voto igualitário a professores, alunos e funcionários, uma espécie de assembleísmo que é o contrário da própria noção de democracia, se aplicada a uma instituição não igualitária, como deve ser a universidade. (ALMEIDA, 2017)

Talvez esse seja um dos mais graves entraves a ser enfrentado no âmbito da educação brasileira de nível superior: o seu compromisso ideológico com o erro, com o que evidentemente não funciona, com uma cegueira volitiva autoimposta que a impede de enxergar o fundamento de tudo o que é: a realidade, concreta, dura, muitas vezes injusta, mas...a realidade. Trata-se de uma máquina que se retroalimenta com a sua própria falência e que, por isso mesmo, atingiu estágio no qual pensar a si mesma, se reinventar, é quase um exercício criativo de ficção. Fui, eu mesmo, vítima/fautor complacente da realidade que aqui descrevo. Seduzido pelo que julgava ser a minha superior condição intelectual num país de analfabetos funcionais, promovi eventos, obras e diversas doutas iniciativas sem necessariamente pensar em como ajudá-los, mas em como ventilar alta ciência para poucos eleitos, poliglotas, frequentadores de conselhos, grupos e sociedades assim consideradas prestigiosas. O caminho não é esse: ao menos não apenas esse.

Certo, não podemos abrir mão de ciência de alto nível, de vanguarda, de um olhar ousado para o futuro. Isso seria reduzir a Universidade a uma existência "utilitária" no pior sentido do termo: e não é disso que estou falando nesta sede. Digo mais simplesmente que é passado o momento de darmos resposta a anseios legítimos da população, à necessidade de instruirmos com ferramentas sérias e comprometidas uma massa humana completamente alijada de conteúdos muitas vezes basilares, elementares, que permeiam a sua existência. A ideia que sustenta o nascimento deste livro se alimenta dessa convicção, ancorada num olhar mais cuidadoso com o outro, especialmente alheio às coisas da ciência, num país como o nosso, usualmente reservadas a meia dúzia de privilegiados.

Não busquem aqui, portanto, contribuição original ou revolucionária ao pensamento de Rand. Esta obra não se confronta contínua e rigorosamente – o que devia ter feito, fosse outro o seu propósito – com a fortuna crítica/técnica que a precede, com os múltiplos especialistas em temas específicos ou transversais que contempla ou com textos que, sincrônica ou diacronicamente, se referem à nossa autora. Ela deseja enfatizar, isso sim, a importância capital de uma pensadora para a compreensão da crise pela qual passamos e sublinhar algumas das soluções e alternativas apontadas por ela, mestre da condição humana quase que absolutamente posta de parte pela *intelligentsia* brasileira, sem qualquer pudor ou constrangimento. A obra é o resultado de um esforço conjunto de pesquisadores brasileiros que, sob minha coordenação, assumiram a tarefa não só de estudar Ayn Rand mais a fundo, de compreender as articulações compositivas da sua linha argumentativa, mas de dar a conhecer a um público leitor mais amplo a sua estratégica importância. Adotamos como regra geral evitar tanto quanto possível a linguagem hermética, pedante ou desnecessariamente técnica, nem sempre com o sucesso desejado. Queremos falar a homens letrados, não exclusivamente a círculos especializados. Não obstante isso, fomos intransigentes na ajustada apropriação e na interpretação dos conceitos da autora. Longe de nós, ademais, o intuito de operar leitura teorética do texto, vale dizer, usar a arquitetônica doutrinária de Rand para propósitos outros que não o da sua estrita compreensão. É isso: avançamos aqui com leitura eminentemente histórica, sem nuances subjetivas ou julgamentos apriorísticos, para oferecer ao leitor uma visão geral e calibrada de alguns elementos fundantes da filosofia de nossa autora. O passo seguinte cabe ao leitor, não a quem oferece o texto... ao menos este texto.

  O momento é propício. Parte da estrutura educacional brasileira, não obstante tudo, parece querer acordar do "sono dogmático" que a deixou inerte diante do diferente nas últimas décadas. Seria mesmo inevitável. Esta é nossa modesta (mas criteriosa) contribuição ao movimento de saída de uma condição de hibernação ideológica crônica.

  Pois avancemos. Não se trata mais de mero capricho intelectual, mas de proposição mesma de novos tempos para o país.

APRESENTAÇÃO

QUEM É JOHN GALT?

Temos a satisfação de anunciar que o caráter inovador e crítico dos trabalhos organizados pelo Professor Doutor Xavier agora tocam a obra da autora Ayn Rand. A apresentação já deve começar com a necessária cautela que é o da utilização do termo *autora* para aquela que é o objeto de investigação dos escribas reunidos nesta obra. Ayn Rand talvez deva ser descrita como alguém ativa, ativíssima, no superlativo, já que marcou pontos e ações em diversas áreas e instituições do mundo contemporâneo. Os informes da sua biografia já sugerem a gama de informações e deslocamentos, marcas pessoais e culturais de Ayn Rand. Nascida num império em decadência, ou num dos últimos impérios multinacionais no século XX, viveu ainda a experiência da Revolução Russa e da implantação do regime soviético. A continuidade da intensidade de experiências vividas por Ayn Rand a leva ao contingente dos migrados da diáspora pós-revolução, fixando-se na década de 20 nos EUA. Portanto, não se há de minorar a riqueza da experiência biográfica de alguém que viveu entre os dois sistemas sociais e políticos mais influentes do século XX, e ainda entre os sistemas novecentistas que viviam o estertorar na virada de século. Curiosamente, nascida no berço de família judia, veio a afirmar o ateísmo na idade madura e produtiva. Mais uma das marcas da vibrante e incessante vivência de Ayn Rand. No campo das artes e da filosofia, fez-se incisiva no mundo cultural que o século XX apresentou, incluindo a contribuição ao cinema e à literatura de massa. Portanto, aqui já se entende o obstáculo óbvio do porquê considerá-la uma *autora* pode nos levar a lobrigar exatamente quem era: produziu para os cines; produziu para as tevês; produziu para a filosofia. Em suma, a cápsula *autora* talvez não seja suficiente para dizer quem foi ela. Embora a marca da produção de Ayn Rand possa ser dimensionada temporalmente como de produção "durante" o século XX, a sua obra ganhou destaque justamente a partir dos noventa, e com grande força no século em que vivemos. O Objetivismo ganhou especial relevância e fez-se marca cultural nos debates políticos, econômicos e institucionais, com mais força, a partir da década de 90. Em certa medida, o caráter icônico de sua obra deve-se, à larga, aos nascidos já no final da vida de Ayn Rand e que entraram na vida produtiva somente depois da morte da escritora e filósofa. Por certo que há uma enorme carga de polêmicas e debates sobre o valor da obra, sobre as consequências do Objetivismo, sobre o significado e o recorte que faz da sociedade, e até mesmo sobre a sua real dimensão. Pois bem, felizmente tem-se aqui a oportunidade de oferecer aos leitores um quinhão desta pródiga discussão. O esforço dos autores resultou em obra profunda capaz de oferecer pontos e sinais significativos desta acalorada discussão. Recomendamos a todos proveitosa leitura. Que os pontos de debate sirvam ao crescimento intelectual e ao fomento da diversidade interpretativa da sociedade.

    Com as recomendações finais de louvor ao belo trabalho empreendido pelo Professor Doutor Dennys Garcia Xavier:

Um amigo sensato é um bem precioso.
HOMERO

Uberlândia, em fevereiro de 2019.
Alexandre Walmott Borges

CAPÍTULO 1

AYN RAND: UMA BIOGRAFIA

Gustavo Henrique de Freitas Coelho

Antes de tudo, sou a criadora de um novo código de moralidade que, até então, tinha sido considerado impossível: uma moralidade não baseada na fé, nem em decreto arbitrário, nem na emoção, nem no místico, nem no social, mas sim na razão. (RAND, 1959)

1. NASCIMENTO E INFÂNCIA NA RÚSSIA CZARISTA

Ayn Rand chamava-se, na verdade, Alissa Zinovyevna Rosenbaum[1]. Ela nasceu no dia 2 de fevereiro de 1905, em São Petersburgo, Império Russo czarista. No mesmo ano de seu nascimento ocorria em São Petersburgo, capital do Império Russo, o primeiro grande evento que viria a desencadear a Revolução Russa de outubro de 1917, e todos os demais eventos históricos que marcariam sua infância, moldando sua visão de mundo manifesta em seu posicionamento político e filosófico[2]. Por isso, é impossível contar a história da infância de Ayn Rand sem fazermos uma apresentação, ainda que em linhas gerais, a respeito das mudanças políticas pelas quais passou a Rússia desde seu nascimento até sua partida para os Estados Unidos.

Em 22 de janeiro de 1905[3], uma procissão pacífica organizada pelo padre George Gapon marchou em direção ao Palácio de Inverno, residência oficial do czar Nicolau II, com o propósito de lhe entregar uma petição, com cerca de 140 mil assinaturas de trabalhadores, contendo diversas reivindicações sociais, incluindo melhores condições de vida e de trabalho. Mesmo sendo uma manifestação pacífica, com as pessoas cantando músicas religiosas e a canção nacional *Deus salve o czar*, às portas do palácio os manifestantes foram recebidos a tiros pelos soldados do exército que lá faziam a guarda. Com um número incerto de mortos e feridos, que, segundo a fonte varia entre algumas

---

[1] Em alguns documentos, como no manifesto do navio em que Rand emigrou da Rússia soviética para os Estados Unidos, e no pedido de cidadania americana, também encontramos a grafia como Alice Rosenbaum, enquanto solteira, ou Alice O'Connor, depois de casada. Isso ocorre porque o nome Alice é o equivalente na tradução americana do nome Alissa. Em russo, Алйса Зинóвьевна Розенбáум.

[2] Embora esse seja um ponto comum em quase todas as suas biografias, Ayn Rand insistia, repetidamente, que os detalhes de sua vida não tinham nada a ver com os princípios de sua filosofia. "Ela citaria, sobre esse assunto, o arquiteto fictício Howard Roark, herói de seu romance *The Fountainhead*: 'Não me pergunte sobre minha família, minha infância, meus amigos ou meus sentimentos. Pergunte-me sobre as coisas que eu penso'". (ANDERSON, 2009)

[3] A data pode variar entre o dia 9 ou o dia 22 de janeiro, segundo as diferentes fontes consultadas, por conta da mudança do calendário juliano para o calendário gregoriano. Até o início do mês de outubro do ano de 1582 o calendário adotado era aquele herdado do Império Romano, chamado de calendário juliano. Em outubro do ano de 1582 o Papa Gregório XIII instituiu um novo calendário, chamado de gregoriano. Com a finalidade de compensar a diferença acumulada ao longo dos séculos entre o calendário juliano e as efemérides astronômicas, o Papa decretou que quinta-feira, dia 4 de outubro de 1582 fosse imediatamente seguido de sexta-feira, dia 15 de outubro. Inicialmente, apenas Espanha, Itália, Portugal e Polônia adotaram o novo calendário. Na Rússia, a mudança do calendário juliano para o calendário gregoriano ocorreu apenas no ano de 1918, quando o dia 31 de janeiro de 1918 foi imediatamente seguido pelo dia 14 de fevereiro de 1918. Desse modo, segundo o calendário vigente na época, os eventos que ficaram conhecidos como Domingo Sangrento ocorreram no dia 09 de janeiro de 1905, enquanto que segundo o calendário gregoriano (que é o calendário que usamos atualmente), os eventos ocorreram no dia 22 de janeiro de 1905.

dezenas a milhares de pessoas – incluindo crianças, estudantes, idosos – essa data ficou conhecida como Domingo Sangrento, e deu início ao movimento revolucionário que viria a concretizar-se apenas uma década mais tarde.

Exército abre fogo contra manifestantes diante do Palácio de Inverno, 22 de janeiro de 1905.

Fotografia atual do Palácio de Inverno, São Petersburgo.
Fonte: http://www.saint-petersburg.com/palaces/winter-palace/

Após o massacre da manifestação em 1905, durante os anos seguintes até 1917, apesar dos constantes distúrbios políticos e do declínio da economia e do padrão de vida do povo russo, a cidade de São Petersburgo foi um lugar tranquilo, como podemos notar por essa fotografia de sua avenida principal, Nevsky Prospekt.

Avenida Nevsky Prospekt, São Petersburgo, 1906.

Foi nesse ambiente relativamente calmo, mas que nos bastidores políticos germinava o movimento revolucionário, que Rand foi criada. Ela era a filha mais velha de Zelman Wolf Zakharovich Rosenbaum[4] e Anna Borisovna Rosenbaum, tendo nascido apenas um ano após eles terem se casado. Suas irmãs eram Natasha, nascida em 1907, e Eleanora, mais conhecida como Nora, nascida em 1910.

Em 1899 seu pai obteve uma licença em química farmacêutica pela Universidade de Varsóvia. Sua mãe, mais conhecida apenas como Anna, era uma mulher sofisticada e mais instruída que o marido. Fluente em inglês, francês e alemão, aprendeu o ofício de dentista,

---

[4] Zelman Wolf Zakharovich Rosenbaum trocou diversas vezes de nome, e, conforme as diferentes biografias de Ayn Rand, também o encontramos com o nome de Zalman, Zelman ou Zinovy Zakharovich Rosenbaum.

mas abandonou a profissão após o casamento. Apesar da sofisticação e educação de sua mãe, Ayn Rand a enxergava como uma pessoa hipócrita e superficial.

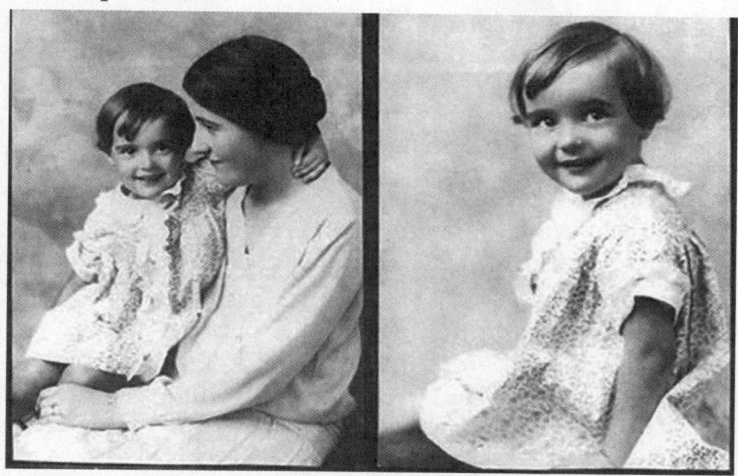

Retrato de estúdio de Alissa Rosenbaum (Ayn Rand) com dois anos de idade, e sua mãe, Anna. 1907.

Retrato de estúdio da família Rosenbaum, 1909. Os indivíduos identificados nesta fotografia com razoável certeza são: na fileira central, da esquerda para a direita, Zelman e Anna Rosenbaum, os pais de Ayn Rand; sua avó materna; sua prima, Nina; seu avô materno, e, no joelho, Alissa (Ayn Rand), com quatro anos de idade.

Alguns comentaristas sugerem que a trajetória de seu pai, que nasceu em um gueto pobre judaico e tornou-se um bem-sucedido empresário, tenha sido a principal influência para o desenvolvimento dos heróis de seus romances. "Enquanto crescia a impopularidade do regime do czar e os mencheviques e bolcheviques[5] marxistas competiam pela lealdade dos trabalhadores do país, os Rosenbaum prosperaram" (MARKS, 2014, p. 19). O pai de Rand tornou-se, em 1910, gerente em uma farmácia cujo proprietário era um rico alemão, chamado Aleksandr Klinge. Rand e sua família passaram a morar em um apartamento no segundo andar, ao lado da farmácia. Passado pouco tempo, em 1912, Zelman tornou-se coproprietário da farmácia, e, em 1914 – provavelmente por conta da Primeira Guerra Mundial e com medo de uma represália, pelo fato de ser alemão – Aleksandr Klinge transferiu a propriedade da farmácia para Zelman, que posteriormente comprou tanto o prédio onde ficava a farmácia como o apartamento onde sua família morava. Também nesse período, por conta do envolvimento da Rússia na Primeira Guerra Mundial, a cidade de São Petersburgo mudou de nome, passando a ser chamada de Petrogrado[6].

Enquanto isso, aos seis anos de idade Ayn Rand aprendeu a ler sozinha. Aos nove, havia decidido ser escritora e, aos dez, estava escrevendo romances, em casa e na escola. Com doze anos já havia finalizado quatro romances, todos tendo uma heroína com sua idade.

---

[5] Os movimentos de oposição ao regime czarista russo originaram a formação do chamado Partido Operário Social Democrata Russo (POSDR). Embora as lideranças reunidas por esse partido fossem diretamente influenciadas pelos valores do socialismo marxista, havia a separação entre duas alas políticas, que defendiam projetos distintos de reconstrução do país após o fim do czarismo: de um lado estavam os mencheviques, liderados por Georgy Plekhanov e Yuly Martov. Do outro, sob a liderança de Vladimir Lenin, estavam os bolcheviques. Enquanto os mencheviques defendiam uma revolução socialista que aconteceria ao longo de várias décadas e de modo gradual, liderada pela burguesia, os bolcheviques defendiam que o governo deveria ser diretamente controlado pelos trabalhadores, pondo fim aos contrastes sociais que marcavam o país por meio da revolução proletária.

[6] Em 1914 o nome da cidade foi alterado para Petrogrado e, em 1924, para Leningrado. Em 1991, após o colapso da União Soviética, a cidade voltou a receber o nome de São Petersburgo.

Alissa (Ayn Rand) e suas irmãs. Da esquerda para a direita: Natasha, Nora, e Alissa, 1911.

O movimento revolucionário que havia sido iniciado ainda no ano de 1905 – com os trágicos acontecimentos do Domingo Sangrento – se intensificou com a recessão econômica e com o envolvimento da Rússia na Primeira Guerra Mundial, agravando ainda mais os problemas políticos do czar, até que em 1917 diversas manifestações tomaram as ruas. Junto a milhões de outros russos, Ayn Rand, já com 12 anos de idade, assistiu às greves dos trabalhadores e a tomada das ruas pela população, que pedia a prisão do czar Nicolau II.

Manifestantes pelas ruas de Petrogrado, em 18 de junho de 1917.

A participação da Rússia na Primeira Guerra Mundial sobrecarregou os recursos nacionais. As fábricas não conseguiam produzir suprimentos suficientes, faltando até mesmo rifles e munição para os soldados. Com os desastres nos confrontos durante a guerra – que fizeram com que um número cada vez maior de tropas abandonasse o campo de batalha –, somados à escassez de alimentos nos centros urbanos, a falta de liberdade civil e o aumento da pobreza – cenário que já se arrastava desde 1905 –, no ano de 1917 milhares de mulheres saíram às ruas em Petrogrado.

Um episódio definido pelo protagonismo feminino marcou o início do processo que colocou fim a 300 anos de monarquia na Rússia. A Revolução Russa, evento que transformou o mundo em 1917, teve nas mobilizações do Dia Internacional da Mulher um dos seus primeiros atos propulsores. Naquele 8 de março, mulheres saíram às ruas de São Petersburgo para pedir por pão, melhores condições de vida e pela saída da Rússia da Primeira Guerra Mundial. (BATISTA, 2017)

Mobilização do Dia Internacional da Mulher em São Petersburgo, Rússia, 08 de março de 1917.

As manifestações, que inicialmente eram pacíficas, foram substituídas por cenas de violência, quando o governo czarista ordenou que o exército disparasse sobre os manifestantes, em um esforço de conter a revolta popular. A Avenida Nevsky Prospekt foi um dos palcos dessa barbárie.

Com o progresso da Revolução Russa o governo acabou por perder o controle de Petrogrado, ocorrendo, ainda no ano de 1917, a abdicação do trono russo pelo czar Nicolau II, no dia 2 de março. Como consequência da revolta popular, tanto o czar Nicolau II como sua esposa e filhos foram executados.

Manifestação de rua em Nevsky Prospekt logo após as tropas do governo terem aberto fogo com metralhadoras. Petrogrado (São Petersburgo), 4 de julho de 1917.

Com a vacância do trono, inicialmente, o Governo Provisório foi liderado por George Lvov e por Alexander Kerensky, integrantes da ala menchevique do Partido Socialista. Contudo, durante o regime do Governo Provisório a população da Rússia continuava a sofrer com a fome e a inflação. As tropas continuavam desertando e as propriedades da nobreza latifundiária continuavam sendo saqueadas. Sem aliados e sem o apoio da população, o Governo Provisório acabou destituído pelos bolcheviques, grupo socialista radical comandado por Lenin, e que vinha se articulando pelos bastidores políticos desde a manifestação de 1905. A transição de poder entre o Governo Provisório e os bolcheviques, em Petrogrado, ocorreu em 25 de outubro de 1917, quando, reunidos em uma sala no Palácio de Inverno os membros do Governo Provisório foram cercados por esquadrões da Guarda Vermelha, formados por operários armados, marinheiros rebeldes da frota russa e demais apoiadores dos bolcheviques.

Assalto ao Palácio de Inverno, em 7 de novembro de 1917.

Rapidamente os bolcheviques tomaram o poder em outras cidades. Após apenas uma semana, eles já haviam assumido o poder em Moscou e expulsado o antigo governo do Kremlin. O novo Estado, estabelecido por Lenin e pelo Partido Comunista Russo – nome com o qual passou a ser designado o partido bolchevique –, realizou uma reforma agrária, centralizou a economia em instituições estatais, nacionalizou os bancos e as indústrias, entregando o controle da produção aos trabalhadores.

A Guarda Vermelha foi substituída pelo Exército Vermelho. Também colocaram fim à participação russa na Primeira Guerra Mundial, por meio do Tratado de Paz de Brest-Litovsk, assinado com a Alemanha. A assinatura desse tratado iniciou uma guerra civil entre o governo soviético recém-constituído e as forças ligadas ao antigo regime czarista, apoiadas pelas potências capitalistas ocidentais. O conflito, que durou de 1918 a 1921, deixou a Rússia ainda mais arrasada pela fome e pela destruição. Após os soviéticos retomarem o controle do país, em 30 de dezembro de 1922 foi oficialmente constituída a União de Repúblicas Socialistas Soviéticas (URSS).

Lênin discursando na Praça Vermelha. Moscou, 25 de maio de 1919.

2. ADOLESCÊNCIA E UMA NOVA AMEAÇA À LIBERDADE: O COMUNISMO

Com a ascensão do governo comunista, Zelman Wolf Zakharovich Rosenbaum, pai de Ayn Rand, teve sua farmácia e o apartamento confiscados pelo governo soviético, obrigando toda a família Rosenbaum a dividir a residência com estranhos, inclusive com antigos funcionários. Com isso, Anna Borisovna Rosenbaum, mãe de Ayn Rand, passou a trabalhar como professora.

No outono de 1918, na tentativa de fugir do regime comunista, Rand e sua família mudaram para Odessa, na Ucrânia. Ainda em Odessa, o seu pai abriu um novo negócio, mas com o avanço do comunismo, que passou a imperar também naquela região do país, Zelman Wolf Zakharovich Rosenbaum tem novamente os negócios da família nacionalizados. Com isso, no ano de 1921 toda a família volta para a cidade de Petrogrado. A respeito dessa mudança causada pela tentativa de fugir do regime comunista, conta Rand:

> A Revolução Russa foi em fevereiro de 1917, e a Revolução Comunista, também chamada de Revolução de Outubro, foi nesse mesmo ano, em outubro de 1917. Partimos no outono de 1918. Naquela época, havia uma guerra civil no sul da Ucrânia,

e havia os chamados Exércitos Russos Brancos. Nós queríamos sair, simplesmente para escapar do comunismo [...]. Eles conseguiram a permissão para viajar com o argumento de que minha irmã, que havia tido pneumonia duas vezes, precisava ir à Crimeia. Então, foi assim que conseguimos sair de Petrogrado. Isso foi no outono de 1918, e nós voltamos em 1921, ano em que a guerra civil acabou, e toda a Rússia era comunista. (RAND, [s.d.])[7]

Após o retorno da família para Petrogrado, em 2 de outubro de 1921, Ayn Rand, com apenas 16 anos, ingressou da Universidade de Petrogrado, e, três anos depois, em 13 de outubro de 1924, formou-se pelo Departamento de Pedagogia Social, com especialização em Filosofia e História.

Ayn Rand lembra que na época em que ingressou na faculdade a instituição já era controlada pelos comunistas. A princípio, ainda havia algum espaço para a discussão e a exposição de críticas ao regime soviético, mas, já no segundo ano de curso, o autoritarismo passou a prevalecer. Expor seus ideais a colocaria em perigo, junto com sua família.

A jovem Ayn Rand

A situação de *We the Living* é praticamente biográfica, autobiográfica no sentido de fundo. Eu cito cronologicamente os eventos exatamente como eles estavam acontecendo naquele

---

[7] A maior parte das passagens em que Ayn Rand narra sua juventude foram extraídas do vídeo-curso *Ayn Rand: A Writer's Life*, oferecido por ARI Campus, no *site* https://campus.aynrand.org, com acesso em 17/mar/2019. As transcrições e traduções foram realizadas por quem escreve, com a revisão técnica de Gitana Coelho Carvalho, a quem somos muito gratos. Há de se notar que algumas passagens, mesmo em virtude de serem extraídas de entrevistas concedidas por Ayn Rand, apresentam uma forma mais livre, nem sempre precisa, de discurso. Nas traduções, procuramos manter maior fidelidade possível ao que foi falado, assim também ao "como" foi falado.

momento. No primeiro ano, em que fui pela primeira vez à faculdade, os alunos eram sobremaneira sinceros. Assisti à minha primeira reunião estudantil – exatamente como descrevi em *We the Living* – e quase me apaixonei por um dos rapazes que era conservador e estava fazendo violentos discursos antissoviéticos. Eu me senti, romanticamente, bastante impressionada por ele, por um único motivo: ele era extremamente e arrogantemente franco contra os comunistas, e na primeira reunião de que eu participei eles estavam fazendo o discurso, ele estava fazendo o discurso que eu citei em *We the Living*, que era bem autêntico, tal qual os estudantes russos sempre faziam (na vanguarda de qualquer luta contra a tirania, não importa de que cor). E declarações como essa [...] veja bem, havia alguns comunistas entre os estudantes! Tinha um grupo oficial de comunistas na universidade e as pessoas que pertenciam a ele usavam um certo tipo de insígnia vermelha – eles eram desprezados pela maioria dos estudantes, eram praticamente marginalizados de um modo silenciosamente hostil. De modo que a atmosfera era bastante livre – só naquele primeiro ano. E eu fiz algumas declarações muito ousadas nessas reuniões. Eu não tinha permissão para fazer discursos, ainda mais para os calouros. No primeiro ano não era permitido, nós fomos autorizados a votar nas eleições do conselho estudantil, mas você não era autorizado a fazer discursos nem nada, até o segundo ano. Por permitido não me refiro à lei, mas simplesmente por convenções estudantis. Comecei a discutir com os comunistas. Lembro-me de um dia dizer a um deles que todos eles seriam pendurados em lanternas de rua algum dia, em postes de iluminação – e fui para casa apavorada. Naquela noite eu realmente tive medo, porque percebi que havia colocado toda a minha família em perigo. No final daquele primeiro ano houve um expurgo de estudantes – eles começaram a pressionar – e aquele mesmo jovem e muitos outros mais – e meninas que tinham saído com eles, mas que não eram envolvidas com política em nenhum sentido – foram todos enviados para a Sibéria. No segundo ano não houve mais discursos políticos. (RAND, [s.d.])

Em 1925 Rand começou a trabalhar como guia na Fortaleza de São Pedro e São Paulo, em Petrogrado (que agora se chamava Leningrado), onde dava palestras para excursões sobre a história do lugar. Ela manteve esse emprego até a data de sua viagem aos Estados Unidos.

Fortaleza de São Pedro e São Paulo, São Petersburgo.

Apaixonada por peças de teatro e filmes ocidentais, pouco depois de sua graduação na universidade ela se matriculou no Instituto Estadual de Artes Cinematográficas, também em Petrogrado. Durante esse período publicou dois livretos: *Pola Negri* (1925) e *Hollywood: American Movie City* (1926), ambos reimpressos em *Russian Writings on Hollywood* (1999). A esse respeito, lembra Rand:

> Era meu último ano na universidade, havia mais teatros sendo abertos, menores [...] e eu comecei a poder ir e ver alguns [...] e isso me fascinou – particularmente porque isso era uma visão muito mais específica, não meramente simbólica, da vida no exterior. Essa foi a razão pela qual no meu último ano na Rússia, me preparando, ou esperando para vir para a América, decidi ir à escola de cinema para aprender a técnica de filmes e produção em geral. E a grande vantagem de ir para aquela escola era que eles davam passes gratuitos para todos os cinemas, já que eram todos do Estado, e então eu comecei a ver filmes praticamente todas as noites. E esse foi o período mais maravilhoso, de modo que aquelas estrelas de cinema e revistas de cinema do exterior se tornaram bem o mundo de Marte. E eu lembro que havia alguns filmes americanos nos quais você podia ver Nova York – apenas capturas distantes, longínquas – e eu passaria por duas sessões só para assisti-las, porque seria muito breve. Eles nunca tiveram uma que mostrasse muito, mas você podia ter esse

> vislumbre de vez em quando. Eu não consigo pôr em palavras o quão glamoroso era daquela distância. Bem, ainda é. (RAND, [s.d.])

Ayn Rand teve que interromper o curso antes dos dois anos previstos para a graduação, pois, no ano de 1925 ela recebeu permissão para sair da União Soviética e visitar os parentes que moravam nos Estados Unidos. "Milagrosamente, as autoridades soviéticas concederam-lhe um passaporte, para uma visita de seis meses. Em 10 de fevereiro de 1926, ela embarcou no navio *De Grasse* e chegou em Nova York com cinquenta dólares" (POWEL, 2009). Rand lembra que desde muito nova sempre quis viajar para o exterior, e que, por meio de seus familiares que haviam emigrado para os Estados Unidos, o sonho acabou se tornando realidade.

> [...] após a formatura, recebemos cartas de alguns parentes da minha mãe, seus primos de primeiro grau, que haviam saído antes da revolução, muito antes de eu nascer, na verdade. Mamãe os conhecera quando criança, mas eu não os conhecia de forma alguma e eles estavam escrevendo para perguntar como estávamos e o que estava acontecendo conosco, e mamãe começou uma correspondência, e foi aí que eu e mamãe tivemos a ideia de que talvez pudessem me ajudar a ir para o exterior. Porque eu estava falando de ir para o exterior de uma forma ou de outra. Eu estava desesperadamente ansiosa para ir. Então, escrevemos para esses parentes dizendo que eu gostaria de vir como visitante e eles me enviaram o *affidavit*, os papéis necessários. Meu principal interesse estava em me preparar para esta viagem e estudar a Língua Inglesa – a qual eu ainda não dominava – e parti para a América em janeiro de 1926. (RAND, [s.d.])

Embora para poder deixar a Rússia soviética Ayn Rand tenha dito às autoridades que pretendia apenas visitar seus parentes, e que retornaria dentro de seis meses, ela estava determinada a nunca mais voltar. Mais tarde, ao lembrar sobre sua infância na Rússia comunista e a situação em que vivia o povo russo no momento em que deixou o país, diz Rand:

> No meu tempo, éramos um bando de pessoas esfarrapadas, famintas, sujas e infelizes, que só tinham dois pensamentos

em mente. Aquilo era nosso maior terror, com medo de olhar um para o outro, com medo de dizer qualquer coisa por medo de quem estava ouvindo e nos denunciaria, e onde obteríamos a próxima refeição. Você não tem ideia do que significa viver em um país onde ninguém tem qualquer preocupação, exceto comida, onde toda a conversa é sobre comida, porque todo mundo está com tanta fome que isto é tudo o que eles podem pensar e é tudo o que eles podem fazer. Eles não têm ideia de política. Eles não têm ideia de quaisquer romances agradáveis ou amor. Nada além de comida e medo. Isso é o que eu vi até 1926. (RAND, 1947)

3. EM BUSCA DO SONHO NO PAÍS DA LIBERDADE

No dia 18 de fevereiro de 1926 Ayn Rand – ainda Alissa Zinovievna Rosenbaum – chegou a Nova York, nos Estados Unidos da América. A partir de então, temerosa de que sua família, que havia ficado na Rússia, fosse punida por conta de seu anticomunismo, Alissa adotou o pseudônimo com que viria a ser conhecida mundialmente: Ayn Rand.

Rand foi de trem de Nova York para Chicago, para a casa de seu tio Harry Portnoy, onde passou aproximadamente seis meses com seus parentes, de fevereiro até agosto de 1926. Posteriormente, com dinheiro emprestado por seus familiares dos E.U.A., no dia 3 de outubro de 1926 ela chegou em Hollywood, Califórnia, na esperança de seguir a carreira de roteirista.

> Cheguei em Nova York. Fiquei apenas por alguns dias, com alguns amigos dos meus parentes, os quais eles haviam pedido para que eu conhecesse, e depois segui para Chicago. Fiquei lá por seis meses com meus parentes e então fui para Hollywood, sozinha. Eu peguei dinheiro emprestado dos parentes, cem dólares. Eu senti que tinha que vender algo ou fazer um nome para mim o mais rápido possível. Eu estava aqui com uma licença de seis meses. Como eu ainda não sabia escrever em um inglês literário, percebi que, como estes eram os dias dos filmes mudos, eu poderia escrever, mesmo que fosse em um inglês ruim, bastava que fosse o suficiente para escrever um esboço,

um enredo, apenas o original de uma história e, em seguida, eles poderiam, alguém poderia escrever os títulos. (RAND, [s.d.])

Em Hollywood, "ela alugou um quarto no Studio Club, o qual fornecia alojamento para jovens que procuravam atuar na indústria do cinema. (Mais tarde, Marilyn Monroe viveu lá, assim como muitas outras futuras estrelas)" (MARKS, 2014, p. 25). Na busca de realizar o sonho de tornar-se uma roteirista, já em seu segundo dia em Hollywood Ayn Rand foi procurar emprego no estúdio do famoso diretor de cinema Cecil B. DeMille. Após ser informada de que não havia vagas, Rand deixa o prédio no qual ficava a parte administrativa e caminha na calçada em direção ao portão principal, quando acaba por conhecer o próprio DeMille, que lhe ofereceu uma carona. A partir de então começou uma nova jornada em sua vida. Sobre este especial momento de sua vida, comenta Rand:

> E um dos meus parentes, uma prima de minha mãe, era dona de um cinema em Chicago, um pequeno teatro de bairro. Então, ela me deu, por meio de um distribuidor, uma carta de apresentação do distribuidor em Chicago para os estúdios DeMille. DeMille na época tinha um estúdio independente em Culver City. [...] ele era meu ídolo particular no cinema americano. Quando cheguei ao estúdio, fui ao departamento de publicidade, apresentei a carta e contei que estava interessada no trabalho de roteirista júnior, se fosse possível. Agora, eu saio daquele estúdio e, você sabe, é aquele tipo colonial de mansão em Culver City – que se tornou Pathé mais tarde – e tem uma entrada de automóveis em frente ao prédio principal que vai para um portão. E quando começo a andar pela calçada, vejo um Roadster aberto estacionado e um homem ao volante conversando com alguém do lado de fora do carro. Era DeMille, e não demorou muito para ele começar a dirigir. Ele dirige até o portão, para, olha para mim e pergunta: "Por que você está olhando para mim?" Então eu disse a ele que acabara de vir da Rússia e que estava muito feliz em vê-lo. Então, ele abre a porta do carro e diz: "Entre". Eu não sabia para onde estávamos indo - eu entrei e ele começou a dirigir. Agora, essa não é uma história fantástica? (RAND, [s.d.])

Culver Studios, vista aérea, 1925⁸. Fonte: Los Angeles Public Library Photo Collection.

---

⁸ *The Ince Studios*, também conhecido como *Culver Studios*, fica localizado no nº 9336 da Washington Boulevard, em Culver City. Na fotografia de 1925 podemos observar um elegante conversível que está estacionado em frente ao edifício de estilo colonial. Carros menos elegantes também estão na rua. Os jardins ficam de frente para o prédio que abriga os escritórios, atrás dos quais estão os verdadeiros estúdios. O estúdio, concluído no ano de 1918, foi planejado por Meyer e Holler, da Milwaukee Building Company. Em funcionamento até os dias atuais, mudou várias vezes de nome ao longo dos anos: 1919-1924, *The Ince Studios*; 1925-1928, Pathé Exchange Studios; 1928-1935, RKO Studios; 1935-1948, Selznick International Pictures; 1948-

A carona oferecida por De Mille era para o set de filmagem de *King of Kings*, filme bíblico em que estava trabalhando. Com isso Rand consegue seu primeiro emprego na América, como figurante.

Rand como figurante no filme *The King of Kings*, de 1927. Da esquerda para a direita, na parte de baixo, é o segundo coadjuvante.

4. CASAMENTO E CIDADANIA AMERICANA

Durante a produção do filme *The King of Kings* (1927), Rand conhece aquele que viria a ser seu marido por toda a vida, Charles Francis Frank O'Connor – que também trabalhava como figurante no filme. Sobre o dia em que se conheceram, Rand conta que tropeçou propositalmente no set de filmagens para que ele a notasse.

1955, Howard Hughes Studio; 1955-1957, General Tire and Rubber Company; 1957-1968, Desilu Studios; 1968-1969, Perfect Film and Chemical; 1969-1977, Culver City Studios; 1977-1986, Laird International Studios; 1986-1991, The *Culver Studios*; atualmente, Sony Corporation. Dentre os inúmeros filmes e séries produzidos pelo estúdio, estão produções de sucesso mundial. Apenas para citar alguns desses filmes, temos no ano de 1933, *King Kong* (cena em *Skull Island*); 1976, *Carrie*; 1976, *Rocky*; 1981, *ET o Extraterrestre*; 1987, *RoboCop*; 1988, *Beetlejuice*; 1997, *Contato*; 1998, *Armageddon*; 1999, *Matrix*; 2001, *Legalmente Loira*; 2002, *Kill Bill*; 2006, *Uma Noite no Museu*; 2007, *Eu Sou a Lenda*; 2010, *Alice no País das Maravilhas*; 2011, *X-Men: Primeira Classe*; entre tantos outros, além de diversas séries.

AYN RAND E OS DEVANEIOS DO COLETIVISMO

Embora os dois tenham perdido contato após a finalização do filme, acabaram por se encontrar novamente. Esse encontro ocorreu quando Rand já estava trabalhando como roteirista júnior para DeMille, compondo cenários para filmes mudos. Desde então os dois nunca mais se separaram. Na passagem a seguir, Ayn Rand narra esse reencontro entre os dois.

> Agora, o que estava acontecendo na minha carreira foi que quando *The King of Kings* acabou, DeMille me ofereceu o emprego de escritora júnior. Agora, ele realmente foi maravilhoso. A primeira história que ele me deu foi uma história intitulada *My Dog*, e, então, outra história que chamava *The Skyscraper*. Era um original que ele havia comprado, e envolvia a rivalidade de dois trabalhadores da construção civil que eram apaixonados pela mesma garota. E ele me disse que não gostou muito da história, mas gostou da ideia de uma história sobre a construção de um arranha-céu, e foi por causa dessa história que encontrei o Frank novamente. Havia um trabalho de construção em Hollywood – você sabe, onde fica hoje a loja de departamentos da Broadway [...]. Eu marquei uma consulta com o superintendente, por meio de alguém no estúdio, para vir entrevistá-lo e observar a construção. Cheguei lá, e ele havia deixado uma mensagem de que havia sido detido em algum lugar, pedindo para que eu fizesse a gentileza de voltar uma hora depois. Eu não queria voltar para casa, então decidi esperar na biblioteca pública. Ficava a apenas um quarteirão de lá. Entrei na biblioteca pública e a primeira coisa que vejo é Frank sentado, lendo. E o mais emocionante foi que parei lá e ele olhou para cima. Eu estava a alguma distância, e do jeito que ele sorria eu soube que ele havia me reconhecido imediatamente. E quase que implícito nisso, meio que percebi que ele não havia se esquecido de mim. Então ele se levantou e, como você não podia conversar lá, ele disse: "vamos sair". E nós caminhamos alguns quarteirões, conversamos, e desta vez eu lembro que conversamos sobre os originais de filmes e o que ele queria fazer. Ele tinha algumas ideias para originais. Eram todas comédias ultrajantes, quase blasfêmias, algumas sobre assuntos religiosos ou algo assim. Então ele me convidou para jantar e, a partir de então, estávamos seguindo em frente. (RAND, [s.d.])

Ayn Rand e Charles Francis Frank O'Connor[9] se casaram no dia 15/04/1929, vivendo juntos até a morte de Charles, em 1979.

Ayn Rand e Francis O'Connor.

      Após a viagem de lua de mel, Rand deu entrada no pedido de cidadania americana, no dia 29 de junho de 1929. No documento, assinado como Alice O'Connor, ela declarou que sua última residência foi em Petrogrado, Rússia, que emigrou do México para os Estados Unidos e que trabalhava como balconista. Ela conseguiu a cidadania americana em 13 de março de 1931.

---

[9] Charles Francis Frank O'Connor nasceu na cidade de Lorain, OH, EUA, em 22 de setembro de 1897. Depois de encerrar sua carreira como ator, ele se dedicou à pintura, sendo um associado da *Art Students League,* em Nova York, por muitos anos. Algumas de suas pinturas aparecem nas capas de livros de Ayn Rand. Faleceu aos 82 anos, no dia 9 de novembro de 1979, na cidade de Nova York.

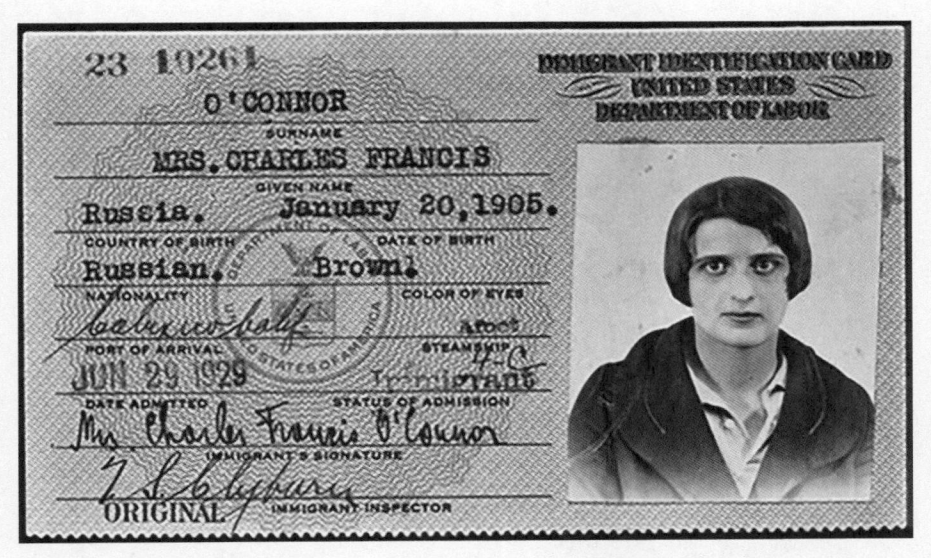

Cartão de Identificação de Imigrante de Ayn Rand, Estados Unidos da América, 1929[10].

5. A LUTA PARA SE TORNAR ESCRITORA

A primeira promoção profissional de Rand, deixando de atuar como figurante para trabalhar como roteirista júnior para DeMille, ocorreu em junho de 1927, logo após o término das filmagens do filme *The King of Kings*.

Ainda no ano de 1927, por conta do fechamento do estúdio, Rand deixou de trabalhar para DeMille, época em que tentou exercer a função de garçonete, mas sem sucesso. Entre outras profissões, trabalhou também como vendedora de assinaturas para o *Hollywood Citizen*. Sentindo-se frustrada no exercício de tais atividades, conseguiu, por intermédio de um amigo, também russo e ator, um emprego para trabalhar no departamento de figurino da RKO Studios. Após apenas um ano, bem ao estilo Rand, ela já havia se tornado chefe do departamento.

---

[10] Para esse e outros documentos a respeito de Ayn Rand, confira o site: https://mikeeliasz.wordpress.com/2013/09/14/ayn-rand-alice-oconnor-alicia-rosenbaum-russian-jewish-genealogy/, acesso em 17/mar/2019.

Rand, no centro da fotografia, junto a outras residentes do Studio Club durante a "Semana da Limpeza". Hollywood, maio de 1927.

Na época de seu casamento, no ano de 1929, nossa autora ainda exercia aquela profissão. Rand comenta na passagem abaixo esse conturbado período profissional, logo após ter deixado de trabalhar para DeMille.

> Depois disso, tive que fazer algo, [...] era muito, muito difícil encontrar algo e as únicas coisas disponíveis eram os empregos de garçonete. E então tentei, mas eu nem sabia os nomes dos pratos. Logo no primeiro restaurante, fui demitida no mesmo dia. No último, consegui ficar a semana inteira. E então, envelopei e tentei vender algumas assinaturas para o *Hollywood Citizen*. Eu odiava esses trabalhos. Eu senti que isso era desespero e horror. Foi nessa época que um amigo nosso, que era ator e russo, me arranjou um emprego no figurino da RKO. Um amigo dele acabara de conseguir o trabalho de diretor de arte, encarregado de todos esses departamentos, e aquele era o único trabalho em que eles poderiam usar alguém que não conseguisse digitar ou tomar uma taquigrafia. Consegui esse emprego por 20 dólares por semana. Aos seis meses, ganhei 25

dólares – recebi um aumento sem ter pedido – e, um ano depois, cheguei ao cargo de diretor. E eu realmente me saí muito bem, detestando e odiando. (RAND, [s.d.])

O emprego para a RKO Studios permitiu que Rand comprasse sua primeira máquina de escrever portátil. Durante o tempo livre, passou a escrever pequenas estórias e roteiros, dando início à sua carreira como escritora.

Ayn Rand no terraço do apartamento em Hollywood, com os estúdios da RKO ao fundo. Início da década de 1930.

No ano de 1932, Rand vendeu os direitos de uma história situada na Rússia, chamada *Red Pawn*, para a Universal Pictures (mas o filme nunca foi produzido). Embora a venda do roteiro tenha ocorrido por uma pequena quantia, foi o suficiente para que Rand abandonasse o departamento de figurino da RKO Studios e passasse a se dedicar exclusivamente à escrita.

Posteriormente, ela vendeu para a MGM uma adaptação do roteiro para um filme daquela que seria sua primeira peça de teatro a estrear em Hollywood, com um enredo também ambientado na Rússia, chamada inicialmente de *Woman on Trial*. Estreando no ano de 1934 em Los Angeles, devido às críticas positivas que recebeu, a peça foi levada para a Broadway e renomeada para *The Night of January 16th*[11], com o marido de Rand, Frank O'Connor, atuando na peça. Ainda em novembro do ano de 1934, por conta da transferência da peça de Los Angeles para a Broadway, Ayn Rand e seu marido mudaram para a cidade de Nova York.

A peça consistia na dramatização de um julgamento de homicídio em que o júri era composto por pessoas escolhidas na plateia em cada apresentação. Com isso, o final da peça dependia da escolha realizada pelo júri entre a condenação ou a absolvição, havendo um final diferente para cada veredicto. Sucesso de crítica, a peça permaneceu em cartaz por sete meses, durante a temporada de 1935-1936.

Apesar dos desentendimentos entre Ayn Rand e o produtor da MGM a respeito da adaptação da peça de teatro para o roteiro de um filme (projeto que a MGM decidiu não levar adiante), Rand conseguiu finalizar com o dinheiro recebido o romance *We the Living*, "um conto semiautobiográfico de uma jovem mulher lutando para alcançar seus objetivos pessoais ante os comunistas na União Soviética" (MARKS, 2014, p. 26).

Embora Rand tenha concluído a obra no ano de 1934, após a recusa de diversas editoras, apenas em 1936 os editores da Macmillan Company aceitaram publicar o livro. Ainda no ano de 1935, Rand começou a escrever *The Fountainhead*, originalmente intitulado *Second*

---

[11] No ano de 1973 houve uma tentativa de encenar a peça *off-Broadway*, com o nome de Penthouse Legend, porém, o movimento foi um fracasso, tanto comercial quanto de crítica. Na crítica apresentada pelo jornal *The New York Times* em 23 de fevereiro de 1973, a peça é descrita como entediante, pouco realista e de "escrita um tanto obscura", além de descrever a atuação dos atores como ruim. É possível conferir essa crítica realizada pelo *The New York Times* aqui: https://www.nytimes.com/1973/02/23/archives/stage-penthouse-legend-a-courtroom-drama-revival-of-ayn-rands-play.html, acesso em 17/mar/2019.

Frente de um *flyer* anunciando a peça *The Night of January 16th*, escrita por Ayn Rand e produzida por Al Woods, 1935.

Hand Lives. Durante esse período, com a dificuldade em vender a história e ainda vivenciando os reflexos econômicos da crise de 1929, Rand e seu marido passaram por dificuldades financeiras, chegando a morar em uma sala mobiliada.

> Então terminei *We the Living* e o enviei para Nova York. E eu tive um momento terrível com isso, porque comecei a esperar por cartas da agente. Eu pedi a ela para relatar o que acontecia, e foi apenas uma rejeição após a outra. Nossa principal renda naquela época era a de Frank, por seu trabalho em fotos. Acho que, quando chegamos a Nova York, tínhamos cinquenta dólares conosco. O irmão de Frank estava aqui, e por isso tínhamos alguém pelo menos para pegar emprestado um pouco, mas não muito, porque ele também não tinha muito para si. Foi quando vivemos em uma sala mobiliada, e isso foi o mais próximo que chegamos da fome real, foi muito pior do que Hollywood. Já era depois de 1929 e a Grande Depressão, você sabe como era. Nós vivíamos, eu lembro, nosso orçamento era de aproximadamente 11 dólares por semana, o que era tudo que eu podia contar. (RAND, [s.d.])

Publicado no ano de 1936, a impressão do romance *We the Living* pela editora Macmillan Company foi de apenas 3.000 cópias. Por conta de algumas críticas negativas a respeito do livro e antecipando um fracasso de vendas, a editora violou sua obrigação contratual de garantir uma segunda impressão e decidiu por destruir as chapas usadas na primeira impressão. Esgotada a tiragem inicial das 3.000 cópias em apenas 18 meses, ainda na era pré-digital, uma segunda impressão exigiria refazer todo o trabalho gráfico e novos investimentos a partir do zero. Por isso, uma nova publicação (revisada) dessa obra viria a acontecer apenas no ano de 1959, quando o sucesso de outra obra de Rand despertaria o interesse dos editores por seus textos mais antigos.

Ainda que *We the Living* tenha recebido críticas negativas, podemos observar que os jornais *New York Herald Tribune* e *The New York Times* receberam bem a obra, conforme as críticas publicadas em 19 de abril de 1936.

AYN RAND E OS DEVANEIOS DO COLETIVISMO

Resenha de *We the Living*, *New York Herald Tribune*, 19 de abril de 1936[12].

---

[12] É possível encontrar essa e outras resenhas antigas a respeito da obra de Ayn Rand no *site*: http://www.cvent.com/events/atlas-nyc-dinner-2016/custom-20-6e01a952 03cf4300b5c2643dba58b527.aspx, acesso em 17/mar/2019.

BREVES LIÇÕES | DENNYS GARCIA XAVIER

Resenha de *We the Living*, *The New York Times*, 19 de abril de 1936.

AYN RAND E OS DEVANEIOS DO COLETIVISMO

No ano de 1937, Rand e seu marido passaram o verão em Connecticut, onde Frank participava da encenação da peça *The Night of January 16th* no Teatro Stony Creek. Durante esse período, Rand interrompeu a escrita do livro *The Fountainhead* para terminar uma peça chamada *Anthem*: um relato futurista de mundo onde o individualismo, a palavra "eu", tinha sido substituído pelo coletivismo, pela palavra "nós". A obra foi publicada na Inglaterra no ano de 1938, enquanto nos EUA sua publicação ocorreu apenas no ano de 1946.

> Escrita em forma de diário, a história culmina com o protagonista redescobrindo o conceito de individualismo: "No início, o homem foi escravizado pelos deuses. Mas ele quebrou suas correntes. Então, foi escravizado pelos reis. Mas ele quebrou suas correntes. Foi escravizado por seu nascimento, por seus parentes, por sua raça. Mas ele quebrou suas correntes. Declarou a todos os seus irmãos que um homem tem direitos que nem Deus, nem rei, nem outros homens podem tirar dele, não importa quantos sejam, pois ele é o direito do homem, e não há direito na terra acima deste direito". (RAND, [s.d.])

No ano de 1939, apenas 13 anos após sua chegada aos Estados Unidos, Rand recebeu a última comunicação de sua família que havia ficado na Rússia comunista (Rand viria a ter notícia de um membro de sua família, uma de suas irmãs, apenas no ano de 1973).

Segundo o registro do Censo Populacional dos EUA, em abril do ano de 1940 os O'Connor aparecem como moradores da *East 89th Street*, Nova York. Frank é registrado como ator e Ayn Rand como escritora – romancista e dramaturga. Ainda em 1940, Rand trabalhou na campanha presidencial de Wendel Willkie.

Anteriormente rejeitado por doze editoras, em dezembro de 1941 a editora Bobbs-Merrill Company aceitou publicar o romance *The Fountainhead*, desde que Rand entregasse o manuscrito completo até 31 de dezembro de 1942. Em 8 de maio de 1943 finalmente o livro de 700 páginas foi publicado, tornando-se rapidamente um sucesso de vendas. Na obra, que começou a ser escrita ainda no ano de 1935, Ayn Rand apresenta aquele que considera o modelo de homem ideal: guiado pela razão, independente e de grande autoestima. A respeito da inspiração para o livro, lembra Rand que:

> A primeira ideia para *The Fountainhead* veio quando, não me lembro exatamente da data exata, [...] o nascimento de *The Fountainhead* como tal, era a questão em minha mente sobre a diferença entre mim e uma garota que conheci em Hollywood, [...]. Era uma garota que conhecemos, ela morava no mesmo prédio e trabalhava na RKO. Ela parecia ser extremamente ambiciosa; ela era definitivamente uma alpinista de Hollywood. E a pergunta que fiz a ela é, se ela poderia me dizer qual era seu objetivo de vida. Ela disse: "Se ninguém tivesse um automóvel, eu não iria querer um. Se algumas pessoas têm dois automóveis, quero dois automóveis". Era literalmente como uma daquelas lâmpadas acendendo em minha mente, como uma revelação dramática. Então eu vi imediatamente o princípio, a diferença entre mim e essa garota. Era como Roark e Keating. Era outono de 1935, e, depois do amanhecer do dia 16 de janeiro, fiz minhas primeiras anotações para o romance, e me lembro da data porque eram minhas primeiras notas, e eu ainda as tenho e a data está marcada nelas. E então, claro, uma das primeiras coisas que fiz foi ler a biografia de Frank Lloyd Wright. Havia poucos livros, exceto a biografia de Frank Lloyd Wright, sobre as carreiras de arquitetos, praticamente nenhum. Então, enquanto eu estava estudando arquitetura em geral, que era uma linha de trabalho, o enredo consistia em agora elaborar o tema em ação, e isso foi realmente elaborado teoricamente. Por exemplo, os personagens de Wynand e Toohey foram o próximo passo. O procedimento do meu pensamento era que, se considerarmos o homem ideal como o centro – esse é realmente o tema da história, que é Roark –, então, em relação a ele, direi outros tipos dessa maneira. Roark é o homem que poderia ser o homem ideal e foi. Wynand é o homem que não era, mas poderia ter sido. Keating era o homem que não era e não sabia disso. Toohey é o homem que não era o homem ideal e sabia disso. Essa foi a definição para mim mesmo do porquê eu considero esses quatro como figuras-chave. (RAND, [s.d.])

Em sua resenha à obra *The Fountainhead*, publicada no jornal *The New York Times*, Lorinne Pruette afirmou que Rand "escreveu um hino em louvor ao indivíduo" e "você não será capaz de ler este livro magistral sem pensar em alguns conceitos básicos de nossos tempos". Além disso, escreve Pruette:

AYN RAND E OS DEVANEIOS DO COLETIVISMO

> Ayn Rand é uma escritora de grande poder. Ela tem uma mente engenhosa e astuta, com a capacidade de escrever brilhantemente, lindamente e amargamente. *The Fountainhead*, seu segundo romance, levou mais de cinco anos de preparação; é uma longa, mas absorvente história de um homem amargando uma batalha contra o mal. (PRUETTE, 1943)

Dentre críticas e resenhas da obra consideradas por Rand como superficiais, ela fez questão de agradecer a resenha positiva e profunda feita por Lorinne Pruette. Segundo Ayn Rand, Pruette foi a única pessoa a escrever uma crítica capaz de captar o fundo filosófico da obra, enquanto os outros resenhistas usaram de "estupidez", "desonestidade" e "covardia", tratando a obra apenas como um romance que falava de arquitetura.

Carta de agradecimento dirigida a Lorinne Pruette, do *The New York Times Book Review*, 18 de maio de 1943.

Se ao final dos anos 1930 Ayn Rand já havia ganhado quantias significativas de dinheiro para sair da crise pela qual estavam passando no início da década, com a publicação da obra *The Fountainhead*, e a posterior venda à Warner Brothers dos direitos da obra para uma adaptação cinematográfica[13], ela finalmente alcançou a independência financeira.

Ayn Rand no set de filmagens de *The Fountainhead*, com Gary Cooper e Patricia Neal, 1948.

Sobre a negociação com a Warner Brothers, e o momento em que perceberam que finalmente haviam superado a crise financeira, Ayn Rand faz o seguinte comentário:

> Então, esse telefonema aconteceu e eles disseram que estavam interessados nos direitos do filme *The Fountainhead*, eles queriam saber quanto nós queríamos por ele. Eu disse cinquenta mil e ele disse: "Devo avisá-la que você está correndo o risco de perder o filme", e eu disse que correria o risco. E então, houve

---

[13] O trabalho de pré-produção da versão cinematográfica de *The Fountainhead* começou em 1944, mas foi suspenso em 1945. As filmagens finalmente começaram em 1948 e o filme, dirigido por King Vidor e estrelado por Gary Cooper e Patricia Neal, foi lançado pela Warner Brothers em julho de 1949. No Brasil, foi lançado com o nome de *Vontade Indômita*.

um intervalo de, penso eu, uma semana ou dez dias. Enquanto isso, eu tinha um encontro com um homem de negócios onde eu o encontraria para almoçar e discutir minha ideia da campanha conservadora para o livro. Volto para casa e, no momento em que abro a porta, Frank está em pé, em algum lugar no meio da sala de estar. E eu sabia que algo havia acontecido, pois havia um olhar anormal no rosto dele, um olhar benevolente. Ele disse: "Bem, querida, você ganhou 50 mil dólares enquanto estava fora para almoçar". O que significa que a Warner Brothers aceitou, e eles fizeram apenas uma condição: que eu fosse até Hollywood para adaptá-lo – eles pagariam pelo transporte – e que eu lhes daria quatro semanas grátis incluídas no preço. Do que eu me lembro, imediatamente depois desse telefonema Frank e eu saímos para jantar – em geral, se eu estivesse ocupada à tarde, não teria tempo para cozinhar –, nós comemos em uma pequena cafeteria. Era um lugar muito ruim para comer, mas muito conveniente quando nós não podíamos cozinhar. Então sempre que vamos lá para jantar, temos a mesma experiência. Nós sempre, você sabe, selecionamos comida pelo lado direito do cardápio – pelo preço. E acho que havia dois tipos de jantar: 65 centavos e 45 centavos. Nós sempre comíamos o jantar de 45. E quando nós dois chegamos lá, nós dois começamos a olhar para o jantar de 45 centavos e de repente lembramos que podíamos pedir o de 65. Aquilo foi o máximo! A questão da riqueza ficou mais claro que tudo; o fato de que, de repente, poderíamos pedir um jantar de 65 centavos se quiséssemos. (RAND, [s.d.])

Graças ao sucesso financeiro, no final do ano de 1943 ela e o marido se transferiram para uma moderna e sofisticada casa projetada por Richard Neutra, ocupando 13 acres em Chatsworth, Califórnia.

Depois de um começo lento nas vendas, no ano de 1945, *The Fountainhead* chegou ao sexto lugar na lista de *best-sellers* do *The New York Times*, com mais de cem mil cópias vendidas. Além do sucesso financeiro, Ayn Rand torna-se um sucesso de público, uma escritora afamada e prestigiada. Também em 1945 participou como revisora em duas adaptações cinematográficas para a Paramount, *Love Letters* e *You Came Along*.

Durante os anos de 1944 a 1949, Rand trabalhou com o produtor Hal Wallis. Durante esse período, seu contrato previa que

Ayn Rand e seu marido, Frank O'Connor, na casa em Califórnia, 1947.

ela trabalhasse em roteiros por seis meses, enquanto teria outros seis meses de folga para poder trabalhar em projetos particulares.

Com o fim da Segunda Guerra Mundial Ayn Rand associou-se à *Motion Picture Aliance for Preservation of American Ideals*, grupo conservador de Hollywood formado por Louis B. Mayer e que incluía Walt Disney, Hedda Hopper, Gary Cooper, John Wayne, entre outros. Nesse período, Ayn Rand realizou sua primeira incursão na escrita não ficcional, direcionada à política. Primeiro escreveu *Screen Guide Americans*, como um guia para que cineastas identificassem, voluntariamente, a propaganda comunista em seus filmes. Escreveu também *The Individualist* Credo, publicado pela *Reader's Digest* como *The Only Path to Tomorrow*.

6. RED SCARE E A CONTRIBUIÇÃO ANTICOMUNISTA DE AYN RAND JUNTO AO HUAC E FBI

Nos Estados Unidos houve dois períodos históricos marcados pela forte repressão a qualquer indício de apoio ao comunismo, que ficaram conhecidos pela expressão *Red Scare* (Ameaça Vermelha). Durante esses períodos, em decorrência do medo de que houvesse uma infiltração comunista no governo, ou que tivesse início uma revolução por parte dos trabalhadores, ocorreu a criminalização de opiniões favoráveis ao regime comunista, com investigações e prisões de pessoas suspeitas de associação ideológica.

O primeiro período teve início no EUA como consequência da Revolução Russa de 1917, se estendendo até janeiro de 1920, enquanto o segundo período começou no ano de 1947 durando até o ano de 1957. Sobretudo nessa segunda fase do *Red Scare*, havia um temor exacerbado de que existissem espiões comunistas infiltrados nas esferas governamentais, além do medo de um ataque aos Estados Unidos promovido pela URSS ou pela República Popular da China.

Desde o primeiro *Red Scare* foram criadas entidades políticas para investigação da infiltração comunista nos Estados Unidos. O primeiro subcomitê operou de setembro de 1918 a junho de 1919, investigando a ameaça bolchevique ao governo dos Estados Unidos. Desde então, outros comitês foram criados, até que no ano de 1938 foi fundado o *House Un-American Activities Committee – HUAC* (Comitê de Atividades Antiamericanas da Câmara), tornando-se um comitê permanente na Câmara dos Deputados dos Estados Unidos em janeiro de 1945. Criado para investigar ações subversivas de cidadãos, funcionários públicos ou organizações suspeitas de associação ao regime comunista, o HUAC ficou mais conhecido entre as décadas de 1940 a 1950 pelas investigações a respeito de propagandas antiamericanas e comunistas no país (de fato, vale o registro, investigava também infiltrações de espionagem nas instituições americanas em geral). No ano de 1940 ocorreram as primeiras audiências para investigar a influência comunista na indústria cinematográfica de Hollywood, com questionamentos a vários atores e escritores sobre serem comunistas ou terem conhecimento de que algum colega de trabalho o fosse. Contudo, a entrada dos Estados Unidos na Segunda Guerra Mundial tendo a União Soviética como aliada fez sim com que diminuísse o interesse em expor quaisquer atividades comunistas em Hollywood. Com o fim da guerra, o medo da propagação do comunismo nos Estados Unidos voltou a crescer, e, no ano de 1947, o comitê realizou nove dias de audiências formais, tendo intimado 41 testemunhas. Desse total, 19 testemunhas foram consideradas hostis, por terem afirmado que não cooperariam com as investigações do comitê.

Com o sucesso de sua última obra[14], sua postura política declaradamente anticomunista e sua experiência profissional em Hollywood, Ayn Rand foi convidada a testemunhar como especialista no HUAC em 20 de outubro de 1947. A princípio, iria testemunhar sobre dois filmes, e como eles poderiam funcionar como veículos para a propaganda comunista: *Song of Russia* (Canção da Rússia) e *The Best Years of Our Lives* (Os Melhores Anos de Nossas Vidas). O primeiro filme, produzido pela MGM e lançado em fevereiro de 1944, tinha o patente objetivo de fazer os americanos se sentirem mais confortáveis com a aliança aos soviéticos durante a Segunda Guerra Mundial, enquanto o segundo longa-metragem, de 1946, era um filme do pós-guerra muito popular entre os americanos, tendo ganhado vários prêmios da Academia, incluindo o Oscar de melhor filme. Acreditando que seria arriscado criticar um filme tão renomado como *The Best Years of Our Lives*, alguns membros do Comitê solicitaram que Rand discutisse apenas a respeito do longa-metragem *Song of Russia*[15]. Constrangida a testemunhar sobre um filme evidentemente de propaganda, Ayn Rand solicitou a oportunidade de contribuir com outros testemunhos. Embora o pedido tenha sido aceito, isso nunca aconteceu, e o testemunho de 20 de outubro de 1947 ficou sendo sua única contribuição para o HUAC.

Durante seu testemunho, Ayn Rand apresentou uma vigorosa crítica ao fato de o filme *Song of Russia* apresentar uma versão fantasiosa, irrealista e absurdamente lisonjeira em relação à realidade vivida pelo povo russo sob o domínio do totalitarismo comunista. Ela

---

[14] Em seu testemunho Ayn Rand afirma que o livro *The Fountainhead*, publicado quatro anos antes, já havia vendido algo em torno de 360 mil cópias.

[15] Para mais informações a respeito do testemunho de Ayn Rand sobre o filme *Song of Russia*, recomendamos o livro de Robert Mayhen, intitulado *Ayn Rand and Song of Russia: Communism and Anti-Communism in 1940s Hollywood*.

AYN RAND E OS DEVANEIOS DO COLETIVISMO

Ayn Rand testemunhando na reunião do HUAC sobre a propaganda comunista no filme *Song of Russia*, 1947. Foto: Leonard Mccombe.

mostrou-se insatisfeita com a justificativa de que o filme serviria como um esforço de guerra para amenizar a rejeição americana à aliança realizada na Segunda Guerra Mundial com a Rússia comunista.

Segundo Ayn Rand, ainda que a aliança com a ditadura russa pudesse ter sido necessária para derrotar outra ditadura, a alemã de Hitler, não havia motivos para mentir ao povo americano a respeito das condições de vida das pessoas sobre um regime totalitário como o russo. A esse respeito, confira um pequeno fragmento do discurso de Ayn Rand ao HUAC:

> Agora, aqui está o que eu não consigo entender: se a desculpa que foi dada aqui é que nós tivemos que produzir o filme em

tempos de guerra, como isso pode ajudar no esforço de guerra? Se era para enganar o povo americano, se era para apresentar ao povo americano uma imagem melhor da Rússia do que ela de fato realmente é, então esse tipo de atitude nada mais é do que a teoria da elite nazista, onde um grupo seleto de intelectuais ou outros líderes dirão às pessoas mentiras para seu próprio bem. O que eu não acho que seja o jeito americano de dar informações às pessoas. Não temos que enganar o povo, nunca, seja em tempos de guerra ou de paz. Se foi para agradar aos russos, não vejo como você pode agradá-los dizendo-lhes que somos tolos. Até que ponto nós fizemos isso, você pode ver agora mesmo. Você pode ver os resultados agora mesmo. Se apresentarmos uma imagem como essa como nossa versão do que acontece na Rússia, o que eles pensarão disso? Nós não conquistaremos a amizade de ninguém. Nós apenas ganharemos seu desprezo, e como você sabe, os russos já têm se comportado assim.

[...]

Eu não acho que devam ser repassadas ao povo americano quaisquer mentiras, publicamente ou em particular. Eu não acredito que mentiras sejam práticas. Eu acho que a situação internacional prefere me apoiar. Eu não acho que fosse necessário enganar o povo americano sobre a natureza da Rússia. E poderia acrescentar isto: se aqueles que o viram disserem que estava tudo bem, e talvez haja razões pelas quais não há problema em ser um aliado da Rússia, então por que não contaram ao povo americano as verdadeiras razões, dizendo que a Rússia é uma ditadura, mas que há razões pelas quais devemos cooperar com eles para destruir Hitler e outros ditadores? Tudo bem, pode haver algum argumento para isso. Deixe-nos ouvi-lo. Mas de que maneira ajudaria para o esforço de guerra dizer às pessoas que devemos nos associar com a Rússia e que ela não é uma ditadura?

[...]

Estamos discutindo o fato de que nosso país era um aliado da Rússia, e a questão é: o que devemos dizer ao povo americano sobre isso – a verdade ou uma mentira? Se tivermos uma boa razão, se é nisso que você acredita, tudo bem, então por que não dizer a verdade? Diga que é uma ditadura, mas que queremos estar associados a ela. Digamos que vale a pena ser associado ao diabo, como disse Churchill, para derrotar outro mal, que é

Hitler. Pode haver algum bom argumento para isso. Mas, por que fingir que a Rússia não era o que era? (RAND, 1947)

Durante os nove dias de audiências, entre as 41 pessoas que testemunharam diante do HUAC, além de Ayn Rand havia várias outras personalidades importantes, incluindo Gary Cooper, que testemunhou em 23 de outubro, e Walter E. Disney, que prestou seu testemunho em 24 de outubro.

Além do HUAC, também o *Federal Bureau of Investigation – FBI* investigou a infiltração comunista em Hollywood. No relatório *Communist Infiltration-Motion Picture Industry – COMPIC* (Infiltração Comunista na Indústria Cinematográfica)[16], concebido entre os anos de 1942 a 1958, a respeito das audições do HUAC em 1947, Ayn Rand, entre outros notórios depoentes, foram classificadas como "amigáveis".

Na verdade, o papel de Ayn Rand em relação ao enfrentamento à possível infiltração comunista em Hollywood foi além de seu depoimento ao HUAC em 1947, se estendendo nos anos seguintes por meio de uma correspondência, embora não regular, com o FBI. Segundo arquivos liberados pelo FBI[17], Rand enviava recortes de críticas e resenhas de livros que ela suspeitava apresentar crenças comunistas[18].

Após um artigo publicado no *Saturday Evering Post*, em 25 de setembro de 1965, onde o então diretor do FBI, John Edgar Hoover, se declarava um "objetivista", Ayn Rand aproveitou a oportunidade numa tentativa de estreitar seu relacionamento com o FBI. Em 8 de janeiro de 1966 escreveu ao diretor perguntando se essa menção se referia a sua filosofia pessoal do "Objetivismo", e se eles poderiam se reunir para "discutir um problema político pessoal".

---

[16] Com mais de 2.000 páginas, o relatório do FBI, *Communist Infiltration-Motion Picture Industry – COMPIC*, pode ser encontrado para leitura e download gratuito aqui: https://archive.org/details/FBI-Communist-Infiltration-Motion-Picture-Industry, acesso em 17/mar/2019.

[17] Arquivos liberados pelo FBI, a pedido de e divulgados por Emma Best. Para saber mais a respeito da jornalista "pesquisadora e ativista da transparência que trabalha para liberar as informações do governo e disponibilizá-las gratuitamente ao público", acesse: https://www.patreon.com/EmmaBest, acesso em 17/mar/2019.

[18] Confira os arquivos divulgados pelo FBI, a pedido de Emma Best: https://www.muckrock.com/foi/united-states-of-america-10/ayn-rand-fbi-24880/#comms, acesso em 17/mar/2019.

Relatório do FBI sobre o envolvimento de Ayn Rand no combate à infiltração comunista.

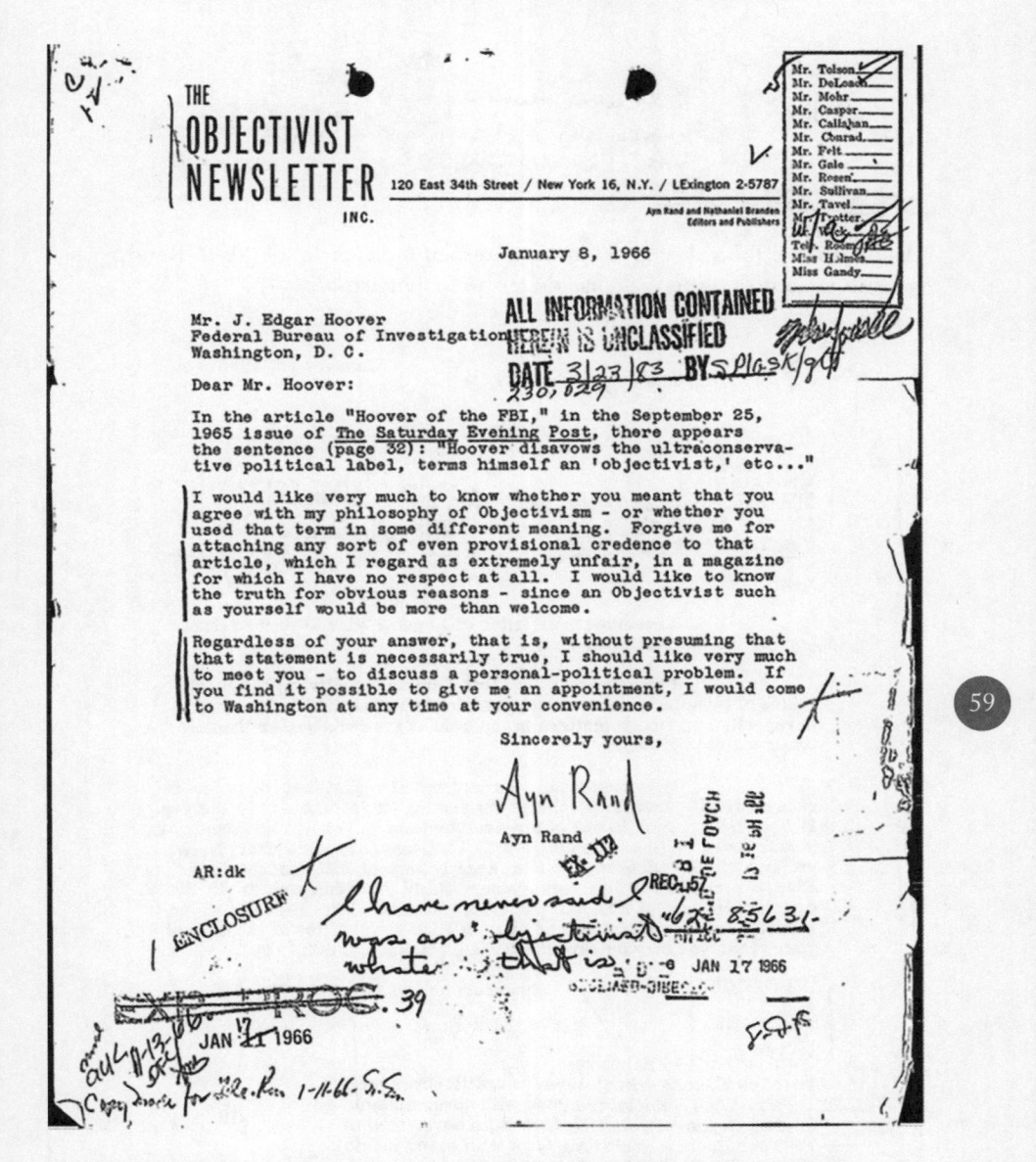

> **THE OBJECTIVIST NEWSLETTER INC.**
> 120 East 34th Street / New York 16, N.Y. / LExington 2-5787
>
> January 8, 1966
>
> Mr. J. Edgar Hoover
> Federal Bureau of Investigation
> Washington, D. C.
>
> Dear Mr. Hoover:
>
> In the article "Hoover of the FBI," in the September 25, 1965 issue of The Saturday Evening Post, there appears the sentence (page 32): "Hoover disavows the ultraconservative political label, terms himself an 'objectivist,' etc..."
>
> I would like very much to know whether you meant that you agree with my philosophy of Objectivism - or whether you used that term in some different meaning. Forgive me for attaching any sort of even provisional credence to that article, which I regard as extremely unfair, in a magazine for which I have no respect at all. I would like to know the truth for obvious reasons - since an Objectivist such as yourself would be more than welcome.
>
> Regardless of your answer, that is, without presuming that that statement is necessarily true, I should like very much to meet you - to discuss a personal-political problem. If you find it possible to give me an appointment, I would come to Washington at any time at your convenience.
>
> Sincerely yours,
>
> Ayn Rand

Carta de Ayn Rand endereçada ao diretor do FBI, John Edgar Hoover, 1966.

A resposta, informal, de Hoover à primeira questão (se a menção se referia a sua filosofia pessoal do "Objetivismo") foi contundente: "Eu nunca disse que eu era um objetivista, seja lá o que isso for".

Anotação de John Edgar Hoover a respeito da carta de Ayn Rand, e seu questionamento a respeito do uso do termo "objetivismo".

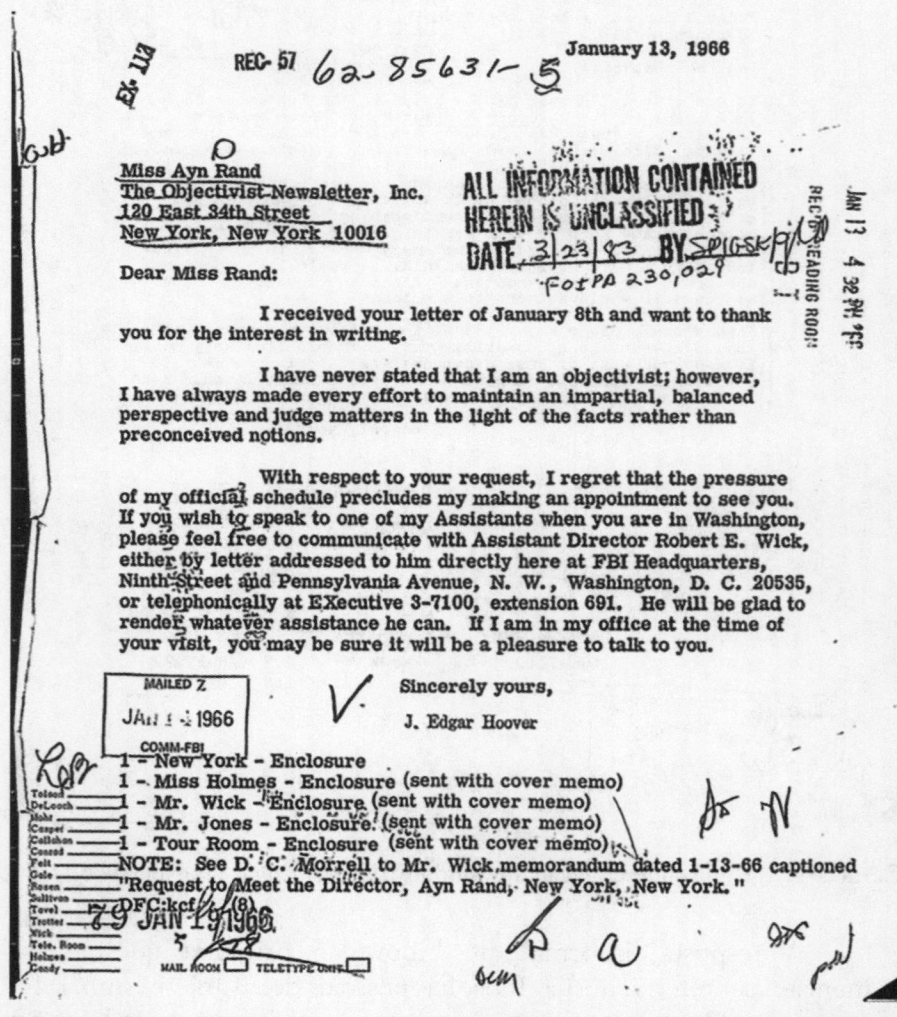

Resposta de John Edgar Hoover, diretor do FBI, a carta de Ayn Rand solicitando um encontro particular.

No artigo do *Saturday Evering Post* Hoover havia se descrito como um "objetivista", mas referindo-se ao seu *apolitismo* declarado. A partir da carta enviada por Rand, foi aberto um inquérito para investigar o que era o "Objetivismo" mencionado por Rand, e se o diretor do FBI deveria se encontrar com ela. Embora na época em que Rand escreveu a carta para Hoover ela já fosse uma escritora renomada nos Estados Unidos, o FBI chegou à conclusão de que ela era insuficientemente importante para o diretor encontrá-la[19]. Respondendo ao pedido de Ayn Rand, Hoover escreveu uma carta esclarecendo seus pontos de vista, e cordialmente acrescentando que embora não pudesse se comprometer com um encontro formal, ficaria feliz em conversar se ela aparecesse quando estivesse por perto. Essa foi a última comunicação formal entre Rand e o diretor do FBI, John Edgar Hoover.

7. O RELACIONAMENTO COM NATHANIEL BRANDEN[20] E A CRIAÇÃO DO GRUPO CONHECIDO COMO "O COLETIVO"

Se a trajetória profissional de Ayn Rand se assemelha às incríveis histórias vividas pelos heróis de suas obras, sua vida amorosa não é menos excepcional. Mesmo nesse aspecto a sua filosofia do *egoísmo racional* parece ter conduzido suas atitudes, de modo que, até o triângulo amoroso entre ela, seu marido, e seu discípulo, teve início racionalmente determinado.

Com apenas 14 anos Nathaniel Branden[21] estava entre os leitores que se apaixonaram pelo livro *The Fountainhead*. Aos 18, ele

---

[19] Situação semelhante aconteceu com Elvis Presley, que teve seu pedido de encontro com Hoover negado. Sobre isso, veja: https://www.muckrock.com/news/archives/2016/may/03/when-elvis-didnt-meet-hoover/, acesso em 17/mar/2019.

[20] A respeito da conturbada vida amorosa de Ayn Rand, no ano de 1999 foi lançado nos Estados Unidos o filme biográfico *The Passion of Ayn Rand* (A Paixão de Ayn Rand). Com direção de Christopher Menaul, conta no elenco com David Ferry, Don McKellar, Donald Carrier, Eric Stoltz, Helen Mirren, Julie Delpy, Peter Fonda, Sybil Temtchine e Tom McCamus.

[21] Nathaniel Branden chamava-se Nathan Blumenthal, até que aos 34 anos de idade resolveu mudar de nome. Segundo Branden, a vontade de mudar de nome ocorreu quando ele se perguntou: "Por que eu deveria estar à mercê de uma escolha que não fiz. Então comecei a pensar que nome eu gostaria de ter." (BRANDEN, 1989)

Nathaniel Branden (Nathan Blumenthal) aos 18 anos de idade.

conheceu a mulher que viria a ser sua esposa, também entusiasta de *The Fountainhead*, Barbara Weidman.

Passados mais dois anos, no verão de 1949, esse rapaz que cresceu idolatrando Ayn Rand resolve escrever-lhe uma carta. Contudo, ele não obtém resposta. Em setembro do mesmo ano Nathan Blumenthal e Barbara Weidman mudam-se para a Califórnia, para se matricularem na Universidade da Califórnia em Los Angeles (UCLA), onde Nathaniel cursará Psicologia, enquanto Barbara se formará em Filosofia. Ainda no final do ano de 1949, Nathaniel envia outra carta para Ayn Rand, dessa vez, recebendo como resposta uma breve nota, que menciona sua carta anterior.

Em resposta, Blumenthal envia-lhe uma terceira carta, "para lhe fazer várias perguntas desafiadoras sobre suas ideias"(BRANDEN,

1989). Em 12 de janeiro de 1950 Rand responde com uma longa carta, onde pede o número de telefone de Nathaniel. Então, ele envia-lhe uma quarta carta, dessa vez incluindo o número de seu telefone.

Por conta do sucesso com a obra *The Fountainhead*, Ayn Rand estava acostumada a receber um grande volume de correspondências de fãs, das quais dizia gostar especialmente das enviadas por militares, como descreve no trecho abaixo:

> O que eu mais gostei foi que, de qualquer grupo predominante da população, a maioria das cartas, e todas elas boas, eram de homens nas Forças Armadas. Isso foi durante a guerra, e eu me lembro de cartas, de panfletos, por exemplo, dizendo que depois de cada missão eles se reuniam em torno de uma vela e liam passagens de *The Fountainhead*, e [de] outras [obras]. Muitas de jovens aviadores. Outra carta dizia que ele se sentiria muito melhor se pensasse que essa guerra foi travada pelos ideais de *The Fountainhead*. E tudo isso vem do exterior. Eu respondi o máximo delas que pude, elas eram as melhores (RAND, [s.d.]).

Em fevereiro de 1950 Ayn Rand telefonou para Nathaniel, convidando-o para conhecê-la pessoalmente em uma reunião particular em sua casa, em Los Angeles. O encontro ocorreu no dia 2 de março de 1950. Acerca desse encontro, lembra Nathaniel:

> Ela fica fascinada pela minha carta. Isso nos leva a uma reunião pessoal. Chego às oito da noite e fico falando de filosofia até às cinco e meia da manhã. Isso é março de 1950, um mês antes de eu completar 20 anos, e ela tem 45 anos. Na semana seguinte, trago Barbara e, nós quatro, o que significa Ayn Rand, seu marido Frank, Barbara e eu, nos tornamos quase uma família. Nós nos tornamos muito, muito próximos. Barbara e eu estamos muito interessados em sua filosofia. Estou muito interessado em sua aplicação à psicologia (BRANDEN, 1989).

No verão de 1951, Nathaniel e Barbara se mudam para Nova York, seguidos em outubro do mesmo ano pelos O'Connor. Também nesse ano constituiu-se "o Coletivo", grupo formado pelos seguidores de Ayn Rand, incluindo o jovem Alan Greenspan[22].

---

[22] Economista norte-americano. Foi presidente do Sistema de Reserva Federal dos Estados Unidos entre 11 de agosto de 1987 a 31 de janeiro de 2006.

O grupo o Coletivo, no casamento da irmã de Nathaniel Branden, Elayne e Harry Kalberman, em abril de 1955. A partir da esquerda: Joan Mitchell, Alan Greenspan, Nathaniel Branden, Barbara Branden, Leonard Peikoff, Elayne Kalberman, Harry Kalberman, Ayn Rand, Frank O'Connor, Allan Blumenthal.

Em janeiro de 1953 ocorreu o casamento de Nathaniel Branden com Barbara Weidman. Ayn Rand e Frank O'Connor foram os padrinhos do casamento.

O que outrora era apenas uma forte amizade que incluía o compartilhamento de ideais comuns, acabou por tornar-se um caso amoroso. Em setembro de 1954, com o consentimento de seus cônjuges, Nathaniel e Ayn Rand passaram a se encontrar em particular, até que em janeiro de 1955 iniciaram também um relacionamento sexual.

Enquanto Rand tratava Branden como o "herdeiro intelectual" de seu trabalho, sem querer, se apaixonaram. Mas não foi um caso clandestino comum: depois de declararem mutuamente o que sentiam, Rand e Branden apresentaram a ideia de iniciarem um caso à esposa de Branden, Barbara. Apesar de Branden insistir que seus sentimentos por Rand não haviam mudado de

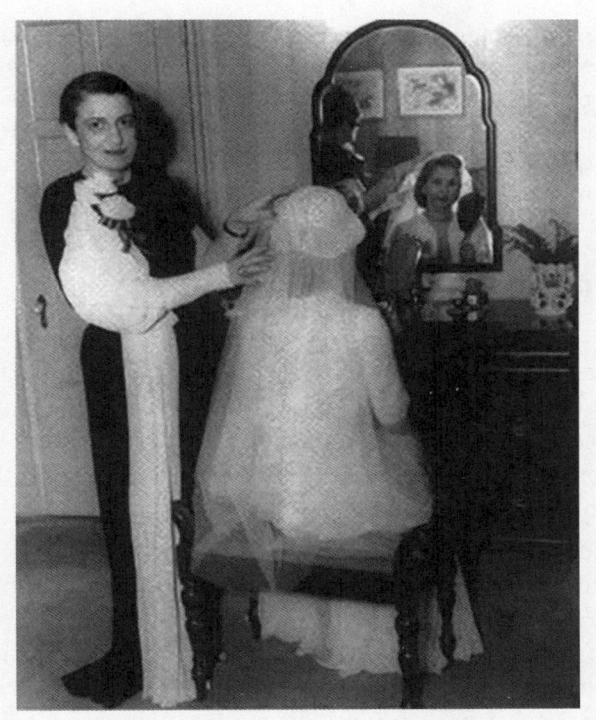

Ayn Rand ajuda Barbara Branden a preparar-se para o seu casamento, 1953.

Casamento de Barbara e Nathaniel Branden, Nova York, fevereiro de 1953. A partir da esquerda: Frank O'Connor, Barbara Branden, Nathaniel Branden, e Ayn Rand.

nenhuma forma o que sentia pela esposa, o "estado visivelmente atordoado" de Barbara deixou claro que as coisas não estavam nada bem. Quando o marido de Rand, Frank, ficou sabendo, ela [...] "expressou compaixão pela dor deles, e tentou fazer com que aceitassem a situação com a resolução de um comandante militar" (SHAFFER, 2012, p. 159–160).

8. ENTRE O ROMANCE E A FILOSOFIA

Antes mesmo de conhecer Nathaniel, Ayn Rand havia começado a escrever a obra que a tornaria conhecida mundialmente não apenas como romancista, mas também como filósofa. Data do ano de 1945 o primeiro rascunho a respeito do romance *The Strike*, título original da obra *Atlas Shrugged*.

Concomitante ao relacionamento amoroso entre Rand e Nathaniel desenvolveu-se também a obra. Enquanto Rand escrevia o romance *Atlas Shrugged*, um seleto grupo formado pelos amigos mais próximos do casal O'Connor, o que incluía o casal Nathaniel e Barbara Branden, se reuniam regularmente aos sábados para ler os manuscritos já disponíveis, ocorrendo longas discussões sempre monitoradas por Rand. Após treze anos, finalmente a obra foi concluída em março de 1957.

Segundo Ayn Rand, "[...] Atlas foi realmente o clímax e a conclusão do objetivo que eu havia estabelecido para mim a partir dos sete ou nove anos de idade. Ele expressou e declarou tudo o que eu queria de ficção escrita. Acima de tudo, apresentou minha ideia do homem ideal plenamente".

Foi a partir da necessidade de definir completamente um homem ideal na ficção que Ayn Rand descobriu que teria de fundar uma nova filosofia, que fosse digna dele.

Nessa outra passagem, ela explica a necessidade de estruturar um novo sistema ético-filosófico em vista do desenvolvimento do homem ideal.

> Como o meu propósito é a apresentação de um homem ideal, tive que definir e apresentar as condições que o tornam possível e que a sua existência requer. Como o caráter do homem é o produto de suas premissas, eu tive que definir e apresentar os

tipos de premissas e valores que criam o caráter de um homem ideal e motivam suas ações; o que significa que eu tive que definir e apresentar um código racional de ética. Uma vez que o homem atua e lida com outros homens, eu tive que apresentar o tipo de sistema social que possibilita que os homens ideais existam e funcionem – um sistema livre, produtivo e racional que exige e recompensa o melhor de cada homem, e que é, obviamente, o capitalismo *laissez-faire* (RAND, [s.d.]).

Publicado pela editora Random House, o livro inicialmente teve suas vendas reduzidas por conta de críticas negativas. Publicado no dia 10 de outubro de 1957, apenas três dias depois o *The New York Times* promoveu uma análise pouco favorável à obra. Essa crítica foi refutada por Alan Greenspan, na seção de cartas do mesmo jornal, em 3 de novembro daquele ano.

Apesar da crítica negativa, a publicidade boca a boca assegurou que em apenas dois meses *Atlas Shrugged* estivesse entre os dez primeiros na lista de *best-sellers* do *The New York Times*. Desde então, o livro foi traduzido em diversos idiomas e publicado em vários países.

A publicação de *Atlas Shrugged* no ano de 1957 foi inicialmente dedicada a Frank O'Connor e Nathaniel Branden. Contudo, na mesma época do lançamento do livro o relacionamento entre Rand e Nathaniel começava a apresentar problemas, e o aspecto sexual de seu caso acabava por terminar – ainda que não houvesse nesse momento uma total ruptura entre os dois. Segundo Nathaniel Branden:

> *Atlas Shrugged* é inicialmente dedicado a mim, que é publicado em 1957. Até agora eu percebi que cometi um erro terrível e confundi culto ao herói, admiração e outros tipos de amor com amor romântico, mas eu me tornei incrivelmente importante para Ayn, no nível mais íntimo e não sei como me livrar. Meu casamento com Barbara é previsível nos estágios seguintes de desintegração, embora nos tornemos amigos cada vez mais próximos. O caso com Ayn Rand essencialmente termina depois de três anos, quase na época em que *Atlas Shrugged* foi publicado, porque ela entra em uma depressão muito ruim e declina (BRANDEN, 1989).

Enquanto nos seus primeiros escritos Ayn Rand descrevia sua crença no individualismo e no compromisso com o capitalismo de livre mercado, a partir da publicação de *Atlas Shugged* ela começou a estender suas ideias para um sistema que denominava de Objetivismo, e que tem por principal característica elevar o egoísmo, um egoísmo de certo tipo, como veremos neste livro, a uma virtude. No ano de 1961 ela publicou seu primeiro trabalho de não-ficção, chamado *For the New Intellectual*.

Ainda no ano seguinte à publicação de *Atlas Shrugged*, em 1958, Nathaniel Branden já havia começado a dar palestras públicas e a organizar seminários na cidade de Nova York sobre a filosofia de Ayn Rand. Era o começo do que passaria a ser chamado, a partir de 1961, de *Nathaniel Branden Institute* – NBI. Criado com a autorização de Ayn Rand, o NBI oferecia uma variedade de cursos aplicados à filosofia, por meio de gravações de vídeos ou áudios com conteúdo ministrado por palestrantes previamente aprovados por Rand. A respeito da criação do NBI, esclarece Nathaniel:

> Quando *Atlas Shrugged* estava prestes a ser publicado, percebi que haveria muito interesse na filosofia de Ayn Rand. Achei que valeria a pena criar um curso com palestras que ensinassem sua filosofia de maneira mais organizada e acadêmica, já que as únicas apresentações disponíveis eram em romances. Então eu criei uma organização originalmente chamada *Palestras Nathaniel Branden*, sendo depois incorporada no *Instituto Nathaniel Branden* (BRANDEN, 1989).

Em janeiro de 1962 Ayn Rand e Nathaniel Branden começaram a publicar o boletim *The Objectivist Newsletter*, onde Barbara Branden contribuiu como editora-chefe. Em junho do mesmo ano Nathaniel e Barbara publicaram o livro *Who Is Ayn Rand?* Com a criação do Instituto e a divulgação de suas ideias, Ayn Rand emergiu ainda mais intensamente como figura pública, dando entrevistas em universidades e também no rádio, na televisão, em jornais, e em variados tipos de publicações. Por meio das publicações de suas entrevistas e de suas obras de não-ficção, Rand expõe, articulando e explicando, os princípios básicos e aplicações de sua filosofia chamada de Objetivismo. Vejamos um trecho de sua entrevista à revista *Playboy*, em março de 1964, onde ela explica sucintamente sua filosofia.

> *Playboy*: Miss Rand, seus romances e ensaios e, em especial, seu controvertido best-seller, *Atlas Shrugged* (*A Revolta de Atlas*),

apresentam uma visão de mundo cuidadosamente projetada e intrinsecamente consistente. Na verdade, eles são a expressão de um sistema filosófico abrangente. O que você procura alcançar com esta nova filosofia?

RAND: Eu busco prover os homens – ou aqueles que gostam de pensar – com uma visão integrada, coerente e racional da vida.

Playboy: Quais são as premissas básicas do Objetivismo? Qual o ponto de início?

RAND: Começa com o axioma de que a existência existe, o que significa que uma realidade objetiva existe independentemente de qualquer observador ou das emoções do perceptor, sentimentos, desejos, esperanças e medos. O Objetivismo sustenta que a razão é o único meio pelo qual o homem percebe a realidade e é seu único guia para a ação. Por razão, eu quero dizer a faculdade que identifica e integra o material fornecido pelos sentidos do homem (RAND, 1964).

Barbara, Nathaniel, Ayn Rand e Frank. Oregon, 1963.

No ano de 1964, enquanto Ayn Rand ainda procurava Nathaniel Branden na tentativa de reatar o romance entre os dois, Branden iniciou um novo relacionamento, com uma mulher também casada, só que dessa vez 10 anos mais jovem do que ele, chamada Patrecia Scott. Eles se conheceram enquanto ele ministrava os cursos sobre a filosofia de Ayn Rand, oferecidos pelo NBI. Também nesse período, com o consentimento do marido, Barbara Branden começou um caso com Wilfred Schwartz. No verão de 1965 Nathaniel e Barbara Branden se divorciaram.

Ainda no ano de 1964, Ayn Rand publicou a coleção de ensaios *The Virtue of Selfishness*. Essa publicação contém, também, uma série de artigos escritos por Nathaniel Branden e compõe o eixo de sustentação teórico do livro que o nosso leitor tem em mãos.

Em 1966 Ayn Rand publicou *Capitalism: The Unknown Ideal*, outra coleção de ensaios que inclui, além de artigos próprios, também artigos de Branden entre outros.

No dia 11 de agosto de 1967 Ayn Rand apareceu como convidada no popular programa de entrevistas na televisão *The Tonight Show*, apresentado por Johnny Carson. Por conta da popularidade de Rand, Carson cancelou todos os outros convidados e dedicou todo o *show* apenas a ela. Após a exibição dessa entrevista, a rede de televisão NBC afirmou ter recebido o maior número de cartas do ano, quase um recorde na história do programa.

Crítica ao livro *The Virtue of Selfishness*. *The Detroit News*, 1966.

Após uma segunda entrevista, realizada no dia 26 de outubro do mesmo ano, a emissora recebeu em torno de 3.000 cartas, com apenas 12 dessas cartas apresentando uma avaliação negativa da entrevista.

Em agosto do ano de 1968 Ayn Rand descobriu o caso amoroso entre Nathaniel Branden e Patrecia Scott. A partir de então, Rand exigiu que Nathaniel renunciasse e se afastasse do boletim *The Objectivist* e do NBI. Na verdade, inflexível, Ayn Rand rejeitou qualquer tipo de continuação do NBI. Na tentativa de mediar a transição entre a renúncia de Nathaniel e a possível continuação das atividades, tanto do boletim *The Objectivist*, quando do NBI, Barbara Branden expressou sua preocupação sobre o comportamento de Ayn Rand. Por conta dessas observações, Rand encerrou também o seu relacionamento com Barbara, em 03 de setembro de 1968. Em outubro do mesmo ano Ayn Rand publicou o artigo "*To Whom It May Concern*", no boletim *The Objectivist*. Nele, ela expôs seu repúdio aos Branden, acusando Nathaniel de fracassar com suas responsabilidades profissionais, de deliberadamente enganar as pessoas e a explorar financeiramente. Contudo, na publicação ela não menciona o caso que houve entre os dois. Por conta do rompimento com Ayn Rand, ainda no ano de 1968, Nathaniel Branden e Patrecia Scott mudam de Nova York para a Califórnia, onde se casam em 07 de novembro de 1969.

> Finalmente, há este confronto tremendo em 1968 depois de quatro anos terríveis em que a verdade completa era que eu não quero continuar esse tipo de relacionamento, e que eu estou apaixonado por Patrecia e estamos tendo um caso. Essas informações foram divulgadas. Agora estou com 38 anos. Ayn está agora com 60. Ayn escreve um artigo denunciando-me na publicação que co-criamos e chamamos de *The Objectivist*. Ela mobiliza da melhor maneira possível o movimento objetivista que ela e eu criamos para destruir e, destrói-me de todas as formas possíveis profissionalmente. Ela influencia minha editora, com quem ela tem uma associação, para cancelar o contrato do meu primeiro grande livro, *The Psychology of Self-Esteem*, que ela havia proclamado anteriormente ser uma obra de gênio e que agora ela está convencida de que Nathaniel Branden está acabado, tendo desfeito sua associação com Ayn Rand. Patrecia e eu saímos de Nova York para começar uma nova vida na Califórnia (BRANDEN, 1989).

A partir de 1970 Ayn Rand modificou as introduções das obras *The Virtue of Selfishness* e *Capitalism: The Unknown Ideal*, acrescentando notas de repúdio a Nathaniel Branden, mas sem remover seus ensaios que compunham a obra. Eis a nota incluída na obra *The Virtue of Selfishness*: "P.S. Nathaniel Branden não é mais ligado a mim, a minha filosofia ou ao *The Objectivist* (antigamente *The Objectivist Newsletter*). (Nova York, novembro de 1970)" (RAND, 1991, p. 19).

9. OS ÚLTIMOS ANOS

Em março de 1973 Ayn Rand descobriu que uma irmã que ela acreditava ter morrido ainda estava viva e morando na União Soviética. A partir de então Rand fez o possível para que sua irmã pudesse realizar uma visita aos Estados Unidos. Quando finalmente isso aconteceu, o encontro de oito meses foi marcado por brigas e discussões por conta de divergências políticas e filosóficas, provocando inclusive o atraso na publicação dos ensaios de Rand. No ano seguinte, em 1974, aos 69 anos de idade e depois de décadas de intenso tabagismo, Ayn Rand passou por uma cirurgia por conta de um câncer de pulmão.

Já com a saúde debilitada, Ayn Rand encerrou

Salão Oval, 1974. A partir da esquerda: Rose Goldsmith, mãe de Alan Greenspan; Presidente Ford; Alan Greenspan; Ayn Rand, e seu marido, Frank O'Connor. Crédito: David Hume Kennerly. Biblioteca Gerald R. Ford.

a carreira de escritora em 1976. Pouco tempo depois de comemorarem o quinquagésimo aniversário de casamento, no dia 09 de novembro de 1979, faleceu seu marido e companheiro de uma vida, Frank O'Connor.

Grand Central Station, 1979.

Três anos após a morte do marido, Ayn Rand ficou doente depois de fazer um discurso em Nova Orleans, por conta de uma insuficiência cardíaca. Rand faleceu em seu apartamento em Nova York no dia 6 de março de 1982, aos 77 anos de idade. Ela foi enterrada ao lado de Frank, no Cemitério Kensico, na cidade de Nova York.

Cemitério Kensico, em Valhalla, Nova York.

10. O LEGADO DE AYN RAND

Por conta de sua espetacular trajetória tanto profissional como pessoal, após a morte de Ayn Rand várias biografias foram lançadas. Apenas para citar algumas[23], talvez as mais importantes pela proximidade pessoal dos autores com a própria Ayn Rand, no ano de 1986 Barbara Branden publicou *The Passion of Ayn Rand*, enquanto Nathaniel Branden publicou um livro de memórias intitulado *Judgement Day: My Years with Ayn Rand*, no ano de 1989, revisado e renomeado para *My Years with Ayn Rand*, no ano de 1999. Em 2005 foi publicado *The Passion of Ayn Rand's Critics*, por James S. Valliant. Essa última obra tem como objetivo comparar os relatos de vida a respeito de Ayn Rand fornecidos por Barbara e Nathaniel, nas obras que escreveram em separado.

Em 1995 foi estabelecido o *Ayn Rand Archives*, constituindo um repositório corporativo mantido pelo *Instituto Ayn Rand*.

Além de abrigar os papéis de Ayn Rand (que ocupam 150 pés lineares), o *Ayn Rand Archives* coleta itens de e sobre Ayn Rand e sua influência – incluindo registros institucionais, documentos pessoais, coleções de A/V, bibliotecas pessoais, obras de arte, móveis, e objetos (AYN RAND INSTITUTE, [s.d.]).

Em reconhecimento ao sucesso alcançado por Ayn Rand ainda nos tempos atuais, em 22 de abril de 1999 o Serviço Postal dos Estados Unidos emitiu um selo com estampa em homenagem a filósofa e escritora.

Ainda hoje, *Atlas Shrugged* vende mais de duzentos mil exemplares por ano, o que demonstra o poder e o magnetismo do pensamento de Ayn Rand. Personagem de intensas e controversas posições políticas e

Selo em homenagem a Ayn Rand, 22 de abril de 1999.

---

[23] Confira uma lista expandida, ainda que incompleta, das biografias já publicadas sobre Ayn Rand no final desse capítulo.

filosóficas, o legado da nossa filósofa na atualidade ainda é motivo de grandes debates, polêmicas e enorme repercussão.

Assim como no mundo criado por Rand existiam apenas dois tipos de pessoas – produtores ou saqueadores, ou seja, aqueles que trabalham para si mesmos e aqueles que recebem doações do governo – aqueles que passam a conhecer sua filosofia geralmente também se dividem em dois grupos, unindo-se aos que a idolatram ou aos que a odeiam, sendo, em nosso modesto parecer, praticamente impossível se manter neutro diante sua posição filosófica, levada ao paroxismo pela sua própria vida, concreta, cotidiana.

Depois de uma trabalhosa pesquisa a respeito da vida e da obra de Ayn Rand, talvez o trecho encontrado que melhor a descreva seja este:

> Conceda a Ayn Rand uma premissa e você sairá com um estilo de vida.
> [...]
> É fácil caçoar de Rand, presunçosamente, de uma distância segura de décadas de intervenção, ou uma ideologia oposta, mas, pessoalmente – aqueles seus grandes olhos negros brilhando no meio da noite, alimentados por nicotina, cafeína e anfetaminas – ela era aparentemente uma força incontrolável, uma máquina da pura razão, um Spock de livre mercado que convertia os que duvidavam à esquerda, à direita e ao centro. Testemunhas dizem que ela nunca perdeu uma discussão (ANDERSON, 2009).

Aqui, buscamos apresentar a vida dessa ilustre escritora, filósofa, roteirista, ativista da liberdade e do capitalismo que foi Ayn Rand, desde seu nascimento na Rússia czarista, passando por sua infância e adolescência forte e diretamente impactadas pelas revoluções comunistas, até sua chegada aos Estados Unidos, e a luta para consolidar-se como escritora, e depois como filósofa. Seu êxito foi tamanho, que os livros *The Fountainhead* e *Atlas Shrugged* constituem os maiores sucessores editoriais da história dos Estados Unidos, e, em vendas e em influência, segundo a Biblioteca do Congresso Americano, somente perdem para a Bíblia.

Ao conhecermos sua biografia, insistimos, percebemos que a própria vida de Ayn Rand parece ter sido extraída de um de seus romances, com sua trajetória confundida com a trajetória dos heróis e heroínas de suas obras. Após sair da Rússia controlada pelo comunismo, Ayn Rand chegou aos Estados Unidos praticamente sem recursos financeiros. A partir do pouco auxílio recebido de seus parentes que moravam nos Estados Unidos, Rand construiu uma sólida carreira intelectual, ainda que reconhecesse, ela própria, que suas ideias fossem de fato revolucionárias, e que talvez necessitassem de mais tempo para serem assimiladas. Em uma entrevista no ano de 1967, Ayn Rand já afirmava de modo taxativo: "minhas opiniões provavelmente serão a norma no futuro, mas não neste momento". (RAND, 1967).

Com o mesmo empenho com que se dedicou à carreira de escritora, e que a levou ao sucesso profissional, Ayn Rand buscou também desenvolver e divulgar sua filosofia do Objetivismo. Certa vez, ao ser questionada a respeito de se considerar primeiro uma romancista ou uma filósofa, respondeu:

> Eu diria que sou primeiramente ambos, igualmente, e pelas mesmas razões. Meu principal interesse e propósito tanto em literatura como em filosofia é definir e apresentar uma imagem de um homem ideal, a imagem concreta e específica do que o homem pode e deve ser. Quando comecei a escrever, a me dedicar à literatura e a estudar filosofia, descobri que discordava profundamente de todas as filosofias existentes, particularmente, de seus códigos morais. Assim, tive de pensar e definir o meu próprio sistema filosófico de modo a descobrir e apresentar o tipo de ideias e premissas que tornam o homem ideal possível, de modo a definir quais tipos de convicções resultariam no caráter do homem ideal (RAND, 1961).

Ayn Rand pautava sua filosofia sobre quatro componentes básicos, como teremos oportunidade de ver ao longo deste livro: a realidade objetiva, a supremacia da razão, a virtude do egoísmo e a importância do capitalismo *laissez-faire*. Ao apresentar seu pensamento, Ayn Rand celebrava a virtude do *egoísmo racional*, segundo o qual o propósito moral mais elevado entre os homens deveria ser a busca racional de sua própria felicidade – desde que não se explore ou exerça a imposição pela força sobre outras pessoas visando o próprio ganho. Além disso, afirmava também que o altruísmo é ruim para os indivíduos e para a sociedade, e atacava a religião por ser irracional.

Inspiração intelectual para várias gerações, o sistema filosófico extremamente abrangente criado por Ayn Rand atacou – e ainda ataca

– todos os valores tradicionais, com exceção de um, e talvez por isso tenha alcançado tanto sucesso: não só valoriza como também motiva a busca e a manutenção da riqueza. Seu sistema conseguiu unir a perspectiva antiautoritária com a revolucionária, ao mesmo tempo em que oferece o benefício de não ameaçar a propriedade material de seus seguidores.

Quanto ao mérito desse sistema filosófico, cabe a você, leitor, após a leitura de nossa contribuição, avaliar. Caso queira saber mais sobre a vida de Ayn Rand, encontram-se à venda diversas obras biográficas, além de rico material *on-line*, encontrado em *sites*, *blogs*, documentários e entrevistas disponibilizadas em *sites* de compartilhamento de vídeos. Abaixo, como prometido, apresentamos uma lista de biografias já publicadas, segundo a data de publicação:

- Nathaniel Branden e Barbara Branden, *Who Is Ayn Rand?* New York: Random House, 1962.
- Barbara Branden, *The Passion of Ayn Rand*. New York: Doubleday, 1987.
- Nathaniel Branden, *Judgment Day: My Years with Ayn Rand*. Boston: Houghton Mifflin, 1989.
- Michael Paxton, *Ayn Rand: A Sense of Life – The Companion Book*, livro publicado para acompanhar o documentário de longa duração com o título *Ayn Rand: A Sense of Life*. Gibbs Smith, Layton, UT, 1998.
- Anne Conover Heller, *Ayn Rand and the World She Made*. New York: Doubleday, 2009.
- Jennifer Burns, *Goddess of the Market: Ayn Rand and the American Right*. New York: Oxford University Press, 2009.

REFERÊNCIAS BIBLIOGRÁFICAS

ANDERSON, S. *Mrs. Logic*. Disponível em: <http://nymag.com/arts/books/features/60120/>. Acesso em 25/jun/2018.

AYN RAND INSTITUTE. *Ayn Rand Archives*. Disponível em: <https://www.aynrand.org/about/archives>. Acesso em 25/jun/2018.

BATISTA, L. *Há 100 anos mulheres impulsionavam Revolução Russa*. Disponível em: <http://acervo.estadao.com.br/noticias/acervo,ha-100-anos-mulheres-impulsionavam-revolucao-russa,12711,0.htm>. Acesso em 2/jun/2018.

BRANDEN, N. *Judgment Day*, 2 jul. 1989. Disponível em: <https://www.c-span.org/video/?8219-1/judgment-day>. Acesso em 29/mai/2018.

MARKS, L. *O Egoísmo como Virtude, um estudo da vida e obra de Ayn Rand*. Porto Alegre, RS: Fi, 2014.

POWEL, J. *Biografia: Ayn Rand*. Disponível em: <http://ordemlivre.org/posts/biografia-ayn-rand--13>. Acesso em 3/jun/2018.

PRUETTE, L. Battle Against Evil. *The New York Times*, 16 de maio de 1943.

RAND, A. *Testemunho de Ayn Rand ao Comitê de Atividades Antiamericanas (HUAC)*. Disponível em: <https://www.noblesoul.com/orc/texts/huac.html>. Acesso em 4 jun. 2018.

RAND, A. *The Mike Wallace Interview*, 1959.

RAND, A. *Ayn Rand and the "New Intellectual"*, 15 de maio de 1961.

RAND, A. *Entrevista de Ayn Rand a Revista Playboy*, mar/1964. Disponível em: <http://objetivismo.com.br/artigo/entrevista-de-ayn-rand-a-revista-*Playboy*>

RAND, A. *The Tonight Show*, 11 ago. 1967.

RAND, A. *A virtude do egoísmo*. Porto Alegre, RS: Ortiz, 1991.

RAND, A. *Ayn Rand: A Writer's Life*, [s.d.]. Disponível em: <https://campus.aynrand.org/campus/globals/lesson-repository/ayn-rand-a-writers-life>. Acesso em 4/jun/2018.

SHAFFER, A. *Os grandes filósofos que fracassaram no amor*. Tradução Marcelo Barbão. São Paulo: Leya, 2012.

CAPÍTULO 2

POR UMA ÉTICA DO EGOÍSMO

Wesley Costa Xavier
Dennys Garcia Xavier

Ayn Rand é autora ousada e ácida, especialmente quando a confrontamos com a fortuna filosófica do Ocidente que a antecede. Ela se opõe a uma longa e respeitada tradição do espírito humano sustentada por caráter fundamentalmente altruísta, na qual valores dirigidos ao assim chamado "bem comum" orientam a ação humana. Assim ocorre, por exemplo, quando pensamos a *Sofocracia* platônica, na qual o homem liberto dos entraves da opinião sensível retorna ao fundo da caverna movido pela compaixão aos que permanecem na ignorância; a *aufklärung* (esclarecimento) kantiana que vê na máxima universal o modo de agir moralmente; e o contemporâneo existencialismo sartreano que toma como mote *o existencialismo é um humanismo*, ou seja, ao escolher, o homem escolhe para si e para os outros (isso para não elencarmos aqui longa lista de arcabouços teóricos fortemente ancorados, direta ou indiretamente, no agir "pelo outro").

Mas o campo de batalha de Rand não se restringe à filosofia. A tradição judaico-cristã também parece ter contribuído para alimentar aquilo que a nossa autora terminou por considerar sentimentos lúgubres, pueris e nada altivos do ponto de vista humano, uma submissão aos valores, uma negação da própria vida e a ausência do orgulho. Em termos sintéticos, a moral cristã subverteu os valores inerentes aos seres humanos: o que era belo se tornou grotesco e, então, o homem natural deu origem ao homem artificial, pobre, submisso, fraterno e altruísta. É responsabilidade do próprio cristianismo a demonização do *egoísmo*, entendido erroneamente como um valor destituído de bondade. Grosso modo, alega-se, um homem egoísta é nocivo para a existência humana e perigoso para si mesmo; somente em vista do bem comum e da prática altruísta é que um homem pode se realizar como tal, atingir o máximo da condição humana, fazer jus, em suma, à sua inata estrutura compositiva. Fazer o bem para si é praticamente uma afronta, ter orgulho de si é cruel, se curvar ao código de conduta de uma metafísica religiosa e adotar uma prática fraterna de sacrifício próprio nos conduz, por sua vez, ao título honorífico de *cordeiros de Deus* imolados no altar do auto sacrifício.

Na introdução a obra *A virtude do egoísmo*, Ayn Rand afirma[1]:

> No uso popular, a palavra "egoísmo" é um sinônimo de maldade; a imagem que invoca é de um brutamontes homicida que pisa sobre pilhas de cadáveres para alcançar seu próprio objetivo, que não se importa com nenhum ser vivo e persegue apenas a recompensa de caprichos inconsequentes do momento imediato. Porém, o significado exato e a definição do dicionário para a palavra "egoísmo" é: preocupação com nossos próprios interesses. Este conceito não inclui avaliação moral; não nos diz se a preocupação com os nossos próprios interesses é boa ou má; nem nos diz o que constitui os interesses reais do homem. (RAND, 1991, p. 14)

À luz da ética objetivista, percebemos que ao longo do tempo valores nos foram impostos em total dissonância com a nossa natureza. Fomos alvos de uma heteronomia na qual a *empeiria*, a experiência, e o racional foram postos de lado sem qualquer cerimônia, com regras

---

[1] Neste texto trabalhamos com conceitos éticos de Ayn Rand tal como exclusivamente registrados no capítulo "A Ética Objetivista". Trata-se de obra na qual temos a autora a se expressar em termos não-ficcionais e, por isso, segundo linguagem mais suscetível a ajustada captura hermenêutica.

criadas porque criadas e não porque necessárias às dinâmicas derivadas de uma condição própria do homem. Precisaríamos mesmo de corpo normativo assim concebido? De um código de conduta que não necessariamente busque empatia com modo de ser inato?

> Será o conceito de valor, de "Bem ou Mal" [...], decreto de uma convenção humana arbitrária, de um mero costume, que o homem deve orientar seus atos por um conjunto de princípios – ou existe um fato da realidade que exige isso? A ética é o território dos caprichos: das emoções pessoais, convenções sociais e revelações místicas – ou é o território da razão? A ética é um luxo subjetivo – ou uma necessidade objetiva? (RAND, 1991, p. 21)

A filosofia objetivista, como nos sugere o próprio nome, é, na proposta randiana, um pensamento que não se baseia em fatores subjetivos, mas em grau objetivo da realidade. Ao falarmos de objetivismo, entendemo-lo como moralidade estritamente racional, extraída dos fatos não como gostaríamos que fossem, mas como são, como se apresentam. Não nos enganemos a propósito da lição de Rand: a realidade não existe para celebrar expectativas pessoais ou de grupos sectários. Reconhecê-lo é passo fundamental para a descoberta de moralidade factível, realizável.

Ayn Rand, então, está na vanguarda ao propor um novo código moral considerado por muitos, paradoxalmente, como utópico ou quixotesco. São eles, os códigos morais vigentes, eles sim, ancorados na fé, na paixão e na arbitrariedade ideológica, não os que ela propõe ou põe a descoberto. Os decretos de ordem social, passional e teológica são definitivamente estéreis neste contexto. Assim, os ditames do código moral registrados pela nossa filósofa são uma ode àquilo que faz do Homem o que é, que o diferencia de todo o resto: senso lógico e racionalidade.

Se se quer viver enquanto humano, viver bem e viver em meio ambiente tensionado a nosso favor, a razão é uma ferramenta essencial; mais, é um meio absoluto para a manutenção de nossa existência, que em uso pleno tem como teleologia a felicidade.

> No triste registro da história da ética da humanidade – com poucas, raras e malogradas exceções –, os moralistas têm considerado a ética como um território dos caprichos, isto é: do

irracional. Alguns deles o fizeram explicitamente de propósito – outros implicitamente, por omissão. Um "capricho" é um desejo experimentado por uma pessoa que não sabe e não se importa em descobrir sua causa. (RAND, 1991, P. 21).

A ética de Rand não negocia com caprichos humanos, como se pode facilmente notar. Ela é enfática neste sentido. E a força da sua convicção se faz sentir por toda a sua doutrina filosófica do comportamento humano.

1. O HOMEM ENTRE O BEM E O MAL

A exortação para a Ética Objetivista de Ayn Rand começa com a seguinte pergunta: Por qual motivo aceitamos valores e o que são especificamente "valores"?
Na definição de Rand:

> "Valor" é tudo aquilo pelo qual alguém age para conseguir e/ou manter. O conceito de "valor" não é um conceito primário; ele pressupõe uma resposta à pergunta: de valor para quem e para o quê? Ele pressupõe uma entidade capaz de atuar para atingir um objetivo frente a uma alternativa. Onde não existem alternativas, não são possíveis nem objetivos e nem valores. (RAND, 1991, p.23)

Não há valor se a liberdade não se faz presente. Um homem que tem um valor em mente é um homem que pode escolher em causa própria, buscando sua felicidade por entender-se como um fim em si mesmo. Se esse mesmo homem está submetido ao totalitarismo que historicamente foi vivenciado na experiência socialista russa ou na Alemanha nazista, esse homem não pode tomar contato com a realização do que é o valor para si e em si. Há assim uma anterioridade da liberdade em relação ao valor, o segundo é uma concretização absoluta da primeira.

Ora, se o valor – o bem ou o mal – só pode se efetivar no âmbito da liberdade, apenas os seres que têm vida estritamente racional podem atribuir ou não significado à própria existência. Para entendermos o valor em Rand é necessário entender a condição humana de preservação da própria vida. Um homem, organismo vivo, que sente e é racional – diferente de uma criatura inanimada – delibera sobre viver ou não, preservar a vida ou abrir mão da mesma, e assim orienta os seus valores por meio de ação racional. Imaginemos uma pessoa em coma, um organismo vivo sem consciência. Tal pessoa certamente não poderá escolher nenhum tipo de valor para orientar a própria vida, porque não há consciência capaz de pontuar objetivos ou interesses para si, não caberá a ela o julgamento do que é bom ou mau. Só há valor se existir vida e capacidade deliberativa a favor da manutenção da própria existência.

Assim, em função do valor, opera nossa capacidade racional, como a maneira mais direta do homem orientar conduta necessária à preservação de si mesmo, ou seja, o valor supremo é a manutenção da vida e o alcance da felicidade. Se procuro a preservação da minha existência como fim último da minha ação, esse valor é o bem; no entanto, se procuro a aniquilação, mesmo que involuntária, por assim dizer, da minha existência, em vista da tutela de outro ou de ausência de caráter deliberativo, esse valor é o mal. A visão de Ayn Rand sobre *valor*, em análise imediata pode ser encarada como uma espécie de *utilitarismo tout court*, não obstante o registro que a distingue de todo o resto:

> Os filósofos que tentaram legar um código de ética supostamente racional, deram à humanidade apenas a escolha de caprichos: a busca "egoísta" dos próprios caprichos (como a ética de Nietzsche) – ou o altruísmo servil aos caprichos de outros (como a ética de Bentham, Mill, Comte e de outros hedonistas sociais, não importando se eles permitiram ao homem incluir seus próprios caprichos entre os milhões de outros, ou aconselharem-no a transformar-se em alguém totalmente desinteressado, pronto para ser devorado pelos outros). (RAND, 1991, p. 41)

Do ponto de vista epistemológico, como podemos assimilar o valor e entendê-lo como bom ou ruim? De início, por meio da experiência sensível, diz Rand. Aquilo que desde o brotar de nossas vidas se mostra prazeroso, reflete, aqui e ali, os termos primevos de uma busca pela preservação da própria vida, enquanto que o que nos toma de dor ou contrariedade é encarado como elemento nocivo para a preservação de nossa existência. Assim, na mesma medida em que aprendemos a configuração do mundo por meio de nossos sentidos, aprendemos também a valoração de nossas ações e de seus efeitos imediatos.

> O mecanismo prazer-dor no corpo de um homem – e nos corpos de todos os organismos vivos que têm a faculdade da consciência – serve como um guardião automático da vida do organismo. A sensação física de prazer é um sinal indicando que o organismo está perseguindo o curso certo de ação. A sensação física de dor é um aviso de perigo, indicando que o organismo está perseguindo o curso errado de ação, que algo está interferindo na função adequada do seu corpo, o que requer uma ação corretiva. (RAND, 1991, p. 25)

Eis que, no entanto, se tratarmos de complexidade e simplicidade orgânica, temos divisão de base compositiva que incide sobre o *modus operandi*, sobre o modo de agir de cada ser vivo. Seres mais simples são os vegetais e seres mais complexos os animais, respectivamente, não-humanos e os humanos. Ao que tudo indica, e devido à época em que produz, Rand leva em consideração a senciência de animais não-humanos, também afirmada por autores contemporâneos como Jeremy Bentham e Arthur Schopenhauer – e anteriormente negada pela tradição moderna, como em Descartes, que em *Discurso sobre o método: Regras para a orientação do espírito* afirma que seria um erro levarmos em consideração certa cognição daqueles animais. Não obstante isso, os animais são, à luz da reflexão de Rand, seres de uma consciência inferior, capazes tão-somente de sentirem a relação prazer-dor e de armazená-la em sua memória mediada pela percepção pura e simples: percebem que algo pode lhes ser nocivo por meio da dor e pode lhes ser saudável por meio do prazer. Um animal não-humano pode ainda apreender comandos básicos, seja ensinado por um adestrador, ou por meio de um comando transmitido através de seus pais, para caçar, por exemplo, para se esconder ou coisa que o valha. Esses são os seus limites, sua consciência está fadada ao conhecer, promover o próprio bem e evitar todo e qualquer mal que possa direta ou indiretamente prejudicar sua própria vida, não lhe restando outra escolha, como por exemplo, se abster do conhecimento ou atentar contra a própria vida. O Homem vai além. A consciência humana e seu funcionamento não operam, por assim dizer, no automático, como ocorre com os outros animais; pelo contrário, o Homem percebe o mundo, retém suas impressões sensíveis na forma de ideias e, por meio de suas percepções, assimila aquilo que pode ser identificado como um código de conduta. Não havendo nenhum tipo de inatismo voltado para uma metafísica do que é bom (prazeroso) ou ruim (doloroso), a consciência da criatura humana é diferente da consciência dos outros animais porque nossa consciência não opera no campo do autômato, mas sim no campo do desejo, em suma. Para Rand, então, os animais têm apenas representações de suas percepções enquanto o homem representa suas vontades, mediadas por capacidade racional, lógica, de cálculo.

Deste modo, se retomarmos a divisão entre os vegetais, animais e humanos, a função vegetativa preserva a existência da planta, a função sensorial salvaguarda a vida do animal, no homem o grau de complexidade para sua preservação se estabelece por meio de *conceitos*.

> Um "conceito" é uma integração mental de duas ou mais realidades perceptuais que são isoladas por um processo de abstração e unidas por meio de uma definição específica, cada palavra da linguagem do ser humano, com a exceção dos nomes próprios, denota um conceito, uma abstração que representa um número ilimitado de realidades perceptuais de um tipo específico. (RAND, 1991, p.28)

Nenhum vegetal ou animal não-humano é capaz de tal peripécia. O conceito não é simplesmente a maneira como armazenamos as impressões provenientes dos nossos sentidos, não é também apenas uma ferramenta que procede automaticamente para emitirmos uma moral provisória; ao contrário, o conceito é um método (caminho) para adequarmos percepção de mundo e consciência. É o que nos possibilita o entendimento do silogismo aristotélico como um processo de dedução; que nos possibilita compreender que a física tomista aristotélica de ordem qualitativa não é mais suficiente em vista de um modelo galilaico-newtoniano de base quantitativa. Dotados da faculdade da razão, não respondemos passivamente à emissão de conceitos. Pensar é exercício, escolha autônoma sem a direção de um terceiro. Se um animal não tem a opção de não sentir e automaticamente absorve uma sensação passivamente, o homem, diverso que é, pensa e exerce a consciência num exercício de arbítrio, de escolha, de ato de decisão volitiva.

[...] sejam quais forem as condições, não há alternativa na função de uma planta: ela age automaticamente para promover sua vida, ela não pode agir para sua própria destruição. A complexidade de ações requeridas para a sobrevivência dos organismos superiores é mais ampla: ela é proporcional à complexidade de sua consciência. (RAND, 1991, p. 26)

Pensar, então, é focalizar. Posso orientar meu pensamento e focalizar em uma dissertação de mestrado, como um enxadrista em uma partida de xadrez, como um atleta em seu ofício, assim como posso me abster do pensamento dirigido a alvo específico, não focalizando atividade determinada, apenas me tornando um receptor sensorial e fazendo conexões imediatas. Cabe a cada um de nós direcionar o foco do pensamento ou permanecer na condição de um autômato. Sobre o focalizar ou não focalizar, Ayn Rand alega que, "psicologicamente, a escolha de 'pensar ou não' é a escolha de 'focalizar ou não'. Existencialmente, a escolha de 'focalizar ou não' é a escolha de 'ser consciente ou não'. Metafisicamente, a escolha de 'ser consciente ou não' é a escolha de vida ou morte". (RAND, 1991, pp. 29-30).

2. A COMPLEXIDADE DA CONDIÇÃO HUMANA

Para a sobrevivência de um animal não-humano, faz-se necessário apenas aquilo que a natureza lhe fornece: se sente sede, busca por água, se sente fome, busca por alimento, se tende a perpetuar a espécie, busca a cópula, de modo "cego" ou "inconsciente", simplesmente como um organismo na busca de sua autopreservação. Já para os homens, em conformidade com o que é dito por Rand, o meio através do qual pode buscar a preservação da vida e evitar a sua destruição é a razão, pois nenhum instinto é capaz de promover ciência e aperfeiçoar a vida humana a níveis desejáveis, nenhuma percepção conseguirá, enquanto tal, produzir a complexidade de atos de decisão fundamentais para a existência humana: é preciso mais que isso, é preciso autonomia/racionalidade.

Diferente dos outros animais, portanto, os homens podem usufruir de elemento típico, o esforço mirado, determinado, para criar a sua própria realidade; suas ferramentas para a preservação de sua vida; os meios para que a dor seja evitada; os medicamentos necessários para certa insuficiência ou para controlar o que ultrapassa a justa medida;

a calefação para evitar o frio; o ar condicionado para evitar o calor; ou seja, o homem não se apropria, ele cria por meio de sua própria força, sem herança alguma na natureza, se torna homem e se orgulha do que realiza. Aliás, diz Rand sobre este conceito central em sua filosofia, citando passagem sua d'*A Revolta de Atlas*:

> A virtude do Orgulho é o reconhecimento do fato "de que assim como o homem deve produzir os valores físicos de que necessita para sustentar sua vida, assim também ele precisa adquirir os valores de caráter que fazem sua vida merecer ser sustentada – que assim como o homem é um ser que faz a sua própria fortuna, assim também é um ser que faz sua própria alma". (RAND, 1991, p. 37)

O animal não pode escolher não comer, não pode escolher não se hidratar e não pode escolher não perpetuar a espécie. Está determinado, fadado ao que a natureza lhe dá e exige no âmbito da reciprocidade. Em última instância, o animal sequer pode atentar contra a própria vida. O homem, pelo contrário, é livre para afirmar ou negar a vida, pode se alimentar ou não, pode deixar descendente ou não, pode focalizar ou desfocalizar e, por ser o criador de sua própria preservação, também pode causar o encerramento de sua própria existência. Daí a necessidade de um código moral: para que possamos orientar, por meio de nossas consciências, as ações para nossa preservação.

Por outro lado,

> Se alguns homens escolhem não pensar, mas sobreviver imitando e repetindo como animais treinados a rotina dos sons e movimentos que aprenderam de outros, nunca fazendo um esforço para compreender seu próprio trabalho, ainda assim continua a ser verdade que sua sobrevivência é tornada possível somente por aqueles que efetivamente escolheram pensar e descobriram os movimentos que eles estão repetindo. A sobrevivência de tais parasitas mentais depende de uma chance cega; suas mentes desfocadas são incapazes de saber a quem imitar, quais movimentos são seguros para seguir. Eles são os homens que marcham para o abismo, rastejando atrás de cada destruidor que lhe promete assumir a responsabilidade da qual fogem: a responsabilidade de serem conscientes. (RAND, 1991, p. 32)

Em suma, a ética opera no campo do necessário, no valor intrínseco da preservação da existência humana: não se trata de repertório religioso que transcende a barreira do real, que orienta a vida do homem para além dos limites fenomênicos, "a ética é uma necessidade objetiva e metafísica da sobrevivência do homem". (RAND, 1991, p. 32.)

3. TRABALHO E PRODUTIVIDADE

Para Rand, dois fatores são caros, se pensarmos sobre o valor da vida humana e sobre como concebemos a realidade por meio de nossa existência. São eles: a) o que anteriormente foi nomeado pensamento enquanto processo de focalização e b) o trabalho definido como produtivo, visto como o propósito essencial da existência racional do homem que tem como teleologia o sentimento do orgulho.

Como vimos, não basta aos homens que limitem suas existências a reações imitativas ou à brutalidade animalesca, afastada dos benefícios típicos da condição racional. O homem tem consciência histórica, ele pode modificar ao longo de sua vida as escolhas tomadas, pode negar um passado e projetar um futuro, e pode fazer de si algo novo a cada momento. A vida humana não é um aglomerado de ciclos, a vida humana é una, é um todo orientado pela afirmação de sua própria existência. Não deve o homem ficar à mercê de uma vida desprovida de sentido ou critério, viver como um autômato apartado da realidade. O homem deve se afirmar, escolher, se esforçar e dar a vida um sentido próprio. Quando Rand fala em sobrevivência, no entanto, não devemos entender apenas em sentido físico e imediato, não se trata de questão meramente fisiológica, ou seja, de viver um dia por vez, carregando um corpo e lutando contra as leis da natureza; não é uma sobrevivência por meio do "olho por olho e dente por dente". Ela vai além, está ligada aos ditames estritamente racionais da nossa existência, quais regras devem orientar nossas ações, quais as condutas devemos considerar dentro de certa razoabilidade. Grosso modo, o homem deve sobreviver enquanto homem. Na ética objetivista encontramos três valores e suas respectivas virtudes.

Na definição de Rand, "valor é aquilo pelo qual agimos para ganhar e/ou manter – virtude é o meio pelo qual ou ganhamos e/ou mantemos". (RAND, 1991, p.35.)

VALORES	VIRTUDES
Razão	Racionalidade
Propósito	Produtividade
Autoestima	Orgulho

A racionalidade entende a razão como a fonte que orienta todo e qualquer conhecimento e ação humana. O propósito identificado enquanto trabalho produtivo tem na produtividade a autonomia humana em relação à natureza e aos outros animais, tornando o homem um mestre ou possuidor do meio ambiente. A autoestima é a negação de uma culpa congênita, é uma realidade em si e por si, uma confiança incondicional em si mesmo e nos próprios valores que encontra no orgulho a sua ferramenta intelectual para a *ambição moral* do homem, negando o auto sacrífico e assumindo valores morais e de caráter, de acordo com uma ética estritamente racional.

Então,

> O princípio básico da ética objetivista é que, assim como a vida é um fim em si mesma, assim também todo ser humano vivo é um fim em si mesmo, não o meio para os fins ou o bem-estar dos outros – e, portanto, que o homem deve viver para seu próprio proveito, não se sacrificando pelos outros, nem sacrificando os outros para si. Viver para seu próprio proveito significa que o propósito moral mais alto do ser humano é a realização de sua própria felicidade. (RAND, 1991, p. 37)

Rand será ácida contra toda e qualquer forma de irracionalismo como meio de conduta ou código moral para os seres humanos, adotando uma postura avessa ao estoicismo que tende a ver o Homem como um microcosmo. Não estamos subjugados às leis da natureza, pelo contrário: criamos nossas próprias leis e regras em harmonia com o que a razão determina, posição diametralmente oposta, por exemplo, à tradição filosófica do século XIX, que passa pelo irracionalismo de Schopenhauer até atingir o niilismo em Friedrich Nietzsche. Rand é categórica, a razão orienta necessariamente absolutamente todo o conhecimento e todo código de conduta que seja obviamente saudável em relação à emancipação humana.

> [...] não devemos nunca agir como um zumbi, isto é, sem saber nossos propósitos e motivos – que nunca devemos tomar nenhuma decisão, formar qualquer convicção ou procurar qualquer valor fora de contexto, isto é, separado de ou em contradição com a soma total e integrada de nosso conhecimento – e, acima de tudo, que nunca devemos procurar evadir-nos com contradições. Significa a rejeição de toda e qualquer forma de misticismo, isto é, qualquer apelação a alguma fonte de conhecimento não-sensorial, não-racional, não-definível, sobrenatural. Significa um compromisso com a razão, não em momentos esporádicos, em questões selecionadas, ou em emergências especiais, mas como uma filosofia de vida permanente". (RAND, 1991, p. 36)

Uma vez ancorada nos termos impostos pelo bom exercício da razão, a virtude da produtividade se torna reconhecimento puro e simples do fato de que o trabalho deve ser o processo pelo qual a mente humana sustenta a sua vida, que libera o homem da necessidade de ajustar-se ao meio ambiente, como fazem os demais animais, mas que, em vez disso, coloca o meio ambiente a moldar-se ao homem em medida não destrutiva. Então, "trabalho produtivo" não significa a realização dos movimentos inconscientes de alguma tarefa. É, isso sim, a busca por uma carreira escolhida conscientemente, em qualquer âmbito de empenho racional, grande ou modesto, não importa, e em qualquer nível de habilidade: há de ser basicamente o mais completo e o mais resoluto uso da mente humana.

4. CONSIDERAÇÕES CONCLUSIVAS: A FELICIDADE

Um cuidado a ser tomado no pensamento de Ayn Rand ao longo dos caracteres que compõem a sua Ética Objetivista: é preciso não entender como instâncias separadas a busca pelo fim último da ação humana, ou seja, a felicidade, e a preservação da vida. É na afirmação do caráter racional da existência humana, na obtenção das finalidades desejadas, que a vida pode valer a pena: esse sentimento de recompensa e satisfação, de uma autoafirmação e orgulho é chamado, exatamente, de felicidade. Ainda, a felicidade não pode ser causa, somente consequência da boa ação racional. Rand, assim, se opõe ao hedonismo que defende que todo e qualquer prazer deve ser considerado bom, sem os ditames da racionalidade. Para a filósofa, de fato, a postura hedonista é um ato de abdicação intelectual e filosófica, um ato que simplesmente proclama a futilidade da ética e convida todos os homens a agirem irrefletidamente ao acaso.

Essa postura hedonista, vista por Rand através de uma relação dialética na qual o prejuízo de um homem só pode ser obtido com o prazer alheio, é visto como um *canibalismo moral*, no qual, ou se sacrifica ou se é sacrificado, ou se é livre ou se é escravizado. O hedonismo leva em consideração o fator aleatório do desejo sem relação alguma com a sua causa. Em oposição ao *canibalismo moral*, que acredita ser o sacrifício alheio a toda e qualquer afirmação racional visando o interesse do próprio indivíduo, Rand propõe o *egoísmo racional*, assim definido:

> Os valores exigidos pela sobrevivência do homem enquanto homem – ou seja, os valores exigidos pela vida humana – não são os valores produzidos pelos desejos, emoções e "aspirações". Os caprichos ou as necessidades de brutamontes irracionais, que nunca superaram a prática primordial dos sacrifícios humanos, que nunca descobriram uma sociedade industrial e não podem conceber nenhum auto interesse, exceto aquele de aproveitar-se do saque da ocasião, são valores destrutivos à sobrevivência do homem. (RAND, 1991, p. 42)

Não existe sacrifício na análise da Ética Objetivista, seja o próprio sacrifício ou de um terceiro, uma vez que os interesses racionais não entram em rota de colisão. Pensemos, pois, com um exemplo: o dono de uma instituição de ensino que visa única e exclusivamente o lucro, o professor que, competente, visa única e exclusivamente o bom salário e o aluno que única e exclusivamente visa sua aprovação em determinado processo de seleção. São todos elementos de uma composição geral de ações racionais e egoístas, sem que nenhuma prejudique a outra. Diferente seria se, por outro lado, o dono da escola se sacrificasse pelo professor por um laço afetivo ou religioso, o professor se sacrificasse pelo aluno, fazendo mais do que lhe é devido, ou se o aluno acreditasse que deveria considerar como decisivo o sacrifício alheio e assim orientar sua ação. O primeiro exemplo seria o que Rand chama de *egoísmo racional*; o segundo, *canibalismo moral*; o primeiro, um código de conduta justo e razoável; o segundo, generosamente destrutivo e passional.

O *egoísmo racional* é uma forma fecunda de agir, é a autoafirmação de valores idílicos e inerentes ao homem, é a maneira mais direta de amor quando se trata da autoestima, uma vez que, quando um homem tem autoestima como valor, e orgulho como virtude, ele está apto a valorizar não só a si mesmo, mas também a outros que estão à sua volta. Ao contrário do que intuitivamente se poderia pensar, o *egoísmo racional* é a saída para a inclinação moral do homem ao altruísmo, a negação de um misticismo metafísico: antes de qualquer coisa a proposta da ação racional que visa à felicidade dos homens.

Assim, Rand abre possibilidade para uma sociedade exclusivamente humana e benéfica aos indivíduos, desde que não se peça ao indivíduo que renuncie à própria existência marcada pela autêntica felicidade. Essa vida cívica e salutar seria agraciada com dois valores caríssimos aos seres humanos. O primeiro, o conhecimento, e o segundo, as estruturas comerciais. O conhecimento é o maior legado que os homens podem transmitir às outras gerações, e fazer bom uso dele é fundamental para o próspero futuro da raça. O comércio, por sua vez, é uma espécie de pedra de toque que desenvolve no homem múltiplas capacidades e habilidades, que, de forma cooperativa, promove o intercâmbio de valores e interesses.

Sob a égide da razão, do orgulho e da vida produtiva, se desenrola um plano de existência pacífica e ordeira.

> O princípio social básico da ética objetivista é que, assim como a vida é um fim em si, assim também todo ser humano vivo é um fim em si mesmo, não o meio para os fins ou o bem-estar dos outros – e, portanto, que o homem deve viver para seu próprio proveito, não se sacrificando pelos outros, nem sacrificando os outros para si. Viver para o seu próprio proveito significa que o propósito moral mais alto do ser humano é a realização de sua própria felicidade". (RAND, 1991, p. 37)

Assim, o aspecto da vida política coesa se evidencia como resultado necessário, o que leva Rand a afirmar uma espécie de pacto de não-agressão, segundo o qual nenhum homem pode iniciar o uso da força física contra os outros. Nenhum homem – ou grupo, ou sociedade, ou governo – tem o direito de assumir o papel criminoso e começar a utilização da compulsão física contra qualquer homem. Os homens têm o direito de usar a força física apenas em retaliação e apenas contra aqueles que iniciam seu uso. De modo sumário, temos aqui a diferença entre o que chamamos de legítima defesa e assassinato. O princípio é simples. João é um homem abastado financeiramente, em certo dia é saqueado em sua casa por um assaltante. As possibilidades são duas:

1. João mata o assaltante. João não ficará mais rico com sua ação. Legítima defesa;

2. João reage e morre. O assaltante faz uso dos bens de João em benefício próprio. Assassinato.

Toca ao Estado a atribuição de preservar o direito inalienável à propriedade privada, possibilitar a preservação à vida e a garantia de que o indivíduo possa, por esforço próprio, atingir a felicidade. No que diz respeito ao modo de produção econômico, Rand aponta para o capitalismo como o sistema político-econômico adequado para a ética objetivista, com a ressalva de que o modelo chamado pelo senso comum de capitalismo ainda sofre intensas regulações estatais e não se encontra na sua forma pura, motivo pelo qual o capitalismo não era, para ela, um sistema do passado, mas do futuro (fosse viva certamente manteria a atualidade da frase).

A ética objetivista, então, se opõe, em resumo, a três escolas clássicas da ética. A teoria mística dá ao homem grilhões antes de seu próprio nascimento. Está baseada na metafísica da religiosidade, que faz com que o homem busque uma vida que não o leve a nada em sentido real, mas que promete um além-morte espetacular, desde que tenha praticado rituais de auto-sacrifício para a sua ascese espiritual. A teoria social, por sua vez, promove uma inversão de base. Se antes Deus projetava os valores a serem supostamente propagados aos indivíduos, na teoria social, o homem é um todo lançado à sociedade. Ora, se na teoria mística observamos um sacrifício como condição necessária para a salvação, na segunda percebemos um sacrifício em vista do bem da sociedade. Por fim, a teoria subjetivista é uma antítese do que pode ser entendido como ética segundo padrões morais, pois permite ao indivíduo uma compreensão subjetiva da sua ação sem um padrão estabelecido racionalmente, é um sacrifício da própria realidade. Nada disso está à altura da condição humana, segundo Rand.

Eis que o papel da filosofia se mostra essencial neste quadro pensado pela nossa autora:

> É a filosofia que estabelece os objetivos dos homens e determina seu rumo; é apenas a filosofia que pode salvá-los agora. Hoje, o mundo está enfrentando uma escolha: se a civilização deve sobreviver, é a moralidade altruísta que os homens precisam rejeitar. (RAND, 1991, p. 47)

Ao homem cabe a decisão que o levará a uma vida breve ou uma existência longeva. A primeira escolha: uma decisão voltada para o auto-sacrifício em vista de uma ética social, mística ou subjetivista, que impõe aos homens sobrepesos nocivos, sem comprometimento com qualquer orgulho pessoal. A segunda: uma escolha comprometida com código de ética específico, que tem como finalidade a preservação racional da vida humana, uma ética estritamente objetivista, que procura dar ao homem aquilo que é próprio da sua privilegiada condição, uma vida em vista da felicidade sob a tutela de um *egoísmo racional*.

A felicidade, *telos* (finalidade) da vida humana, é o estado de "triunfo da vida". O sofrimento altruísta, exigido pela sociedade, é o sinal de alerta do fracasso, da morte do indivíduo. O homem não pode não escolher sentir se algo é bom ou mau para si. Mas pode escolher o que ele considera bom ou mau para si: o que lhe alegra, o que lhe causa dor, o que ama ou odeia. Aqui cabem escolhas filosoficamente amadurecidas. Neste cálculo, deve sempre pesar mais o indivíduo, menos os outros ou o que dele vão pensar.

BIBLIOGRAFIA

RAND, Ayn. *A Virtude do Egoísmo*. Traduzido por On Line Assessoria em Idiomas. Porto Alegre: Ed. Ortiz/IEE, 1991.

_____ . *A Revolta de Atlas*. Tradução de Paulo Henrique Britto. São Paulo: Ed. Arqueiro, 2017.

CAPÍTULO 3

O ANTAGONISMO RANDIANO: RAZÃO FRENTE AO ALTRUÍSMO

Rosane Viola Siquieroli
José Carlos Marra
Dennys Garcia Xavier

INTRODUÇÃO

Na natureza, inatividade é morte; crescimento, desenvolvimento e movimento é vida. As plantas têm uma capacidade de desenvolvimento complexo menor do que a dos animais, que, por sua vez, é menor do que a dos homens. Ao atingirem a maturidade física, os animais têm suas atividades resumidas em permanecerem vivos, à pura e simples manutenção da existência vital. Por outro lado, os homens crescem em eficácia, continuando a se desenvolver intelectualmente em um caminho sem horizonte definido, interagindo com o seu meio, transformando-o, organizando-se e repensando o seu modo de viver, por meio de um "trabalho positivo". O homem constrói barragens, desvia o curso de rios e perfura poços para encontrar a água que supre as cidades e faz os campos produzirem. Suas necessidades de pensamento e esforço nunca findam na busca de conquistas e valores maiores. Uma nova conquista é um valor em si mesmo, viabiliza e cria a necessidade de novas realizações, e, por isso, o crescimento constante é uma necessidade psicológica do ser humano.

Quando se abandona o direito de pensar, abandona-se o desejo de viver. Em consequência, a autoestima está intimamente relacionada à eficácia de uma vida engajada num processo de evolução, cujo valor, uma vez alcançado, não se mantém automaticamente. Algumas pessoas envelhecem precocemente por entenderem que já pensaram, produziram ou cresceram o suficiente. Diversamente disso, ao deixar os homens livres para pensar, competir, alcançar o êxito e obter justa remuneração, um sistema aberto – não dogmático, de existência e de produção econômica – permite que a natureza humana seja premiada nos termos de seus direitos inalienáveis: a liberdade e o livre arbítrio.

Nos escritos medievais está presente o anseio por uma existência pastorada, garantida, assim denominada *harmônica*, na qual a tomada autônoma de decisões e o risco são lidos com grande precaução. Trata-se de uma busca nostálgica do Jardim do Éden, e nisso reside o principal ressentimento dos medievalistas e, porque não o dizer, dos socialistas, contra modelo econômico não artificialmente condicionado. O capitalismo permite o movimento, crescimento, progresso e inovação. Parece fato inconteste se compararmos a prosperidade sem precedentes do capitalismo, notadamente nos últimos cem anos, frente ao fracasso melancólico das mais variáveis vertentes do coletivismo, notadamente das tentativas desastrosas de regimes comunistas nesse mesmo período. Na verdade, os ataques direcionados ao capitalismo parecem não ter origem econômica, em última instância, mas metafísica, partindo daqueles que se ressentem com a natureza da vida.

É a partir dessa concepção que Ayn Rand inaugura e fundamenta parte de sua doutrina ético-filosófica. Vamos a ela.

1. NÃO HÁ CONFLITOS DE INTERESSES ENTRE HOMENS RACIONAIS

Ayn Rand conta que muitas vezes foi questionada a respeito de se considerar uma romancista ou uma filósofa, ao que sempre respondeu: "sou ambas as coisas. Em certo sentido, todo romancista é um filósofo, porque não se pode apresentar uma imagem da existência humana sem um pensamento filosófico". (RAND, 1961, p.5)

A filosofia criada e denominada por Ayn Rand de Objetivismo – ou "uma filosofia para a vida na Terra", ela a descreve –, se fundamenta na realidade tal qual é, objetiva, tratando a razão como o único meio de interpretar a realidade. O argumento central do objetivismo, e que perpassa todo o *corpus* escrito de Rand, consiste na ideia de que o homem deve utilizar a razão como fonte única e exclusiva de orientação para as suas ações, valorizando os conceitos de "razão", "individualismo" e "capitalismo" em contraposição às doutrinas do agir prático que se fundamentam no "misticismo", no "altruísmo" e no "coletivismo" – a estes últimos temas Ayn Rand dedicou fervorosas críticas ao longo de toda sua obra, seja como romancista ou como filósofa.

Os escritos de Ayn Rand almejam uma nova visão intelectual de mundo, que exclui qualquer tipo de leitura esotérica da realidade. Em artigo intitulado "Os 'conflitos' de interesses entre os homens" (1962), a autora introduz um importante princípio de sua filosofia objetivista, ao sustentar que *não existem conflitos de interesses entre homens racionais*. Este ensaio aparece republicado no livro *A virtude do egoísmo*, uma de suas obras não-ficcionais mais populares, e que traz outros textos sobre os fundamentos e princípios da moralidade do auto-interesse, explorados no presente livro. Homens que conduzem as suas existências à luz do que "deles é esperado", terminam por adoecer, por experimentar os efeitos de consciência bloqueada, fragmentada por conflitos internos e externos, dividida contra si mesma, desintegrada por medo ou imobilizada por depressão, resultante de dissociação da realidade: algo que a filosofia objetivista chama de consciência insalubre.

Eis que a imposição de um estado psicológico desta natureza, ancorado no credo devastador do auto-sacrifício e da exegese mística da realidade, é algo incompatível com as desejadas saúde mental e autoestima do homem racional.

> A manutenção da vida e a conquista da autoestima requerem do homem o mais completo exercício da sua razão – mas, moralidade, conforme ensinam os homens, baseia-se em e requer fé. A fé é o compromisso da consciência de um indivíduo

com crenças das quais não se tem nenhuma evidência sensorial ou prova racional. (BRANDEN, 1991, p. 49)

Ora, o homem que abre mão da razão para calcular os elementos da própria existência busca, sem efeitos razoáveis, é claro, a equivalência entre o sentimento e o conhecimento. A fé, o acreditar naquilo que se me apresenta, não depende mais do que da mera captação de benevolência de quem a ela se dobra. Para que triunfe, o homem irracional reprime qualquer ímpeto de manifestação natural das suas faculdades intelectuais, lógica e, então, não-contraditória. Introduzir na consciência de alguém qualquer ideia que não possa ser integrada segundo critérios racionais de distinção, uma ideia não extraída de convívio escrupuloso com o real "é sabotar a função integrativa da consciência, liquidar o resto das convicções de alguém e matar a capacidade do mesmo de ter certeza de qualquer coisa" (BRANDEN, 1991, p. 50).

Segundo a moralidade do coletivismo e do altruísmo, o homem é considerado como um objeto sacrificável em prol de um bem maior, quando na verdade deveria ser conduzido para a sua própria felicidade. Cada ser humano, defende Ayn Rand, deve viver como um fim em si mesmo, orientado pelo seu próprio interesse racional.

> As firmes defesas da razão (contra a fé e as fantasias), do auto-interesse (contra o auto-sacrifício), do individualismo e dos direitos individuais (contra o coletivismo e os "direitos do grupo") e do capitalismo (como contra todas as formas de estatismo) feitas por Rand fizeram dela tanto a mais controversa como a mais importante filósofa do século XX. (BIDDLE, 2014)

Não nos enganemos, pensando ser Ayn Rand uma filósofa fria e insensível. Ela basicamente não se posiciona contra o fato de um ser humano ajudar o outro, tão-somente indaga sobre os motivos que levam alguém a se sacrificar, a sacrificar os seus interesses, por outro homem. Não podemos ser obrigados a amar a todos, diz Rand, e tampouco isso pode ser considerado imoral. Rand considera a racionalidade como a virtude genuinamente humana, fonte de todas as outras virtudes, certamente inspirando-se em Aristóteles, que já via a razão como princípio que elevava o homem diante dos outros animais.

> Racionalidade é o reconhecimento do fato de que a existência existe, de que nada pode alterar a verdade e nada pode ter mais valor do que o ato de perceber a verdade, o pensamento de que a mente é o único árbitro de valores e único guia para a ação; de que a razão é um absoluto que não admite transigências; de que uma concessão ao irracional invalida a consciência e a faz falsificar a realidade ao invés de percebê-la; de que a fé, esse suposto atalho que leva ao conhecimento, é apenas um curto-circuito que destrói a mente; de que a aceitação de uma invenção mística é um desejo de aniquilamento da existência que aniquila a consciência. (RAND, 2010, p. 341)

Para examinar a tese que alega haver conflito de interesse entre os homens, Ayn Rand introduz a seguinte questão: "suponha que dois homens se candidatem para o mesmo emprego. Apenas um pode ser empregado. Não será este um exemplo de conflito de interesses, e não se beneficiará um deles à custa do sacrifício do outro?" (RAND, 1991, p. 66). A sua resposta parte da exposição de quatro proposições que surgem inter-relacionadas na visão dos interesses de um homem racional, mas que, segundo a filósofa, permanecem ignoradas diante da pergunta acima.

1.1 A REALIDADE

A primeira proposição abordada pela autora é a *realidade*, considerando o princípio lógico de identidade – que determina que "A" é igual a "A" –, e a consideração suprema de um homem racional no processo de definição de seus interesses. Este homem considera a razão como seu guia máximo e reconhece a contradição como algo que não pode ser alcançado na realidade. O contraditório é aquilo que é impossível de ter existência no mesmo mundo e ao mesmo tempo. O homem dotado de racionalidade não se permite ter valores contraditórios e muito menos interesses que se contraponham uns aos outros.

Rand argumenta que:

> O termo "interesses" é uma ampla abstração que cobre todo o campo da ética. Inclui as questões de: valores do homem, seus desejos, metas e sua verdadeira conquista, na realidade. Os "interesses" de um homem dependem do tipo de meta que

escolhe buscar; sua escolha de metas depende dos seus desejos, estes dependem dos seus valores – e, para um homem racional, os valores dependem do juízo de sua razão. (RAND, 1991, p. 66)

Na sua concepção filosófica de realidade, Ayn Rand rebaixa o estatuto dos desejos (sentimentos, emoções, vontades ou caprichos), visto que não seriam capazes de conhecer o mundo como ele verdadeiramente é. Por este motivo, como armas falíveis da cognição, os desejos não se constituem num padrão autêntico de valor e muito menos em um critério válido dos interesses do homem. Ela defende a ideia de que o mero fato de um homem desejar algo não constitui prova suficiente de que o objeto do seu desejo seja bom, e nem que a conquista seja realmente do interesse daquele que deseja. Na escolha de suas metas um homem racional se guia pelo pensamento, como um processo da razão, e nunca por sentimentos e desejos.

O homem racional, segundo Ayn Rand, não considera como premissas válidas os seus desejos e, desta forma, não justifica as suas ações com assertivas do gênero "porque eu quero" ou "porque eu tenho vontade"; essas, por si só, não constituem causas que induzem o homem, irresistivelmente, a buscar qualquer coisa. O homem dotado de razão não age para satisfazer um desejo até que consiga validá-lo racionalmente, e isso se dá quando o objeto se torna conhecido como algo correto. Ele não age até que possa dizer: "eu quero isto porque é certo"; um objeto é valorado pelo juízo da razão e somente por ele.

A autora argumenta que ter um desejo frustrado não significa que os interesses de um homem foram sacrificados. Pensar deste modo significa ter uma visão subjetiva dos valores e interesses do homem, e contradiz a visão objetivista. Apenas um homem irracional (ou místico ou subjetivista) vive em permanente conflito de interesses, e este mesmo homem ao assumir, como padrão de seus valores, a fé, os sentimentos e os seus próprios desejos, considera que seus desejos devem ser satisfeitos. Os interesses do homem irracional, ou seja, aquele que não tem a razão como guia, se chocam com os de outros homens e também se chocam entre si. Ela ironiza dizendo que "quando alguém afirma que os interesses do homem entram em conflito com a realidade, o conceito 'interesses' deixa de ser significativo – e o problema deixa de ser filosófico e se torna psicológico". (RAND, 1991, p. 68)

Ayn Rand transformou-se numa filósofa aclamada e ao mesmo tempo polêmica por sustentar opiniões desafiadoras como esta:

> Nosso atual estado de desintegração cultural não é mantido e prolongado por intelectuais como tal, mas pelo fato de que não temos nenhum. A maioria dos que se posicionam como intelectuais hoje são zumbis assustados, um vácuo de sua própria criação, que admitem sua abdicação do reino do intelecto, abraçando tais doutrinas como existencialismo e Zen Budismo. (RAND, 1961, p. 8)

As concepções realistas se tornaram a marca registrada da filosofia de Ayn Rand, e contribuíram para a promoção de sua obra completa e do Objetivismo.

1.2 O CONTEXTO

A segunda proposição analisada por Rand é o *contexto*. O homem racional do Objetivismo não julga o que é ou não é de seu interesse fora de contexto. Não analisar o contexto é uma das principais armas psicológicas de evasão, ou seja: sem contextualizar o desejo, tudo vale, visto que o sujeito que deseja poderá situar algo de seu interesse em qualquer situação. Se numa situação dada, aquele desejo não é perfeitamente possível, certamente em outro o será.

Inserir o objeto que se deseja em determinado contexto faz toda a diferença, o que implica tomar consciência exatamente daquilo que se quer, do tempo necessário para a satisfação do desejo, saber se é possível realizá-lo em curto ou em longo prazo, envolvendo também a deliberação sobre os meios necessários à consecução dos fins necessários para que se tenha esse desejo satisfeito. O homem racional delibera evitando possíveis conflitos entre os seus interesses de curto ou longo prazo, ele dispensa os imprevistos e não se permite desejos que estejam divorciados dos meios de que dispõe. A natureza não oferece ao homem a satisfação automática dos seus desejos. Sendo assim, o Objetivismo considera que todos os interesses e valores do ser humano devam ser conquistados por esforço próprio. O esforço alheio não serve ao seu desejo e, portanto, o que um determinado ser humano produz não é propriedade de outro homem – um homem racional não deseja ou busca algo que não possa ser alcançado direta ou indiretamente por seu próprio esforço.

Na filosofia objetivista de Ayn Rand, a questão do esforço próprio aparece intimamente ligada ao conceito de valor, ou seja, tem valor aquilo que é conquistado por esforço próprio, pelo homem enquanto indivíduo integrante de uma sociedade. Cada homem tem a responsabilidade de sustentar a própria vida, e este sustento se dá por meio do que cabe ao homem que vive em sociedade fazer. O homem racional, inserido em uma sociedade, tem como base do seu próprio sustento a troca de seus esforços pessoais, materializados em produtos ou serviços.

Conhecida por "escambo", a prática ancestral de troca comercial sem uma moeda ou objeto que represente algum valor, era a forma original utilizada pelos homens do passado, na troca de gêneros. "A" desejava o que "B" produzia, e vice-versa. Logo, podiam realizar o escambo e trocar seus produtos. Mas a prática do escambo ficou relegada aos nossos ancestrais e, no mundo moderno, os homens "comercializam" as suas mercadorias, ou seja, trocam os seus produtos por moeda. O homem moderno sustenta sua vida comercializando os seus produtos e, nesta atividade comercial, o homem racional não deseja nada além do que aquilo que o seu esforço próprio consegue ganhar. E é justamente a atividade comercial livre que vai determinar quanto cada indivíduo poderá ganhar, a partir de escolhas e julgamentos voluntários dos que estão prontos para comercializar entre si seus esforços produtivos[1].

Em uma sociedade de homens racionais a negociação entre eles se desenvolve com base na racionalidade, ou seja, parte-se do pressuposto que cada uma das partes envolvidas no processo esteja habilitada para avaliar, julgar e valorar produtos. Ayn Rand afirma que um negócio baseado em outra premissa qualquer, que não seja a avaliação racional, constitui "jogo de truques ou fraude".

A sociedade livre se baseia fundamentalmente em valores objetivos em que homens racionais comercializam valor por valor, e os negócios entre seus indivíduos não estão à mercê de caprichos, favores ou preconceitos. Para o Objetivismo, a sociedade livre só existe com

---

[1] Sobre este ponto, cfr. XAVIER, D.G. (org.). *Hayek e os erros do socialismo*. Belo Horizonte: Ed. Arraes, 2018.

base na razão, enquanto qualquer outro critério a corrompe. O sucesso e a vitória nos negócios somente são alcançados pela razão; ao homem guiado pela razão interessa a liberdade, ainda que na luta pelos seus valores exista a possibilidade de derrota, o que ele reconhece como uma das possibilidades do jogo. O homem racional vive e julga em longo prazo, principalmente assumindo riscos e responsabilidades na busca incansável dos seus objetivos. A liberdade só existe na medida da responsabilidade, e a reboque vem a questão do valor que a filósofa explica da seguinte forma: "'Valor' pressupõe uma resposta à pergunta: de valor para quem e para quê? 'Valor' pressupõe um padrão, um propósito e a necessidade de ação em face de uma alternativa. Onde não há alternativas, não há valores possíveis". (RAND, 1961, p. 98)

1.3 A RESPONSABILIDADE

A terceira proposição discutida é a *responsabilidade*. Ayn Rand aborda aqui uma forma específica de responsabilidade: a intelectual – que, segundo a autora, a maioria das pessoas prefere ignorar. Um homem que não segue os ditames da razão considera o mundo como dado e se abstém de qualquer responsabilidade por sua construção; foge da responsabilidade, diz ela, de julgar o mundo social do qual faz parte. Rand chama a atenção para a questão de que "a humildade e a presunção são dois lados da mesma moeda e que aquele que se entrega cegamente à mercê de outros, espera o privilégio implícito de fazer demandas cegas aos seus mestres". (RAND, 1991, p. 70)

Ayn Rand denomina a irresponsabilidade intelectual de "humildade metafísica", e explica que esta "humildade" sempre acompanha aquela falta de compromisso com as coisas do mundo, como se o mundo construído por outros finalmente lhe devesse algo. Ela apresenta vários exemplos de comportamentos deste tipo, como aquele homem que deseja um emprego, mas jamais se preocupa em descobrir quais as qualificações necessárias para consegui-lo; o sujeito que deseja ser rico, mas não pensa em descobrir que meios, ações e condições fariam o seu desejo se concretizar; a garota que deseja ser amada, mas não se preocupa em saber o que é o amor. Dessa maneira, indivíduos irresponsáveis intelectualmente se julgam vítimas da sociedade, e exigem o seu quinhão. Alguém deve a eles uma vida. Como? De alguma maneira!

A incumbência de realizar as coisas é invariavelmente repassada aos outros, pois os irresponsáveis intelectuais não se preocupam com o "como" e pensam apenas em "que". Rand denuncia que este pensamento fundamenta toda a psicologia das "reformas sociais", ou "serviços sociais", ou "experiências nobres", ou o que ela considera a destruição do mundo. Ao se tornar irresponsável pelos próprios interesses e pela própria vida, permite-se considerar irrelevantes os interesses e a vida dos outros. Aquele indivíduo que acredita que de alguma maneira os seus desejos podem ser satisfeitos sem esforço próprio, e considera a hipótese de que algo surge do nada, é classificado pela autora como o típico parasita social. O homem que, segundo Rand, é culpado por aquela "humildade metafísica" e que se utiliza da expressão "de alguma maneira" quando na verdade quer dizer "alguém".

1.4 O ESFORÇO

A quarta proposição abordada pelo objetivismo de Ayn Rand é o *esforço*. Toda e qualquer riqueza material precisa ser produzida: nada surge do acaso. Logo, o homem racional não reivindica algo imerecido. Se na busca de seu objetivo encontra competição, ele a enfrenta ou busca outro tipo de trabalho. Rand diz que "somente parasitas da escola da metafísica da humildade veem todo competidor como uma ameaça". (RAND, 1991, p. 72)

O homem racional reconhece que a competição é necessária, saudável, e colabora para o desenvolvimento pessoal, sabendo que na realidade não existem conflitos de interesses, que as coisas do mundo não existem em quantidades estáticas, que até o amor não existe em quantidade limitada a ser dividida, e que tudo precisa ser conquistado por mérito pessoal. No mundo real e objetivo, se existe um vencedor, é porque existe um perdedor, este verdadeiramente nunca poderia ter o que o vencedor obteve. Se dois homens estão apaixonados pela mesma mulher, o que ela sente por qualquer um deles não é determinado pelo que sente pelo outro e tampouco é retirado dele. Então, se a mulher desejada pelos dois homens escolhe um, o perdedor não poderia ter tido o que o vencedor ganhou. Ayn Rand apresenta exemplos deste tipo no intuito de provar como é ilógica a conduta de homens que acreditam ter direitos sobre direitos alheios, indivíduos que pensam que o universo beneficia alguém e que o acaso premia os incapazes.

CONSIDERAÇÕES FINAIS

A intenção de Ayn Rand é provar que a pergunta feita logo no início sobre os dois homens que se candidatam à mesma vaga de emprego se opõe, ou ignora, as quatro proposições feitas ao longo do texto. A questão, insistimos, é a seguinte: "suponha que dois homens se candidatem para o mesmo emprego. Apenas um pode ser empregado. Não será este um exemplo de conflito de interesses, e não se beneficiará um deles à custa do sacrifício do outro"? (RAND, 1991, p. 66)

Realidade – Na visão da autora, o que determina a viabilidade de um desejo individual é a realidade objetiva. Isto implica que o desejo não é soberano por si mesmo, e não pode se impor ao mundo como um ordenamento a espalhar suas demandas. Um desejo frustrado não significa necessariamente que o interesse do homem foi sacrificado. O caso contrário representa uma visão subjetiva dos valores e interesses humanos, que se contrapõe ao Objetivismo. Um desejo para ser satisfeito precisa do acolhimento da realidade objetiva.

Contexto – Este ponto demonstra a importância da "necessidade" nas relações humanas, individuais e coletivas. Num contexto particular, o desejo de "A" só terá importância se for compatível com o interesse de "B"; no exemplo proposto pela autora, os desejos dos candidatos ao emprego só podem se manifestar na realidade objetiva por causa da existência de um interesse empresarial capaz de oferecer a vaga de emprego. Parece óbvio, mas na verdade não é. Isso, porque aquele indivíduo com uma visão subjetivista do mundo acreditará que o seu desejo de conseguir a vaga de emprego, mesmo sem ter qualificação para ocupá-la, é soberano, e deve ser satisfeito desprezando-se o contexto.

Responsabilidade – Nenhum homem tem o direito de ignorar as condições objetivas do mundo real em benefício de seus próprios interesses. É fundamental seguir os ditames da razão e se guiar pelo factível ao invés de acreditar que o acaso proverá um desejo individual sem considerar as possibilidades para a sua concretização.

Esforço – Numa sociedade livre, de homens que se guiam exclusivamente pela razão, não existem direitos adquiridos. O homem que tenha êxito em alcançar seus objetivos deve a conquista apenas a seu próprio mérito. Não conceder ao homem aquilo que nunca lhe pertenceu não pode ser descrito como "sacrifício de interesses". Ao contrário, numa sociedade privada de liberdade não é dado a ninguém sequer a possibilidade de buscar seus próprios interesses. Numa sociedade assim, carente de liberdade, nada é possível, somente a "destruição gradual e geral".

BIBLIOGRAFIA

BIDDLE, C. (2018). *"Who Is Ayn Rand?" The Objective Standard*, 5/fev/2014. Disponível em: <https://www.theobjectivestandard.com/who-is-ayn-rand/>. Acesso em 19/jul/2018.

BRANDEN, H. (1991). "Saúde mental versus misticismo e auto-sacrifício". In: RAND, A. *A virtude do egoísmo. A verdadeira ética do homem: o egoísmo racional*. Porto Alegre: Ed. Ortiz, 1991.

RAND, A. . *A Revolta de Atlas*. Trad. de Paulo Henriques Britto. Rio de Janeiro: Sextante, vol. III, 2010.

_____ . *A virtude do egoísmo. A verdadeira ética do homem: o egoísmo racional*. Porto Alegre: Ed. Ortiz, 1991.

_____ . *For the New Intellectual – The Philosophy of Ayn Rand* – A Signet Book. New York: Penguin Books, 1961.

XAVIER, D.G. (org.). *Hayek e os erros do socialismo*. Belo Horizonte: Ed. Arraes, 2018.

CAPÍTULO 4

PACTO, EXPECTATIVAS E NORMAS NA RELAÇÃO SOCIEDADE E INDIVÍDUO

Gabriel Oliveira de Aguiar Borges
Henrique Bibiano Siqueira

INTRODUÇÃO

Um dos pontos centrais da obra de Ayn Rand é a relação do indivíduo com a sociedade. Nos ensaios intitulados *A vida não requer um pacto?* e *Como levar uma vida racional numa sociedade irracional?*[1] Ayn Rand aborda explicitamente essa questão. No primeiro ensaio, Rand analisa um conceito importante e amplamente utilizado e discutido na comunidade atual: o conceito de pacto. Primeiramente, ela apresenta a conceituação correta do termo, que envolve uma ideia de liberdade e de concessão voluntária entre

---

[1] Publicados originalmente por Ayn Rand no ano de 1962, esses ensaios compõem a antologia publicada em 1991, na tradução para o Brasil, com o nome de *A virtude do egoísmo*.

duas partes. Em seguida, aborda a deturpação do conceito, que, muitas vezes, é entendido como o oposto, um abandono de princípios morais (o que Rand trata como um grave erro). Por fim, retorna à pergunta *A vida não requer um pacto?* A qual apresenta uma resposta considerando os dois conceitos de pacto, tanto o correto quanto o deturpado.

Para apresentar a primeira questão relativa ao pacto, vamos trabalhar os conceitos e as provocações trazidas por Rand com o fim único de explicar os escritos da autora, expondo e desenvolvendo o que Rand apresenta sobre a matéria. Para isso, além do próprio texto de Rand, trabalharemos com um autor da Sociologia do Direito, o qual poderá ajudar a elucidar conceitos trazidos pela autora: o alemão Niklas Luhmann, particularmente em seu capítulo "A formação do Direito: bases de uma teoria sociológica", na obra *Sociologia do Direito I*.

Importante ter em mente que Luhmann e Rand não são autores da mesma área, escola, vertente de pensamento, ou mesmo opinião científica. Construiremos o diálogo entre os dois textos apenas com o objetivo de explicar o texto de Rand, sem, em momento algum, partir da premissa de que suas teorias foram feitas para se complementarem mutuamente. Em um segundo momento, trataremos do conceito deturpado de "pacto", em que Rand vai tratar da traição dos princípios do sujeito, com a rendição a reivindicações unilaterais infundadas. Para ilustrar a lição de Rand, dialogaremos mais uma vez com a ciência jurídica, dessa vez tratando da eficácia das normas jurídicas e da força normativa da Constituição em Konrad Hesse: por que obedecemos a normas que, muitas vezes, vão de encontro aos nossos valores e não ao seu encontro? Nesse segundo momento, usaremos o Direito para explicar Rand e procuraremos explicar o Direito a partir de premissas propostas pela autora.

Espera-se, a partir dos exemplos e da leitura proposta, explicar esse importante ponto do pensamento de Ayn Rand, para, a partir de então, nos aprofundarmos nas questões de juízos apresentadas pela autora ao tratar da relação entre sociedade e indivíduos no ensaio *Como levar uma vida racional numa sociedade irracional?* Tomemos como ponto de partida o programa randiano, e sua análise sobre o conceito de pacto.

1. O QUE É UM PACTO?

"Um pacto é um ajuste de reivindicações conflitantes por meio de concessões mútuas" (RAND, 1991, p. 89). Assim traz Ayn Rand, logo no início do capítulo, o conceito, de forma sobremaneira sintética. É possível afirmar, então, que este envolve partes que possuem algo (bens, serviços, informações, entre outros) que interessam umas às outras. Dessa forma, realizam uma espécie de "troca", voluntária, recíproca e que obedece a um princípio fundamental base, acordado entre as partes.

Tal conceito abstrato é visto objetivamente de modo muito simples em uma relação de comércio, como demonstrado por Rand. Dentro de uma relação básica, existe um vendedor, com algum produto e interesse por dinheiro, e um comprador, com dinheiro e interesse nesse produto. As partes podem negociar sobre as condições de pagamento e recebimento desse produto, chegando a duas possibilidades: o negócio agrada às duas partes e é concluída a compra/venda do produto; ou o negócio não agrada às partes, e se encerra desta forma. É importante ressaltar aqui o princípio seguido pelos envolvidos: o do comércio. Além dele, essa relação seguiu, a todo momento, as questões de voluntariedade e da vontade das partes, essenciais para a existência de um pacto.

Existem algumas impossibilidades em um pacto, como aponta a autora. A primeira delas é o uso do princípio das concessões unilaterais como base de uma relação; nesta, as concessões unilaterais tornam-se sucessivas, até que uma das partes toma tudo da outra (no limite, como exemplifica a própria filósofa, a relação entre um dono de uma propriedade e um ladrão). A segunda impossibilidade é a da renúncia de direitos individuais inalienáveis, mesmo que seja por um curto período de tempo, ou que atinja apenas a uma parte desses direitos, pois, ao renunciá-los, estes seriam substituídos por uma escravidão gradual, sendo o dono aquele para quem se renunciou os mesmos direitos. Nessa situação, Rand se vale do exemplo da relação entre a liberdade de um indivíduo e o controle governamental (RAND, 1991, p. 90). Em suma, nessas situações não é possível haver um pacto em sentido genuíno.

Luhmann (1983, p. 45-46) ensina que o homem tem, no mundo, uma multiplicidade de possíveis experiências e ações, em contraposição ao seu limitado potencial em termos de percepção, assimilação de informação e ação atual e inconsciente, de forma que existe uma complexidade, que significa a seleção forçada de quais experiências ter e, também, uma contingência, correspondente ao perigo de desapontamento quando as expectativas humanas não são supridas pelo mundo à sua volta, com a necessidade de se assumir riscos.

O problema aumenta com o fato de que, neste mundo, já complexo e com infinitas possibilidades, há, além de tudo, outros homens, o que leva ao que Luhmann chama de "dupla contingência do mundo social". Sai-se da contingência simples que existe apenas no campo da percepção que o homem tem do mundo e entra-se numa contingência dupla. Usaremos as palavras do próprio Luhmann para explicar:

> Reconhecer e absorver as perspectivas de um outro como minhas próprias só é possível se reconheço o outro como um outro eu. Essa é a garantia da propriedade da nossa experiência. Com isso, porém, tenho que conceder que o outro tem igualmente a liberdade de variar seu comportamento da mesma forma que eu. Também para ele o mundo é complexo e contingente. Ele pode errar, enganar-se, enganar-me. Sua intenção pode significar minha decepção. O preço da absorção de perspectivas estranhas é, formulado em termos extremados, sua inconfiabilidade. (LUHMANN, 1983, p. 47)

Assim, para que se possa ter certo controle sobre essa complexidade de interações sociais, não basta que eu possa ter experiências com o mundo, mas que possa ter expectativas sobre as ações do outro e, mais que isso, expectativas sobre as próprias expectativas que o outro tem sobre as minhas próprias ações. A situação se torna ainda mais complexa quando nos lembramos que a maioria das relações humanas não se dá somente entre duas pessoas, mas entre grupos sociais inteiros, que podem ter infinitos membros:

> É necessário considerar ainda que existem um terceiro, um quarto, e outros planos da reflexidade, ou seja, expectativas sobre expectativas de expectativas... E isso tudo com relação a uma multiplicidade de temas, frente a uma multiplicidade de

pessoas, e com uma relevância constantemente em alteração conforme cada situação. (LUHMANN, 1983, p. 49)

Justamente para controlar as expectativas das pessoas e as expectativas que cada um tem sobre as expectativas dos outros é que existe o Direito. Trazendo a teoria de Luhmann para dentro do texto de Rand, poder-se-ia dizer, sem soar demasiado forçado, que o Direito surge a partir de um pacto enquanto ajuste de reivindicações conflitantes (expectativas e expectativas sobre expectativas) por meio de concessões mútuas, institucionalizando-se, assim, as expectativas da sociedade.

1.1 O CONCEITO DETURPADO DE "PACTO"

Embora o conceito de pacto seja aquele apresentado no item 1 *supra*, a pergunta "a vida não requer um pacto?", muitas vezes, refere-se a uma conceituação deturpada, a qual Rand se refere como "pacto" (entre aspas) e define como "a traição dos princípios de um indivíduo – a rendição unilateral a qualquer reivindicação irracional e infundada" (RAND, 1991, p. 90).

Sobre ele, é razoável dizer que se trata de uma relação entre partes em que uma delas se submete a um capricho, desejo, vontade irracional da outra, mesmo aquela sabendo da irracionalidade e do erro em fazê-lo. Como coloca a autora, "um 'pacto' (no sentido inescrupuloso da palavra) não consiste em fazer algo de que não se gosta, mas em fazer algo que se sabe incorreto" (RAND, 1991, p. 91).

A ideia de um "pacto" é baseada no subjetivismo ético, que, de acordo com Ayn Rand, "[...] sustenta que um desejo ou capricho é uma base moral irredutível, que cada homem tem direito a todo desejo que queira fazer valer [...]" (RAND, 1991, p. 90). Em outras palavras, tal filosofia indica uma ausência de discernimento entre certo e errado, concluindo que toda e qualquer atitude ou vontade é correta de um certo ponto de vista, pois a moral está mais envolvida com sentimentos (subjetivos) do que com fatos (objetivos).

Dentro dessa lógica, a única maneira de haver um convívio em sociedade é aceitar qualquer coisa de qualquer pessoa. Tal noção é exatamente oposta ao Objetivismo ético, doutrina defendida e criada por Ayn Rand, que coloca a moral – isto é, ideais de certo e errado, que são definidos e, então, objetivos – baseada em princípios racionais.

A integridade, conceito importante para o entendimento de pacto, consiste na lealdade a princípios racionais, não a desejos flexíveis de alguém, como desenha esse subjetivismo ético. Uma das explicações que os indivíduos usam para se submeter a "pactos" é a questão da temporariedade, ou seja, os "pactos" têm termos iniciais e finais e, após o decurso do "prazo", a vida retornará ao seu normal. Essa ideia, porém, é falsa, pois quanto mais forem encorajadas e apoiadas irracionalidades, questões infundadas e ideias com as quais não se concorda, mais elas prevalecerão e se perpetuarão. Ayn Rand reforça isso ao dizer que "o indivíduo não pode alcançar a vitória de suas ideias ajudando a propagar as opostas às suas" (RAND, 1991, p. 91).

Se partirmos da premissa, por exemplo, de que o Direito advém de um "pacto", vamos aceitar normas que podem até ser válidas, mas absolutamente ineficazes, vez que consideradas injustas.

> As normas e as directivas em geral, ao contrário dos enunciados com função descritiva, não parecem susceptíveis de ser qualificadas como verdadeiras ou falsas, mas sim de outras formas: por exemplo, como válidas ou inválidas, eficazes ou ineficazes, justas ou injustas. A norma contida no art. 145.2 do Código Penal (espanhol) não é verdadeira nem falsa, pois não está a descrever ou a informar-nos sobre algum aspecto do mundo. É, sim, uma norma válida do Direito espanhol, porque foi promulgada de acordo com os procedimentos estabelecidos no mesmo (o que pressupõe, entre outras coisas, que foi aprovada por uma determinada maioria de parlamentares). Parece ser só relativamente eficaz, pois a existência desse delito não impede que o número de abortos (ilegais) naquele país seja considerável, enquanto que as condenações por aborto são muito escassas. E a justiça ou injustiça é – como se sabe – uma das questões mais controvertidas das últimas décadas. (ATIENZA, 2014, p. 78-79)

Por isso é que o jurista alemão – chamamo-lo aqui de alemão, mas é importante lembrar que, à época, a Alemanha ainda não existisse enquanto Estado-nação – Ferdinand Lassalle, ao proferir a conferência *Uber das Verfassungswesen*, que resultou na obra *A essência da constituição*, defende que o Direito não é fruto de decisões jurídicas, mas de relações de poder, que, trazendo para o pensamento de Rand, poder-se-iam ser vistas como verdadeiros "pactos" entre aqueles que detém o poder – os quais Lassalle denomina "fatores reais de poder" –, *e.g.*, os militares e os industriais.

E como resolver esse problema?

A solução é trazida por outro jurista de origem germânica, Konrad Hesse, que vai falar da chamada "força normativa da constituição", em que, uma vez que um povo tenha uma "vontade de constituição" (*Wille zur Verfassung*), que significa uma responsabilidade que permita dar força aos princípios constitucionais, não cedendo lugar a ventos momentâneos que tirem a nau da sociedade de seu rumo correto. Ou seja, a norma constitucional tem de ser um pacto feito pela sociedade conforme explicado no item 1 *supra*, não um "pacto" para que seja eficaz.

1.2 O SENTIDO AMBIVALENTE DE "PACTO" EM RELAÇÃO À SUA NECESSIDADE

Quando é perguntado se a vida requer um pacto, é necessário atentar-se ao significado da palavra em questão. Se por pacto entende-se uma ideia de troca, renúncia voluntária em busca da realização de um interesse, então sim, os pactos são essenciais para a existência dos indivíduos em uma sociedade! Isso porque, a todo momento, temos novos interesses e necessidades, que, para serem supridos, demandam grau de renúncia diante de situação concreta. Em contrapartida, se tratamos de um "pacto" (na linguagem emblemática de Rand, pacto com aspas), ou seja, a traição de princípios individuais em troca de uma submissão a caprichos de outros, a resposta é: não, "pactos" não são necessários. Pelo contrário, como diz Rand: "a vida não exige a rendição daquilo que é verdadeiro e bom ante o falso e o mau? A resposta é exatamente isto que a vida proíbe — se alguém deseja conquistar nada mais do que uma extensão de anos torturantes gastos em autodestruição progressiva" (RAND, 1991, p. 91).

2. SOCIEDADE E INDIVÍDUO

Claro que deriva do tema "pacto" uma reflexão imediata sobre as relações entre indivíduo e sociedade, fortemente marcada exatamente por tensões de concessão/obtenção de benefícios nem sempre simplórias ou facilmente rastreáveis.

Sobre tais relações, Rand alarga suas considerações com outro questionamento: como ser racional em uma sociedade irracional? A resposta para tal pergunta, segundo a autora, tem vários aspectos, mas um essencial e superior aos outros, porque condicionante: "não se deve nunca falhar ao manifestar um julgamento moral" (RAND, 1991, p. 92). A pensadora trata desta "ferramenta racional" de modo a demonstrar o que é, como e quando fazê-lo e expô-lo. Além disso, aborda o oposto, a ideia de agnosticismo moral, que é amplamente difundida, apesar de extremamente maléfica para a sociedade. Após esse contraponto, Rand conclui, como de praxe, pela defesa da racionalidade e dos julgamentos morais objetivamente analisados.

2.1 O QUE É UM JULGAMENTO MORAL?

No que diz respeito ao ato de julgar, Rand o conceitua como a ação de "avaliar uma dada ideia ou coisa concreta com referência a um princípio ou critério abstrato" (1991, p. 94). Para realizar um julgamento moral correto, é preciso que este seja baseado em um processo racional, não de sentimentos ou emoções; ou seja, o julgamento tenderá a ser bem fundamentado a partir de argumentos também racionais que o comprovem.

> [...] pronunciar um julgamento moral é uma enorme responsabilidade. Para ser um juiz, o indivíduo deve ter um caráter inquestionável; não precisa ser infalível ou onisciente, e não é uma questão de erros de conhecimento; ele precisa de uma integridade inviolável, isto é, a ausência de qualquer indulgência em relação ao mal intencional e consciente. Assim como um juiz num tribunal pode errar, quanto a prova não é convincente, ele não pode evitar a prova disponível, nem aceitar suborno, nem permitir que qualquer sentimento pessoal, emoção, desejo ou medo obstrua seu julgamento da compreensão dos fatos da realidade – assim cada pessoa racional deve manter uma integridade igualmente rigorosa e solene na sala da corte de sua própria consciência, onde a responsabilidade é mais aterrorizante do que num tribunal público, porque ele, o juiz, é o único a saber quando foi acusado. (RAND, 1991, p. 93)

Quando se julga, é preciso também basear-se na responsabilidade que existe em realizar a prática. Na busca pela racionalidade, especialmente dentro de uma sociedade irracional, torna-se indispensável uma ideia de integridade do juiz moral – seja ela alguém "lá fora", como o juiz de uma corte, ou "cá dentro", como a própria consciência –, ou seja, este não pode demonstrar proximidade a qualquer tipo de mal intencional, consciente. Isso não significa, como vimos, que o julgador não vá errar e, por conseguinte, será moralmente perfeito e intocável; a ideia de integralidade diz respeito sempre a buscar princípios e valores racionais que se evidenciem corretos, bons, mas não implica necessariamente encontrá-los sempre.

Ainda sobre a perspectiva de acertos e erros em julgamentos morais, um tópico importante a se ressaltar são as consequências dos julgamentos.

Todo julgamento será analisado a partir da realidade objetiva, dos fatos que ocorrem e de ações tomadas a respeito do assunto julgado, e, a partir dessa análise, produz-se um novo juízo a respeito do que fora feito anteriormente. Essa ideia faz sentido na medida em que se julgam atos, caráter, comportamentos etc., pois exercer juízo é ato passível de julgamento, baseado em critérios morais de quem o faz.

2.2 QUANDO JULGAR?

O julgamento moral deve ser realizado a todo momento, perante qualquer ato, comportamento ou situação. Contudo, isso não significa que tais julgamentos sejam expostos a toda hora e que o indivíduo racional "dissemine" sua moral a toda a sociedade de forma messiânica. A política de sempre pronunciar um julgamento moral não significa que se deva considerar a si mesmo um missionário incumbido da responsabilidade de "salvar a alma de todos" – nem que se deva dar avaliações morais não solicitadas a todos aqueles com quem se encontra. Rand entende que todo homem, na busca pela racionalidade, deve produzir e ter noção desses julgamentos em qualquer caso, porém só os deverá externar quando pertinente, "em situações onde o silêncio pode objetivamente ser tomado como um acordo ou sanção do mal". (RAND, 1991, p. 94).

> Quando se lida com pessoas irracionais, onde argumentar é fútil, um mero "não concordo com você" é suficiente para negar

qualquer implicação de sanção moral. Quando se lida com pessoas mais aptas, uma afirmação completa de seus pontos de vista pode ser moralmente exigida. Mas em nenhum caso, e em nenhuma situação, pode-se permitir que seus próprios valores sejam atacados ou denunciados e ficar em silêncio". (RAND, 1991, p. 94)

Em suma, os valores próprios (sempre baseados em cálculo objetivo) não podem ser atacados sem serem defendidos, por meio da argumentação e da fundamentação de seu julgamento moral, sempre que isso for racionalmente requerido.

2.3 DOUTRINA DIVERGENTE: AGNOSTICISMO MORAL

A doutrina oposta aos julgamentos morais defendidos por Ayn Rand é a do agnosticismo moral. Tal vertente prega "que se tem de ser moralmente tolerante sobre qualquer coisa, que o bem consiste em nunca distinguir o bem do mal" (RAND, 1991, p. 92).

Dessa forma, essa ideia relativiza os conceitos de "certo" e "errado", sempre dependentes de um ponto de vista, ou seja, de alguma maneira, todos estão certos (pensamento muito semelhante ao subjetivismo ético, já abordado neste livro). Essa corrente de pensamento tem sua gênese principal no medo da responsabilidade moral e das consequências de se produzir um julgamento moral. Como dito alhures, realizar e expor julgamentos morais geram outros do mesmo, a partir de uma análise do que foi exposto perante a realidade objetiva. Assim, muitos indivíduos, com medo do julgamento sobre seu julgamento, abstêm-se de expô-lo, ou mesmo produzi-lo e passam, portanto, a aceitar qualquer premissa, ideia ou ato realizado por qualquer pessoa. Com isso, virtudes, que deveriam ser exaltadas, assim como vícios, que seriam reprimidos, são ignorados ou aceitos. Assim, nas palavras de Ayn Rand, "é óbvio quem lucra e quem perde com tal preceito" (1991, p. 92).

O agnosticismo moral é absurdo dentro do pensamento de Rand, visto que a moral, o ato de julgar e todo o processo de um julgamento moral são baseados em princípios racionais; ou seja, qualquer pensamento que fuja da racionalidade é fundamentalmente errado, a não ser por acidente.

Além disso, ele se mostra como danoso para a sociedade, pois, na medida em que não se difere o certo do errado, o bom do ruim, as práticas racionalmente consideradas más ganham respaldo social, portanto, são "moralmente" aceitas e não reprimidas. Portanto, Rand afirma: "enquanto os valores morais estão em jogo, nenhuma neutralidade moral é possível" (RAND, 1991, p. 93).

Tendo em vista a análise feita por Ayn Rand a respeito de julgamento e agnosticismo moral, é possível afirmar a defesa dos julgamentos morais e a condenação da abstenção moral perante atos praticados por outros indivíduos. É correto e necessário exaltar atitudes positivas e reprimir ações negativas a partir de um julgamento sempre baseado em princípios e valores racionais, ao passo que isentar-se, tornar-se inerte a elas, só beneficia as práticas ruins. Portanto, em uma sociedade irracional, é preciso estabelecer e propagar valores racionais. Para que isso ocorra, os julgamentos morais são fundamentais. Eis que, em suas palavras:

> Uma sociedade irracional é uma sociedade de covardes morais – de homens paralisados pela perda de critérios, princípios e diretrizes morais. Mas já que os homens têm de agir enquanto vivem, esta sociedade está pronta para ter seu comando assumido por qualquer um disposto a estabelecer uma direção. A iniciativa só pode vir de dois tipos de homens: do homem que está disposto a assumir a responsabilidade de estabelecer valores racionais – ou de um facínora que não está preocupado com questões de responsabilidade.

Não importa quão difícil seja a luta, há apenas uma escolha a ser feita por um homem racional diante de tal alternativa. (RAND, 1991, p. 96)

BIBLIOGRAFIA

ATIENZA, Manuel. *O sentido do direito*. Trad. Manuel Poirier Braz. Lisboa: Escolar Editora, 2014.

HESSE, Konrad. *Die normative Kraft der Verfassung*. Heidelberg: Mohr Siebeck, 1959.

LASSALLE, Ferdinand. *A essência da constituição*. 4º ed. Rio de Janeiro: Líber Juris, 1998.

LUHMANN, Niklas. *Sociologia do Direito I*. Trad. Gustavo Baye. Rio de Janeiro: Edições Tempo Brasileiro, 1993.

RAND, Ayn. *A virtude do egoísmo*. Tradução *On-line* Assessoria em Idiomas. Porto Alegre: Editora Ortiz, 1991.

WEBER, Thadeu. *Ética e Filosofia Política: Hegel e o Formalismo Kantiano*. Porto Alegre: EDIPUCRS, 1999.

CAPÍTULO 5

O CULTO DA MORAL HIPÓCRITA

Reginaldo Jacinto Alves
Dennys Garcia Xavier

INTRODUÇÃO

Em *A Revolta de Atlas*, Ayn Rand escreveu: "Há dois lados em toda questão: um está certo e o outro, errado, mas o meio é sempre 'mau'" (RAND, 2012, p. 1211). Rand entendia que, apesar de um indivíduo estar errado, esse sujeito poderia nutrir um senso de respeito pela verdade, especialmente por ter assumido a responsabilidade pelas escolhas que fez. Porém, a pessoa que se coloca numa posição intermediária é classificada como alguém desprezível. Segundo Rand, o calhorda é aquele homem do meio que busca silenciar a verdade, para fingir que não há escolhas e nem valores.

Rand enfaticamente defendia uma visão de mundo nas cores preto e branco, representando o bem e o mal. Considerava que a identificação de qualquer coisa como cinza seria o meio do caminho, por isso era preciso saber o que corresponderia ao preto e o que pudesse expressar a característica do branco, porque cinza denotaria uma mistura dos dois. A partir do momento em que se estabelecesse que uma alternativa é boa e que a outra é ruim, então não haveria justificativas para a escolha da mistura. Jamais haveria qualquer justificativa para a escolha daquilo que se soubesse ser, de alguma forma, mau.

1. A TROCA DE DEFINIÇÕES DOS CONCEITOS MORAIS

Rand foi capaz de denunciar algumas atitudes e perspectivas perigosas, que viriam se estabelecer de modo eloquente no pensamento dos pós-modernos. Diz ela que um dos sintomas mais evidentes da falência moral da cultura de sua época foi a incrível habilidade que o ser humano atingiu de estabelecer zona cinzenta ou uma "matriz neutra definitiva", e assim, de negar moralmente o que antes era considerado "branco" ou "preto" (RAND, 1991, p. 97). Um filósofo pós-moderno como Richard Rorty, arauto do neopragmatismo e de um ceticismo metaepistemológico[1], propôs uma nova hermenêutica para afirmar que a verdade não é estabelecida quer pela correspondência de uma afirmação com a realidade objetiva, quer pela coerência interna das afirmações em si mesmas. Rorty argumentava que deveríamos simplesmente abandonar a busca pela verdade e nos contentarmos com a interpretação (GRENZ, 2008, p. 19). Rand certamente sairia do túmulo para questioná-lo com sua proverbial veemência, se pudesse fazê-lo.

---

[1] Os defensores dessa visão são céticos em relação à filosofia, rejeitando-a (em especial, a epistemologia) da forma como é tradicionalmente concebida (e.g., epistemologia é a busca normativa por uma teoria da justificação e do conhecimento), pois afirmam que é meramente extensão ou parte da ciência natural. Os céticos metaepistemológicos defendem a forma extrema, denominada epistemologia naturalizada. Em sua versão mais radical, esse ponto de vista deixa implícito que a epistemologia deve ser naturalizada no sentido de que deve ser reduzida a um ramo da psicologia e da neurofisiologia, devendo ser tratada como tal. A epistemologia naturalizada, em vez de focar a questão normativa sobre o que justifica nossa crença, simplesmente descreve como as pessoas, na verdade, formam suas crenças. A sua tarefa é descrever fatores e processos casuais em termos científicos e naturais de como as crenças das pessoas são normalmente – no sentido estatístico de "típico" ou "usual" – formadas (MORELAND; GRAIG, 2005, p. 124).

Como a sociedade se transformou no decorrer dos anos, os valores também foram mudando. Com as transformações de valores, mudaram também suas definições, de tal forma que o que antes era definido de uma maneira, hoje é de outra. Como resultado, as pessoas passaram a se sentir – muitas vezes perigosamente – à vontade para aceitarem com facilidade algo que, no passado, teria representado uma violação de integridade, princípios racionais e convicções objetivas.

Núñez, por exemplo, toma a palavra imoralidade, que na maioria dos dicionários atualmente surge tão-somente como uma violação das normas que a sociedade aceita como boas e válidas. No entanto, a mesma palavra constava num dicionário da década de 1820, definindo a imoralidade como "qualquer ato ou prática contrários aos mandamentos de Deus" (algo que Rand certamente desprezaria com seu ceticismo afiado, mas que serve para ilustrar a ideia apresentada aqui):

> Tolerância antes: "Aceitar os outros sem estar de acordo com suas crenças ou estilos de vida. Tolerância hoje: "Aceitar as crenças, os valores, os estilos de vida e os conceitos de verdade de cada um como iguais". Aceitação antes: "Aceitar as pessoas pelo que elas são e não necessariamente pelo que dizem ou fazem". Aceitação hoje: "Aprovar e até mesmo elogiar os outros por suas crenças e estilos de vida". Direitos pessoais antes: "Cada um tem direito de ser tratado com justiça de acordo com a lei". Direitos pessoais hoje: "Cada um tem direito de fazer o que acredita ser o melhor para si". (NÚÑEZ, 2017, p. 12-13)

Rand em *Atlas Shrugged* critica, de maneira ficcional e irônica, os seus compatriotas estadunidenses, porque eles se rendiam de forma covarde e resignada aos seus oponentes, denominados por ela de "valentões das repúblicas populares europeias", que rosnavam acusações de intolerância como uma estratégia para ludibriar os conceitos e as convicções no campo da moralidade.

> Vocês que são meio racionais, meio covardes vivem passando o conto do vigário na realidade, mas a vítima da sua vigarice são vocês mesmos. Quando os homens reduzem sua virtude a valores aproximados, então o mal ganha a força de absoluto, quando a lealdade a um objetivo inarredável é abandonada pelos virtuosos, ela é assumida pelos canalhas – e o que se

vê é o espetáculo indecente de um bem aviltado, transigente, traiçoeiro, e um mal intransigente e farisaico. Assim como vocês se renderam aos místicos dos músculos quando eles lhes disseram que a ignorância consiste em afirmar que se sabe, agora vocês também se rendem quando eles gritam que a imoralidade consiste em emitir juízos morais. Quando berram que é egoísmo ter certeza de que se tem razão, vocês se apressam a lhes dizer que não têm certeza de nada. Quando eles gritam que é imoral se apegar às suas convicções, vocês lhes dizem que não têm convicção nenhuma. Quando os valentões das repúblicas populares europeias rosnam acusações de intolerância dirigidas a vocês, porque vocês não acham que o seu desejo de viver e a vontade deles de os matar não passam de uma diferença de opinião – vocês se acovardam e se apressam a explicar que não são intolerantes para com nenhum horror. Quando algum vagabundo descalço em alguma pocilga na Ásia grita 'Como ousam ser ricos?', vocês pedem desculpas e lhe pedem paciência, prometendo-lhe que vão dar tudo o que têm (RAND, 2017, p. 1099).

1.1 A FALÁCIA DO CONCEITO ROUBADO

"Não há pretos nem brancos, há apenas cinzas". Rand comenta que a ordem contrária usada nesta frase é interessante do ponto de vista psicológico, pois está formada sob a falácia de um conceito cheio de contradições. Se não há preto e branco, não poderia haver cinza, porque a cor cinzenta é uma mistura dos dois. Usar um conceito para negar outro conceito, logicamente dependente do primeiro, é usar de uma mentira para tentar estabelecer um raciocínio como válido. Neste sentido, uma pessoa pode empregar um termo enganoso, de forma deliberada, com o propósito de manipular os outros.

Em moralidade, "preto" é predominantemente a capacidade do indivíduo de ser um hipócrita, por ceder à tentação de querer fingir e expressar a si mesmo para os outros que se é exclusivamente "cinza ou neutro". Se um indivíduo for sincero para buscar agir corretamente, mesmo que ele falhe numa questão moral complexa, nunca poderá será considerado "cinza", pois moralmente ele será declarado branco devido à sua honestidade em não querer justificar os seus erros ou querer sacrificar a si mesmo em detrimento da opinião alheia.

A definição de honestidade de Rand é o reconhecimento do fato de que o irreal é irreal e não pode ter valor, de que nem a fama nem o dinheiro são valores quando obtidos de modo fraudulento (RAND, 2017, p. 1062). Adquirir valores enganando a mente dos outros é um ato que coloca essas vítimas acima da realidade, pois quem ilude com trapaças acabará se tornando uma marionete da cegueira dessas vítimas. Quem é desonesto se torna um escravo de pessoas que não pensam e fogem da realidade, enquanto a inteligência, a racionalidade e a perceptividade dessas vítimas passam a ser os inimigos que lhe inspiram terror e medo.

Na cosmovisão randiana a honestidade não é um dever social, não pode ser um sacrifício por amor aos outros, mas a virtude profundamente egoísta que alguém pode praticar, porque se recusa a sacrificar a realidade da própria existência em prol da consciência enganada dos outros. Aliado a esta definição de honestidade que não se pode falsificar a existência, Rand declara que a integridade é o reconhecimento do fato de alguém não poder falsificar a sua consciência (RAND, 2017, p. 1061).

Rand também explica com discernimento primoroso que a escolha de um homem não pode se fundamentar no silêncio de sua consciência, pois a "hipocrisia da fé" permite que os códigos morais inaplicáveis à realidade, sejam os saqueadores de uma mente presa por um "altruísmo místico" (RAND, 2017, p. 1101). Se a escolha de um homem pelo bem o torna mau, devido as ordenanças provenientes de um dogma cego, neste caso o código é que deve ser condenado ou declarado como preto e não as vítimas avaliadas como "cinzas" (RAND, 1991, p. 97-98.). Um código moral que assina um atestado de falência intelectual ou comete a traição de neutralizar o julgamento moral é uma contradição em termos, pois neste caso uma fé cega não pode ser considerada como uma virtude.

2. O CULTO DA MORAL INDEFINIDA

Rand disse que muitas formas de confusão, incerteza e descuido epistemológico ajudaram a obscurecer as contradições e a realizar uma dissimulação para o verdadeiro significado da doutrina da moral indefinida (RAND, 1991, p. 98). Várias pessoas expressam afirmações banais com o objetivo de justificarem a si mesmas, a dizer, por exemplo, que alcançar a perfeição neste mundo é impossível ou que todas as pessoas são uma mistura de bem e do mal, portanto moralmente "cinzas". Rand reconhece que provavelmente a maioria das pessoas se encaixa nesta descrição e, por isso, aceita esta designação com a maior naturalidade, sem analisar com bom senso as implicações hipócritas desta falácia. Muitos se esquecem de que a moralidade trata de questões que se abrem à escolha do homem e nenhuma generalização estatística pode ser aplicada de forma justificável no âmbito da moral.

2.1 REBELIÃO EPISTEMOLÓGICA CONTRA A RAZÃO

O moderno conceito de que o homem é "cinza" por natureza contém implicações falaciosas que levantam uma revolta contra a própria filosofia do conhecimento. Nenhum conceito de moralidade poderia ser aplicado, até mesmo para um indivíduo que se considerasse "cinzento". Não justifica a atitude das pessoas de firmarem um "pacto" epistemológico, com a finalidade de celebrarem uma moral indefinida e se esquivarem da responsabilidade de praticarem o bem. Rand comenta que esta atitude humana expressa uma fuga da responsabilidade de julgamento moral: a não ser que alguém estivesse preparado para abster-se completamente da moralidade e classificar um mentiroso insignificante e um assassino como se fossem moralmente iguais (RAND, 1991, p. 99).

Núñez cita uma passagem do livro de Josh MacDowell, *Certo e errado: o que você precisa saber para ajudar a juventude a fazer as escolhas certas*, para explicar as razões pelas quais a sociedade está experimentando as consequências dramáticas de uma moralidade que foi substituída pelas preferências individuais. Os jovens são educados em escolas que dizem oferecer uma educação "livre de valores ou moralmente neutra". Os professores utilizam livros para afirmarem que não podem dizer o que é bom ou mau, apenas conscientizam a cada aluno das suas opções e lhes dizem que decidam por si mesmos como querem viver.

> Acredito que uma das principais razões pelas quais esta geração está marcando novos recordes de desonestidade, falta de respeito, promiscuidade sexual, violência, suicídio e outras

patologias, é porque perdeu suas orientações morais, suas crenças fundamentais. Suas crenças fundamentais sobre a moralidade e a verdade foram minadas. Como disse o jornalista Rowland Nethaway, "eles não parecem distinguir o correto do incorreto". (NÚÑEZ, 2017, p. 19 *apud* MACDOWELL; HOSTETLER, 1994, p.12)

Rand considera epistemologicamente o culto da incerteza uma revolta contra a razão, de maneira que na ética o culto da moral cinzenta é também uma revolta contra os valores morais. Em suma, eles se tornaram uma rebelião contra o absolutismo da realidade:

> Assim como o culto da incerteza não poderia ter sucesso numa rebelião aberta contra a razão, e consequentemente, luta para elevar a negação da razão em algum tipo de raciocínio superior – assim o culto da moral indefinida não poderia ser bem-sucedida numa rebelião aberta contra a moralidade, e luta para elevar a negação da moralidade a um tipo superior de virtude. (RAND, 1991, p. 100)

2.2 OMISSÃO FILOSÓFICA E UMA MORALIDADE DESPÓTICA

Os adeptos do culto da moral indefinida não procuram estabelecer uma amoralidade, pois, segundo Rand, eles buscam algo mais profundamente irracional na forma de uma moralidade não-absoluta, diluída, flexível e que seja transigente (RAND, 1991, p. 101). O testemunho deles é de que não proclamam a si mesmos "além do bem e do mal", mas procuram preservar as vantagens de ambos os lados. Eles não são desafiadores morais numa versão moderna que remonta aos adoradores do mal na Idade das Trevas. Mesmo que não defendam vender a alma de alguém ao Diabo, eles sentem um êxtase de vendê-la em pequenas parcelas para qualquer arrematador de opiniões.

Rand não classifica essas pessoas como pertencentes a uma escola filosófica de pensamento, entretanto elas são o resultado da omissão filosófica e da falência intelectual, que produziu o irracionalismo. A consequência que o irracionalismo trouxe para a ética foi um vácuo moral e na política rompeu na forma de uma economia mista. Para Rand uma economia mista se apresenta como uma guerra amoral de grupos de pressão, que não têm princípios, valores ou qualquer modelo de justiça.

Alguém experimentará o preço do sofrimento ou da própria vida em um antissistema que procura afirmar contradições, cujo objetivo é saquear a mente das pessoas. A destruição se tornará o valor de toda contradição e o homem será oferecido em holocausto como um animal irracional. Nesta guerra é possível que se construam altares, onde quem é adorado é o animal e quem é imolado é o Homem. Os atributos do animal sempre foram cultuados, de maneira trágica e grotesca pela humanidade, especialmente através do ídolo do instinto e do ídolo da força. Rand usa a figura dos místicos e dos reis, que se encaixam perfeitamente em uma moralidade despótica da mente humana.

> Os místicos, que ambicionavam uma consciência irresponsável e cujo poder emanava da afirmativa de que suas emoções obscuras eram superiores à razão, que o conhecimento vinha através de acessos cegos e imotivados, e deveria ser seguido cegamente, sem jamais ser questionado; e os reis, cujo poder emanava de suas garras e seus músculos, cujo método era a conquista e cujo objetivo era o saque, cuja justificativa única eram as armas. (RAND, 2017, p. 769)

2.3 A MORALIDADE DA IMITAÇÃO

O culto da moral indefinida é a moralidade da imitação, como em uma economia mista os homens de premissas mistas nutrem um sentimento de serem chamados "cinzas", mas em ambos os casos, Rand diz que esta mistura não permanecerá como uma reprodução exata de "cinza" por muito tempo. O "cinza", neste contexto, manifesta uma aparência e uma insegurança de não ser comparado ao "preto", porém essa fraude é descoberta, porque não existem princípios morais "cinzas".

As consequências da doutrina da moralidade da imitação foram destacadas por Rand ao mencionar o uso do termo extremismo na política, como "sinônimo de "mal" independente do conteúdo da questão (o mal não é sobre o que você é "extremista", mas que você é "extremista" – isto é, coerente)" (RAND, 1991, p. 102).

Os conceitualmente chamados "neutralistas" eram mais do que meramente neutros no conflito entre Estados Unidos e a Rússia Soviética, eles estavam completamente comprometidos por um princípio de serem transigentes. Também na literatura surgiria o conceito do anti-herói, cujo personagem não teria virtudes, valores, objetivos, caráter, nem significação e assim poderia ocupar o lugar do herói em todas as peças e romances. Até o termo "mocinhos e bandidos" foi usado com desprezo ao ponto de a televisão exibir revoltas contra finais felizes e que os "bandidos" saíssem triunfantes, com o mesmo número de vitória dos atores principais.

Para Rand, o que caracterizava o verdadeiro homem era aquele que tinha uma postura ereta, uma mente intransigente e que não deixasse morrer a visão do herói (RAND, 2017, p. 1114).

3. CONFISSÕES PSICOLÓGICAS DA ÉTICA COLETIVIZADA

Rand considerou que algumas perguntas, especialmente em discussões no campo da ética não representam dúvidas filosóficas, mas confissões psicológicas que necessitam de um exame e uma revisão nas proposições elaboradas por um questionador oponente.

Procurando defender a visão dos objetivistas, Rand comenta sobre a premissa altruísta-coletivista oculta na seguinte pergunta: "O que será feito pelos pobres ou deficientes numa sociedade livre?" (RAND, 1991, p. 103). Essa pergunta encobre a subsequente afirmação de que os homens são "defensores de seus irmãos", e que a "desgraça de alguns é uma dívida que precisa ser imposta e paga pelos outros". Em vez de usar a expressão: "Deve algo ser feito?", o questionador usa sua premissa de base coletivista: "O que será feito?"

Rand cita a resposta que a escritora canadense Barbara Branden ofereceu quando foi questionada por um estudante a respeito do que aconteceria aos pobres numa sociedade objetivista. Ela respondeu que se alguém quisesse ajudá-los, ninguém iria impedi-los. Este é um exemplo perfeito de como se deve recusar as premissas de um adversário como se fossem a única base da discussão, pois só os homens, individualmente considerados, estão de posse de decidirem quando ajudar o outro ou se desejam fazê-lo.

3.1 A FALÁCIA DA ABSTRAÇÃO CONGELADA

Visto que a natureza não fornece ao homem uma forma automática de sobrevivência, Rand explica como o código moral altruísta-coletivista revela um discurso mental caótico, nocivo aos direitos do indivíduo, guiado por uma experiência coletivista. Quando as pessoas assumem que a vida dos homens pertence à sociedade, então qualquer membro desta coletividade poderia usar da prerrogativa de garantir a sua segurança às custas de outros.

O que a sociedade deve fazer pelo pobre representa uma pergunta com base numa confissão psicológica, que pode ser classificada como uma falácia da abstração congelada. Este discurso repousa no projeto de substituir uma determinada ideia definida como o altruísmo, por considerações gerais no campo da ética.

Desse modo, o indivíduo é iludido ao supor que rejeitou uma teoria de auto sacrifício, para afirmar que está acatando um código moral que reflete anseios racionais de uma ampliação de felicidade e alegria. Entretanto a pessoa não medita que continua defendendo uma mentalidade de altruísmo, onde essa visão necessita constantemente de vítimas e parasitas sociais.

A falácia da abstração congelada representa uma confissão psicológica que destrói paulatinamente a capacidade racional do homem de carregar em sua essência os direitos e o valor da vida de um indivíduo. Segundo Rand, essa falácia é um mal muito profundo, que revela uma mente da qual se apaga a realidade de um ser humano (RAND, 1991, p. 104).

3.2 EXEMPLO DA MENTALIDADE COLETIVIZADA E ESCRAVA DA IRREALIDADE

Dentre os inúmeros projetos de uma mentalidade coletivizada, Rand cita o *Medicare*, um programa governamental de assistência médica especial para idosos votada nos Estados Unidos em 1965.

A defesa de um sistema de seguros de saúde em larga escala poderia colocar em risco a própria ciência médica e ocasionar a ruína de todos os consultórios médicos, diz Rand. Uma mente coletivizada pensa no que, mas ignora o como e todas as demais questões que se impõem de maneira decisiva.

"Não é desejável que os idosos devam ter assistência médica em momentos de doença?", seus defensores clamam. Considerado fora de contexto, a resposta seria: sim, é desejável. Quem teria uma razão para dizer não? E é neste ponto que os processos mentais de um cérebro coletivizado são interrompidos; o resto é nevoeiro. Somente o desejo permanece em sua visão – é o bem, não é? – não é para mim mesmo, é para os outros, é para o público, para um público desamparado, doente... O nevoeiro esconde fatos, como a escravização e, portanto, a destruição da ciência médica, a arregimentação e a desintegração de todos os consultórios médicos, o sacrifício da integridade profissional, da liberdade, das carreiras, das ambições, das conquistas, da felicidade, das vidas dos próprios homens que devem prover este objetivo desejável – os médicos". (RAND, 1991, p. 106)

CONSIDERAÇÕES FINAIS

O culto da moral indefinida não representou o surgimento de uma nova virtude superior, mas uma experiência mental que buscou filosoficamente expressar uma negação da moralidade. O vício dos adeptos de um culto por uma moral incerta levou os homens a uma vivência irracional, que possibilitou muitos dos piores episódios de selvageria divulgados nos séculos XX/XXI. E o culto da moral cinzenta forneceu ao homem um forte convite para a celebração de uma moralidade corrupta ou ao pior tipo de hipocrisia, cujo pacto entre dois lados opostos não poderia existir nenhuma significação e nem virtudes.

A atitude das pessoas de evitarem exercer um juízo moral, revela a máscara para tentarem encobrir suas confissões psicológicas distorcidas da realidade.

Rand não teve receio de pronunciar que a Rússia soviética foi a exemplificação mais nítida, embora não a única, de uma sociedade controlada por um código moral altruísta-coletivista a ser evitado por todos. Duas gerações de russos foram submetidas a uma alienação mental, que resultou em sua própria destruição e de forma brutal.

> Duas gerações de russos viveram, trabalharam e morreram na miséria, esperando pela abundância prometida por seus dirigentes, que suplicaram paciência e austeridade, enquanto

construíam uma "industrialização" pública e matavam a esperança pública em prestações de cinco anos. No princípio as pessoas morriam de fome esperando geradores elétricos e tratores; e hoje continuam morrendo de fome, enquanto esperam pela energia atômica e as viagens interplanetárias. (RAND, 1991, p. 108)

O culto da moral hipócrita destrói a capacidade de pensar e causa até um entorpecimento na memória individual. A máxima de Josef Stalin poderia se tornar verdadeira quando alguém buscasse compreender os fatos históricos de maneira fria e abstrata: "uma morte é uma tragédia, um milhão de mortes é uma estatística" (DALRYMPLE, 2015, p. 174). Na realidade, um milhão de mortes não é apenas uma estatística, esse número equivale a um milhão de pessoas que experimentaram um sofrimento horrível, vitimadas por caprichos da coletividade.

BIBLIOGRAFIA

DALRYMPLE, Theodore. *Podres de Mimados: as consequências do sentimentalismo tóxico*. Tradução Pedro Sette-Câmara. 1ª ed. – São Paulo: É Realizações, 2015.

GRENZ, Stanley J. *Pós-Modernismo: um guia para entender a filosofia do nosso tempo*. Tradução Antivan Guimarães Mendes. São Paulo: Vida Nova, 2008.

MORELAND, J. P. e GRAIG W. L. *Filosofia e Cosmovisão Cristã*. São Paulo: Vida Nova, 2005.

NÚÑEZ, Miguel. *Viver com Integridade e Sabedoria: procurando os valores que a sociedade perdeu*. Rio de Janeiro: bvbooks Editora, 2017.

RAND, Ayn. *A Revolta de Atlas*. Tradução de Paulo Henrique Britto. São Paulo: Arqueiro, 2017.

RAND, Ayn. *A Virtude do Egoísmo*. Tradução de On Line-Assessoria em Idiomas. Porto Alegre: Ortiz, 1991.

CAPÍTULO 6

RACISMO E DIREITOS COLETIVOS

Marco Felipe dos Santos
Müller Mendes Viana

INTRODUÇÃO

Profética. Se há um adjetivo capaz de descrever o cânone de Ayn Rand, sem sombra de dúvidas é este. Não por ter superpoderes ou uma habilidade sobrenatural de clarividência, mas por conta de seu olhar clínico, apurado e lúcido, ao escrever na década de 60 como se estivesse realizando uma análise da atual situação de nossa sociedade ocidental. Os sintomas, cada vez mais manifestos, de irracionalidade e desprezo pela ciência, somados à paixão pelo inatingível, são o resultado daquilo que Ayn Rand já diagnosticava em seu tempo, males a que ela atribuiu uma única causa, e contra a qual lutou por toda sua vida: o coletivismo.

1. O RACISMO COMO FORMA DE COLETIVISMO

Tendo vivenciado a experiência destruidora do coletivismo extremo ainda enquanto criança na Rússia comunista, na maturidade de sua obra filosófica Ayn Rand se esforçou por demonstrar que as mazelas pelas quais passou na infância foram resultantes desse tipo de pensamento coletivista, e que não apenas fundamentou o comunismo na Rússia, mas também todos os grandes regimes autoritários do século XX, sejam eles o nazismo, o fascismo ou o comunismo. A partir dessa compreensão, Ayn Rand analisa o que considera ser uma das mais abjetas formas de coletivismo, qual seja, o racismo. Para ela, poucas coisas fazem tão pouco sentido quanto declarar "orgulho" por um grande gesto (ou crime, se for o caso) realizado por um antepassado.

Diz a nossa filósofa:

> O racismo é a forma mais baixa e cruelmente primitiva de coletivismo. É a noção de atribuir significado moral, social ou político a linhagem genética de um homem – é a noção de que os traços caracterizadores e intelectuais de um homem são produzidos e transmitidos por sua química corporal interna. O que quer dizer, na prática, que um homem deve ser julgado, não por sua índole ou ações, mas pelas índoles e ações de um coletivo de antepassados. (RAND, 1991, p.158)

Rand defende que cada ser humano é um ser único, e que, por isso, mesmo que seja descendente do pior dos facínoras, nem por isso estaria condenado a se tornar um mau indivíduo. Assim, contradiz a tese que configurou, por exemplo, no argumento basilar do nazismo, de que aptidões fossem transmitidas e preservadas de acordo com a raça. Para Ayn Rand, essa noção é essencialmente coletivista, e toda a ciência produzida para embasar esse argumento é completamente irracional, forjada com o propósito de atender a interesses de um determinado grupo. A partir dessa compreensão, a filósofa examina casos recorrentes e que, em sua leitura, configuram como racismo: o caso de linhagens familiares, em que sujeitos se gabam de feitos realizados por antepassados; a consideração de distinção entre "sangue bom" ou "sangue ruim"; ou até mesmo casos em que o orgulho irracional se volta a valorizar não o pertencimento a uma determinada família, mas a uma nacionalidade ou raça.

AYN RAND E OS DEVANEIOS DO COLETIVISMO

Ao afirmar que "as perseguições raciais e/ou religiosas das minorias mantiveram-se em proporção inversa ao grau de liberdade de um país", e que "o racismo foi mais forte nas economias mais controladas, como na Rússia e na Alemanha – e mais fraco na Inglaterra, o país mais livre da Europa, na época" (RAND, 1991, p.162), Ayn Rand demonstra que, se não a sua causa, embora em certa medida também o seja, o principal fator responsável por perpetuar um modelo racista de perseguição das minorias decorre do coletivismo.

A partir da reflexão a respeito desse fato, decorre, segundo Rand, as condições antagônicas em relação ao racismo: enquanto nas sociedades fortemente controladas pelo Estado, e que apresentam uma forte concepção coletivista, o racismo tende a se disseminar, nos Estados em que prevalece o capitalismo de livre mercado esse comportamento tende a ser erradicado. Foi justamente a partir do alastramento do capitalismo que surgiram as condições que levaram ao fim da escravidão e dos trabalhos forçados, além da eliminação do sistema de castas, graças a ascensão social propiciada pela livre iniciativa. Ayn Rand é categórica, ao afirmar que é a partir do capitalismo que as barreiras raciais são derrubadas.

> Foi o capitalismo que proporcionou à humanidade dar seus primeiros passos em direção à liberdade e a uma maneira racional de vida. Foi o capitalismo que atravessou as barreiras raciais e nacionais, por meio do comércio livre. Foi o capitalismo que aboliu a servidão e a escravidão em todos os países civilizados do mundo. Foi o Norte capitalista que destruiu a escravidão do Sul agrário-feudal dos Estados Unidos. (RAND, 1991, p.162)

Tomando como exemplo a relação entre economia e questões raciais nos Estados Unidos da América, percebemos que a incidência de crimes de ódio relacionados à raça, seja em relação a negros ou a latinos imigrantes, é maior nos estados do Sul. Não por coincidência, estes estados figuram entre os mais pobres do país, resultado do atraso em aderirem ao regime capitalista. Não obstante, as regiões economicamente mais desenvolvidas dos Estados Unidos são aquelas que, vagarosamente cedendo ao livre mercado, tornaram os homens livres, e passaram a receber maior número de imigrantes, principalmente na passagem do século XIX para o XX. Cidades como New York e Chicago experimentaram grande desenvolvimento neste período, cujo brilho repercute até hoje.

A respeito do alastramento do capitalismo nos Estados Unidos da América, e do consequente estado de liberdade que proporcionou a seu povo, Ayn Rand faz uma importante observação:

> Nessa grande era do capitalismo, os Estados Unidos foram o país mais livre sobre a Terra – e a melhor refutação das teorias racistas. Homens de todas as raças vieram para cá, alguns de países obscuros, culturalmente sem distinção, e executaram façanhas de habilidade produtiva que teriam ficado natimorfas em suas pátrias dominadas pelo controle. Homens de grupos raciais que estiveram massacrando-se uns aos outros por séculos, aprenderam a viver juntos em harmonia e cooperação pacífica. A América foi chamada de "o cadinho" por boas razões. Mas poucas pessoas perceberam que a América não fundiu os homens na conformidade cinzenta de um coletivo: ela os uniu por meio da proteção dos direitos à individualidade. (RAND, 1991, p.163)

O clima de liberdade econômica dos Estados Unidos daquele tempo mostrou que qualquer um, independente de raça ou naturalidade, é capaz de empreender e de gerar riquezas, e que o resultado de sua ascensão é fruto apenas de seu próprio trabalho e esforço individual, e não de uma predisposição transmitida segundo uma descendência de raça, de família ou de nacionalidade.

2. A MENOR MINORIA É O INDIVÍDUO

Já década de 1960, período em que Ayn Rand começou a escrever suas obras de não-ficção, a filósofa nos alertava da possibilidade de que movimentos que defendem a equidade poderiam tornar-se movimentos de supremacia de supostas minorias oprimidas no passado contra grupos que, de acordo com eles, fossem privilegiados historicamente.

Como vimos, Rand defende que um indivíduo não pode ser considerado melhor do que outro apenas tomando como critério a raça ou qualquer outra característica hereditária. Por isso, defende que não faz sentido que atualmente uma pessoa branca seja penalizada, culpada ou responsabilizada, por qualquer mazela historicamente causada à população negra, uma vez que esse indivíduo branco jamais tenha praticado qualquer ato de discriminação.

Ao responsabilizar o indivíduo de hoje por ser tataraneto de um dono de escravos, ou descendente de uma pessoa que de fato tenha tido práticas discriminatórias ao longo de sua vida, o movimento que inicialmente lutava por equidade acaba por converter-se em uma luta por superioridade. As políticas de cotas raciais, segundo Ayn Rand, seriam o maior exemplo desse novo tipo de discriminação, dessa vez das tidas minorias sobre a maioria. Por que um empresário deveria priorizar, ou ser obrigado, a contratar um homem negro em detrimento de um homem branco, não importando qual deles fosse o mais gabaritado para a função, ou qual deles fosse o mais produtivo? Não parece fazer sentido para Rand a resposta de que isso deve ocorrer porque o antepassado do rapaz negro foi escravizado pelo antepassado do rapaz branco.

Segundo Ayn Rand, o fato do Estado exigir que sejam concedidas cada vez mais vagas para negros (ou qualquer outro grupo, constituído a partir da segregação em relação a raça, gênero, credo religioso, entre outros) em detrimento de outras raças (ou outro grupo), baseando-se em atitudes cometidas por nossos antepassados, caracteriza-se claramente como uma perpetuação do racismo – considerado como uma separação baseada em um regime racial que prioriza uma raça em detrimento de outras –, ainda que disfarçado com o nome de "justiça social".

Não se pode atribuir direitos a um indivíduo, ou grupo de indivíduos, em detrimento dos direitos de outros indivíduos. Os direitos de um grupo ou de outros indivíduos não podem ser afirmados a partir da retirada de direitos de outros indivíduos, uma vez que, conforme afirma Rand, "[...] a menor minoria da Terra é o indivíduo. Os que negam os direitos individuais não podem conclamar-se defensores de minorias" (RAND, 1991, p.165).

Segundo Ayn Rand, uma vez que para promover esse sistema de justiça social deve-se retirar direitos legitimamente conquistados por um indivíduo, ou por uma sociedade, seja uma vaga de emprego ou uma vaga em uma universidade pública, se está praticando uma injustiça, ao elevar sujeitos que podem ser medianos e rebaixar pessoas que podem ser perfeitamente aptas para qualquer uma das vagas em questão. Ou seja, na conclusão de Rand, o sistema de cotas que deveria promover uma reparação histórica em virtude de erros cometidos no passado acaba se tornando um perpetuador das injustiças sociais que deveria combater, ainda que agora promova essas injustiças de forma diferente, e com outro nome – justiça social, ao invés de racismo.

 Ainda, segundo a prerrogativa randiana, esses sistemas de exclusão e discriminação somente são possíveis porque são alimentados pelo poder intervencionista dos Estados em esferas que deveriam ser regidas por regras do livre mercado. O modelo atual permite que esse poder do Estado seja controlado e dirigido por indivíduos, ou grupos de indivíduos, que, em última instância, buscam benesses para si próprios. Muitos dos tidos como líderes dessas "minorias", e que se revestem com o manto de revolucionários e idealistas, buscam o poder não como meio de promover os ideais da igualdade, mas como meio de agregar cada vez mais poder a seu grupo político. A partir desse contexto, parece-nos ser relevante a frase atribuída ao filósofo russo anarquista Mikhail Bakunin, que dizia que "se você pegar o mais ardente dos revolucionários, e der poder absoluto a ele, dentro de um ano ele será pior do que o próprio czar", pois torna ainda mais evidente a reflexão desenvolvida por Ayn Rand. Também a respeito dessa mesma questão, o filósofo e economista austríaco Friedrich von Hayek, em seu livro *O Caminho da Servidão*, dedica um capítulo inteiro a demonstrar como o desejo de poder influencia e direciona a postura de grupos que dizem almejar os direitos das minorias.

 O trecho a seguir elucida muito bem essa questão e tem muito a ver com o que Rand enxerga por trás das autoproclamadas lideranças raciais:

> O terceiro e talvez mais importante elemento negativo da seleção está relacionado com o esforço do demagogo hábil por criar um grupo coeso e homogêneo de prosélitos. Quase por uma lei da natureza humana, parece ser mais fácil aos homens concordarem sobre um programa negativo — o ódio a um inimigo ou a inveja aos que estão em melhor situação — do que sobre qualquer plano positivo. A antítese "nós" e "eles", a luta comum contra os que se acham fora do grupo, parece um ingrediente essencial a qualquer ideologia capaz de unir solidamente um grupo visando à ação comum. Por essa razão, é sempre utilizada por aqueles que procuram não só o apoio a um programa político, mas também a fidelidade irrestrita de grandes massas. Do seu ponto de vista, isso tem a vantagem de

lhes conferir mais liberdade de ação do que qualquer programa positivo. O inimigo, seja ele interno, como o "judeu" ou o "kulak", seja externo, parece constituir uma peça indispensável no arsenal do líder totalitário. (HAYEK, 2010, p.142)

Para Ayn Rand, a defesa de direitos para as minorias constitui a retirada de direitos de outros indivíduos, baseando-se na disseminação da categorização dos indivíduos a partir de critérios raciais e hereditários, tal como fizeram os maiores regimes de exceção. Rand sustenta que apenas por meio do regime de livre mercado esse tipo de comportamento pode ser superado, uma vez que, segundo os ditames do capitalismo, em nada importam a origem, a descendência ou a cor da pele dos indivíduos, mas sim, sua capacidade de empreender, de produzir e de gerar riquezas.

3. EGOÍSMO E INDIVIDUALISMO

Com muita frequência os adeptos da filosofia de Ayn Rand encontram severa rejeição por parte de alguns interlocutores, especialmente por conta do teor das palavras "egoísmo" ou/e "individualismo". De fato, em uma sociedade em que prevalece a cultura do altruísmo, embasado sobretudo pelo misticismo religioso, uma pessoa declarar-se abertamente individualista ou egoísta soa mal. Contudo, é provável que essa rejeição fosse menor caso compreendessem o verdadeiro significado do termo "egoísmo", conforme defendido por Rand.

Enquanto para o senso comum o termo "egoísmo" está relacionado à irresponsabilidade, desrespeito com outrem e displicência com a sociedade que o cerca, o egoísmo, considerado enquanto virtude na teoria moral de Ayn Rand, trata do fortalecimento do indivíduo em contraposição a um conceito forçado e imposto de altruísmo, em vários casos – como a história comprova –, usado como bandeira por Estados que infringem os direitos humanos individuais. O que esse egoísmo virtuoso representa é a vocação humana para com a razão. Uma razão que leva os indivíduos a pautar seus atos primeiramente levando em consideração suas próprias convicções e interesses estabelecidos racionalmente. Consiste na definição de objetivos e na determinação de metas para alcançar esses objetivos.

Enquanto a filosofia do coletivismo se preocupa em restringir as ações dos indivíduos em detrimento de um suposto bem maior, a teoria do individualismo apregoada por Ayn Rand pauta-se na concepção primária e basilar do direito, tal qual costuma ser expressa pelo dito popular: "o direito de uma pessoa acaba onde começa o direito do outro". Ou seja, o direito de um indivíduo, ou grupo, não pode retirar ou sobrepor-se ao direito de outrem.

A partir disso, os seguidores dessa filosofia racional percebem que o seu direito mais legítimo é o de não ter seus direitos suprimidos por direitos atribuídos artificialmente, seja por outro indivíduo, por um grupo, ou pelo Estado. O "direito" a cotas é um grande exemplo desse direito constituído artificialmente, tendo como origem um apelo altruísta vindo de uma falsa moral da compensação, e que é assegurada por um Estado que não se importa em infringir o direito individual.

Ser egoísta nos termos de Ayn Rand significa pensar por si mesmo, não aceitando as imposições de correntes políticas que normalmente se revezam no controle da máquina estatal com o único interesse de colher benefícios para si ou para seu grupo. Usando ainda o exemplo das cotas raciais, por trás da imagem de solidariedade ao povo negro colocada nesta política, existe uma tática pouquíssimo solidária de divisão social, de supremacia de classes, e uma cisão que interessa apenas a estadistas de coração tirânico.

Ao voltar-se a seus interesses egoístas, o indivíduo que empreende, tendo como meta o seu próprio benefício financeiro, acaba por fazer girar a economia da sociedade que lhe cerca, gerando empregos e riquezas, criando melhorias em processos produtivos e melhorando a qualidade do seu produto por conta da concorrência – tudo isso como consequência de uma economia de livre concorrência. Gera, assim, benefícios que são compartilhados pela sociedade, ao mesmo tempo em que não infringe o direito individual de nenhum dos atores participantes. Tudo decorre de um processo voluntário, desde o funcionário que vende sua força produtiva até o cliente que escolhe pelo produto que melhor lhe atende. Forma-se assim uma cadeia de melhorias que não teve como causa um sujeito revolucionário, mas sim, um indivíduo que pensou primeiramente em seu próprio benefício, egoisticamente, é que, por isso, impactou positivamente toda a economia e a sociedade.

Por mais que políticos e intelectuais insistam, ações interventoras do Estado jamais conseguirão beneficiar todos os indivíduos – seja em termos comerciais, culturais ou sociais – como o capitalismo de livre mercado. Apenas o capitalismo pode fazer com que uma sociedade cresça e se desenvolva por igual, cabendo ao Estado apenas o papel de assegurar os princípios básicos dos direitos individuais.

4. DIREITOS COLETIVOS

A menor minoria da terra é o indivíduo. Uma das expressões mais famosas de Ayn Rand pode definir o que ela pensa sobre os direitos individuais. Mas o que ela pensa a respeito dos direitos coletivos? Antes de explorarmos a questão dos direitos coletivos, vejamos o que a autora diz a respeito da definição de direitos:

> Direitos são um princípio moral que define relacionamentos sociais corretos. Assim como um homem precisa de um código social para viver (para agir, para escolher as metas certas e para alcançá-las), também a sociedade (um grupo de homens) precisa de princípios morais a fim de organizar um sistema social harmonioso com a natureza do homem e com suas exigências para sobreviver. (RAND, 1991, p. 128)

Desse modo, segundo Ayn Rand, direitos são entendidos como regras de condutas racionais, ou seja, para que um indivíduo tenha e exerça seus direitos, ele precisa agir não por caprichos, fazendo qualquer coisa que desejar, mas sim ponderando suas vontades, com o devido uso da razão em busca da sua preservação. Quando o indivíduo segue apenas seus desejos irracionais a única coisa que ele pode adquirir é a autodestruição.

O subjetivismo, ou seja, a crença de que o certo e o errado dependem do ponto de vista, não pode ser considerado um princípio moral. Pelo contrário, é a negação da moralidade. Acreditar que se tem o direito de fazer todas as coisas, seguindo apenas o desejo irracional, é um poder de força bruta animalesca.

O único direito fundamental é o direito da autopreservação, o direito à vida. Todos os outros são derivados dele e o servem. Somente uma pessoa, considerada individualmente, pode ter direitos. Constitui uma contradição afirmar que um grupo tem direitos, ainda que seja essa a ideia defendida por tantos intelectuais a partir do século XX.

Ayn Rand acredita ser inconcebível que um grupo tenha direitos, pois todos os direitos exercidos por um grupo não são nada mais do que o desdobramento dos direitos de cada indivíduo desse grupo, de modo que "um grupo não pode ter nenhum direito diferente dos seus membros individuais" (RAND, 1991, p. 129). Quando uma empresa contrata empregados, comercializa seus produtos etc., isso é apenas consequência dos direitos de cada indivíduo que compõe esse corpo empresarial. Isso é válido para todos os grupos legítimos, ou seja, aqueles que não usam da força bruta contra outros homens. Consequentemente, ninguém pode perder ou adquirir direitos ao ingressar em um grupo.

Quando um grupo proporciona direitos a mais para alguns indivíduos, isso ocorre inescapavelmente por meio da expropriação dos direitos de outros indivíduos. Um direito dado a um grupo o torna especial e privilegiado à custa de outros. Nas situações em que um país promove leis reivindicando a existência de tais direitos coletivos, Ayn Rand diz ocorrer um "linchamento institucionalizado".

Para que uma nação tenha o direito à sua soberania, e assim seja respeitada pelas outras nações, é preciso que ela seja governada de modo a garantir os direitos de cada um dos seus indivíduos. A constituição do país deve delimitar o governo, de forma a servir o cidadão, preservando o princípio básico dos direitos individuais. Se uma nação é estabelecida nesses moldes, ela pode até estar sujeita ao voto. Com essas garantias, seja qual for a escolha da maioria, o indivíduo estará salvaguardado, e sua vida e sua liberdade não estarão em perigo. Apenas dessa maneira uma nação poderá exigir respeito de outras nações – o que não pode ser afirmado em relação às ditaduras. Se uma nação violar os direitos de seus próprios cidadãos, ela passa a não ter nenhum direito, pois ela se autodestruiu. "Uma nação regida pela força bruta não é uma nação, mas uma horda – quer seja comandada por Átila, Genghis Khan, Hitler, Khrushchev ou Castro" (RAND, 1991, p. 131).

Qualquer outra nação livre tem o direito de invadir outras que estão sob ditaduras. Essas nações, que são na verdade "cárcere político", não têm direito algum, pois são criminosas e atentam contra o direito dos cidadãos. Uma determinada nação, que decida intervir em uma outra nação que esteja sob o regime ditatorial, tem moralmente esse direito (e não a obrigação), desde que liberte os cidadãos e lhes restaure os direitos básicos. Caso contrário, se tornará tão criminosa e ilegítima quanto o governo que suplantou, pois, por mais que uma nação perca seus direitos, os direitos dos cidadãos devem ser sempre respeitados – os direitos podem ser violados e suprimidos, mas nunca subtraídos de modo definitivo.

Uma vez que segundo o capitalismo de livre mercado defendido por Ayn Rand poucos países – ou talvez nenhum – sejam totalmente livres, é possível questionarmos se a filósofa defende que os países poderiam invadir uns aos outros a qualquer momento? "A resposta é: não. Existe uma diferença entre um país que reconhece o princípio dos direitos individuais, mas não o pratica completamente e outro que o nega e burla explicitamente" (RAND, 1991, 133). Mesmo que, segundo a autora, infelizmente esses países estejam em estágios de transição rumo a uma ditadura, os Estados considerados como aqueles que perderam sua liberdade são aqueles que têm apenas um partido político, que realizam execuções sem julgamento, praticam a censura e a nacionalização ou expropriação da propriedade privada.

BIBLIOGRAFIA

HAYEK, F.A. *O Caminho da Servidão*. São Paulo: Instituto Ludwig von Mises Brasil, 2010.

RAND, AYN. *A Virtude do Egoísmo*. Traduzido por On Line Assessoria em Idiomas. Porto Alegre: Ed. Ortiz/IEE, 1991.

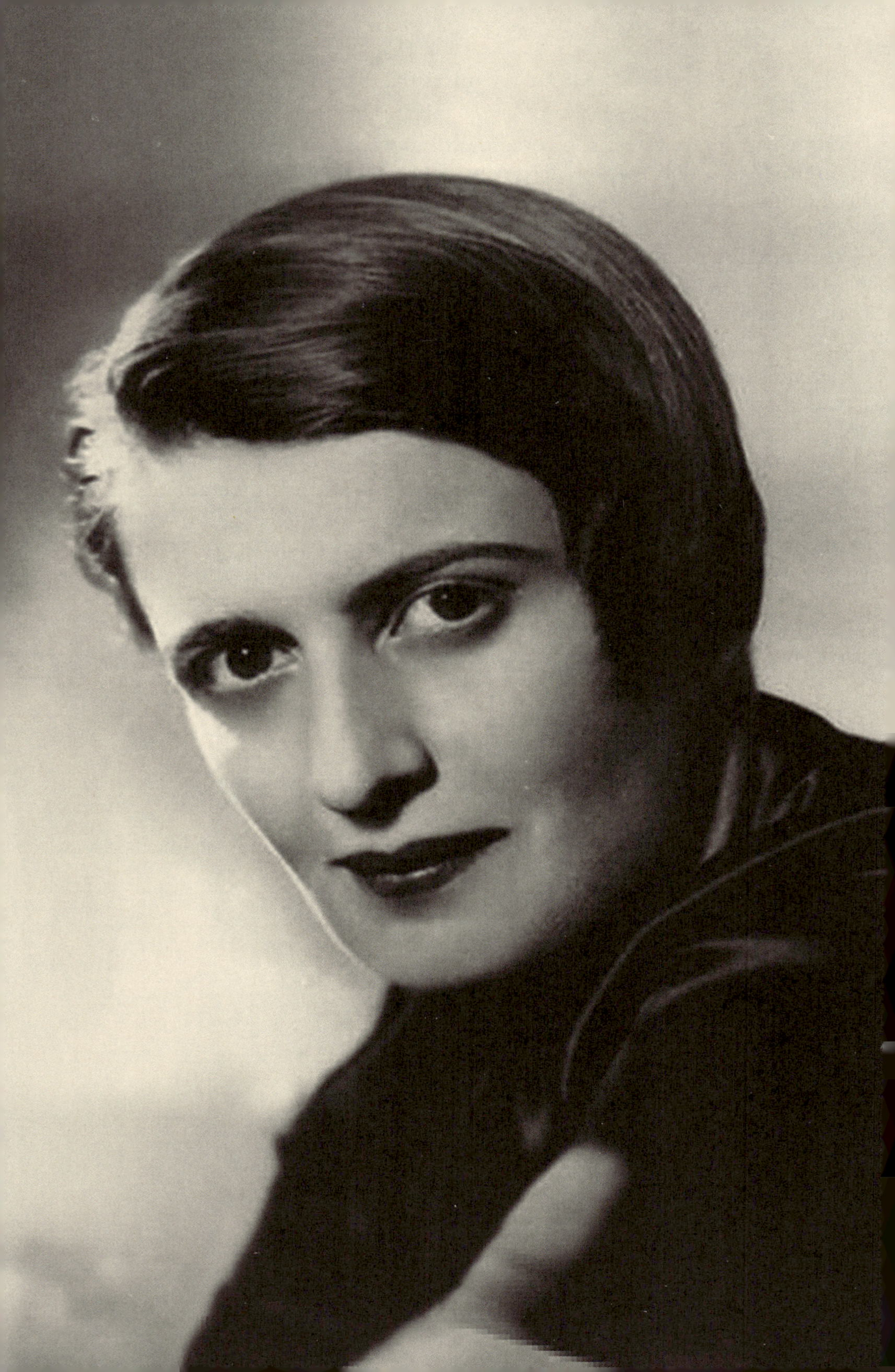

CAPÍTULO 7

EDUCAÇÃO PARA A SUBSERVIÊNCIA: OS "COMPRACHICOS" E A IRRACIONALIDADE CONSTRUÍDA

Anamaria Camargo

> "É a Terra da Verdade (nome encantado!), cercada por um oceano amplo e tempestuoso, a verdadeira casa da ilusão, onde muitos bancos de névoa e gelo, que logo derrete, nos tentam a acreditar em novas terras, enquanto constantemente enganam o marinheiro aventureiro com esperanças vãs, envolvendo-o em aventuras das quais ele nunca pode sair, mas a que nunca consegue por um fim".[1] — Immanuel Kant, CRP.
>
> "Eu tive que negar conhecimento para abrir espaço para a fé." — Immanuel Kant, CRP.

Ayn Rand definia educação como o desenvolvimento mental de uma pessoa de modo a equipá-la para lidar com os fatos da realidade. Abro este capítulo com duas citações para

---
[1] Os trechos citados foram traduzidos pela autora deste capítulo.

ilustrar exatamente *o oposto* do que ela definia como o meio essencial para atingir este objetivo: a razão. A escolha desta abordagem inicial contrária ao seu pensamento, ao invés de uma que o afirmasse, tem uma razão de ser. Os textos de Ayn Ran sobre educação escolhidos para este capítulo foram construídos desta forma: contrapondo o que lhe era contemporâneo, demolindo — racionalmente — as bases da educação que ela via fracassar miseravelmente.

Introdução

A principal razão desse fracasso, a seu ver, era o ataque à razão através de uma visão deturpada do conceito do "egoísmo". Já na introdução do seu livro *The Virtue of Selfishness* (1964), Rand esclarecia:

> O significado atribuído pelo uso popular à palavra "egoísmo" não está simplesmente errado: representa uma transigência intelectual devastadora que é responsável, mais do que qualquer outro fator, pelo restrito desenvolvimento moral da humanidade. (1964, p. 5)

Esta conceituação corrompida, segundo a autora, foi responsável pelo fortalecimento da ética do altruísmo que, por sua vez, serviu de base para a destruição da razão. Sobre isto, em uma entrevista para um programa da Columbia University[2] em 1964, Rand citou especificamente a influência de Immanuel Kant como um "destruidor da razão enormemente significativo"[3]: "dos filósofos do passado, ele é um dos mais habilidosos em se aproveitar das armadilhas filosóficas e corromper o pensamento dos homens".

Para ela, a racionalidade é a única maneira por meio da qual o ser humano pode adquirir conhecimento. Ora, como o altruísmo, segundo ela, só pode ser aceito como um ato de fé mística, como nenhum filósofo jamais foi capaz de validar racionalmente o altruísmo,

---

[2] Columbia University's "Ayn Rand on Campus" *radio series* disponível em https://ari.aynrand.org/issues/culture-and-society/education--multiculturalism/POV-Ayn-Rand-Interviewed-on-the-Value-of-Education?fbclid=IwAR1VAw-W9hLuBUYg7lDxnmuE5LBOSDPAMX9K-trU-Peb4PlmhHUNWEzOMiw, acesso em 15/mar/2019.

[3] Os trechos citados da entrevista foram transcritos e traduzidos pela autora deste capítulo.

enquanto a premissa ética fosse esta, a humanidade seria levada em direção ao irracionalismo. Consequentemente, a educação, construída sobre a irracionalidade, estava fadada ao fracasso.

Este é, portanto, o diagnóstico sombrio que Rand faz da educação nos seus dias: um processo que não dá aos estudantes acesso ao conhecimento sobre fatos e, pior: organiza-se de modo a interromper, negar e restringir a capacidade de pensar. Como o ser humano não sabe instintivamente como aprender, racionalizar, ou validar suas conclusões e julgamentos, essas habilidades lhe devem ser ensinadas. A educação deve portanto prover ao estudante o conhecimento acumulado por gerações passadas e o conhecimento de como seguir aprendendo sobre a realidade objetiva à sua disposição.

Na entrevista acima mencionada, Rand afirma que, desde a escola primária, este deveria ser o processo educativo:

> O jovem, para ser ensinado a pensar, precisa receber fatos. Não ser ensinado a brincar e a "expressar-se" antes de aprender alguma coisa. Ele precisa ser introduzido ao conhecimento através de fatos. E os fatos devem ser dados a ele não como dogmas arbitrários; eles têm que ser demonstrados. Comprovados com evidências. Para que a criança seja treinada para distinguir fatos de hipóteses, fatos de crenças. A criança deve receber os rudimentos de como fazer as perguntas apropriadas e como validar o que ele aceita como um fato.

No entanto, claramente, não é isto que Rand vê.

Razão enfraquecida para uma educação destruída: os "comprachicos" de mentes

Naquele que talvez seja seu mais impactante ensaio sobre educação (2011), publicado originalmente no livro *The New Left: The Anti-Industrial Revolution*, em 1971, ela faz uma releitura do tema do romance *L'homme qui rit*, de Victor Hugo: *Los Comprachicos*.

No seu texto, Hugo narra os feitos de uma sinistra associação nômade do século XVII que comprava crianças bem jovens para deformá-las fisicamente, submetendo seus corpos e rostos a mutilações de modo a transformá-las em monstros. Queimaduras com enxofre, incisões de ferro deixavam marcas em seus rostos e corpos, mas não em suas mentes, já que os comprachicos usavam um pó entorpecente que lhes suprimia a dor e a memória dos processos de mutilação. Outra técnica seria a de manter crianças pequenas presas em vasilhas de porcelana de formatos diferentes, com apenas a cabeça e os pés para fora. Deste modo, o desenvolvimento dos seus corpos "engarrafados" seria irreversivelmente moldado de acordo com o formato da vasilha. O objetivo de tudo isso era o de vendê-las como atrações grotescas em espetáculos de horror para fazer as pessoas rirem.

É a partir desse texto macabro que Ayn Rand fala do processo de enfraquecimento da razão perpetrado pelo sistema educacional — os "comprachicos de mentes" — e das consequências desastrosas para os indivíduos a ele submetidos:

> A produção de monstros — de monstros retorcidos e indefesos, cujo desenvolvimento normal foi atrofiado — acontece ao nosso redor. No entanto, os herdeiros modernos dos comprachicos são mais inteligentes e mais sutis do que seus predecessores: eles não se escondem, eles praticam seu comércio abertamente; eles não compram crianças, crianças são entregues a eles; eles não usam enxofre ou ferro, eles conseguem seu objetivo sem mesmo colocar um dedo em suas pequenas vítimas.
>
> Os antigos comprachicos escondiam o processo e mostravam os resultados; seu herdeiros inverteram o sistema: a operação é evidente, os resultados são invisíveis. No passado, as cirurgias horríveis deixavam marcas no rosto da criança, não em sua mente. Hoje, deixam marcas em sua mente, não em seu rosto. Nos dois casos, a criança não está ciente da mutilação que sofreu. Mas os comprachicos de hoje não usam pós narcóticos: eles tomam a criança antes que ela esteja plenamente consciente da realidade e eles nunca deixam-na desenvolver essa consciência. Onde a natureza tinha colocado um cérebro normal, eles colocam retardo mental. Tornar alguém inconsciente para sempre através de seu próprio cérebro, o que pode ser mais engenhoso [...]. (2011, p. 3)

Como no romance de Hugo, o processo de deformação intelectual imposto aos indivíduos começa cedo. Ayn Rand destaca o papel primordial exercido pelo que chama de "creches progressistas", que se encarregam de atrofiar o desenvolvimento intelectual das crianças ainda bem pequenas:

> As creches progressistas começam a educação de uma criança aos três anos de idade. Sua visão das necessidades da criança é militantemente anti-cognitiva e anti-conceitual. Uma criança dessa idade, dizem eles, é jovem demais para o treinamento cognitivo; seu desejo natural não é aprender, mas sim brincar. O desenvolvimento de sua faculdade conceitual, eles afirmam, é um fardo não natural que não deve ser imposto a ele; ele deve ser livre para agir com base em seus impulsos e suas emoções espontâneas para expressar seus desejos, hostilidades e medos subconscientes. O objetivo principal de uma creche progressista é a "adaptação social"; isto é conseguido por meio de atividades em grupo, nas quais se espera que a criança desenvolva tanto a "expressão própria" (na forma de qualquer coisa que ela queira fazer), quanto conformidade com o grupo. (2011, p. 3)

Rand afirma que os primeiros cinco ou seis anos de idade são cruciais para o desenvolvimento cognitivo de uma criança: é quando a ação deliberada de privar crianças de uma educação racional afeta seu desenvolvimento psico-epistemológico e sua capacidade de formar, integrar e usar conceitos. Para a autora, os "comprachicos" contemporâneos sabiam o que faziam:

> O uso (disciplinado e focado em um objetivo) de sua inteligência é a conquista mais importante possível para o homem: é o que o torna humano. Quanto maior a habilidade, mais cedo na vida o seu aprendizado deve começar. O inverso também é verdadeiro para aqueles que tentam sufocar o potencial humano. Para ser bem sucedido quando se quer causar a atrofia da inteligência, aquele estado de estupidez criado pelo homem, é preciso pegar a vítima o mais rápido possível; um anão mental deve ser iniciado quando é pequeno. Eis aí a arte e a ciência praticadas pelos "comprachicos" de mentes. (2011, p. 8)

Não se trata apenas de um sistema educacional que impede o desenvolvimento da inteligência da criança; é preciso também ensinar que a individualidade não tem valor. Lembremos que a ética desse sistema, como afirma Rand, se sustentava na premissa do altruísmo. Qualquer valorização ao indivíduo era rapidamente subvertida para o conceito deturpado de egoísmo, como algo condenável e a ser evitado. Nesse sentido, a criança era levada a sufocar seus legítimos anseios individuais em nome do coletivo:

> Ele quer aprender; eles dizem para ele brincar. Por quê? Eles não dão uma resposta. Fazem-no entender — através das vibrações emocionais que permeiam a atmosfera do lugar, por todos os meios brutos ou sutis disponíveis aos adultos que a criança não consegue entender — que a coisa mais importante neste mundo peculiar não é saber, mas conviver com o bando. Por quê? Eles não dão uma resposta. (2011, p. 8)

Antes mesmo de desenvolver seu conceito de moralidade, este é atrofiado, pois a criança aprende que, independentemente da honestidade ou lógica de suas ações, se o bando desaprova, ele está errado e deve parar; se o bando aprova, está autorizado a seguir com elas. Questionar o bando representa a ideia de que a vontade individual pode se sobrepor à coletiva e não se pode admitir que tal ideia "egoísta" seja fomentada em um ambiente educacional.

Como a criança aprende que suas iniciativas e seus desejos devem se submeter ao bando e, como ela não sabe como o bando decidirá, sua capacidade de planejar para seu próprio futuro também é atrofiada. Além de correr o risco de perder seu tempo projetando algo que posteriormente pode não ser aprovado, ele é inconscientemente levado a sentir culpa, pois é errado — egoísta — pensar na construção de algo para si.

> Ele aprende que é inútil começar qualquer projeto duradouro que seja dele próprio — como construir um castelo com blocos — porque esse projeto será confiscado ou destruído por outros. Aprende que qualquer coisa que ele deseja, é melhor agarrar hoje, porque não há como saber o que o bando vai decidir amanhã. Então, sua busca por um sentido de continuidade temporal — da realidade do futuro — é atrofiada, reduzindo sua consciência e seu interesse ao momento imediato. Ele é capaz de (e está motivado para) perceber o presente; é incapaz de (e não está motivado para) lembrar-se do passado ou projetar o futuro. (2011, p. 9)

Esta criança não recebe qualquer incentivo para se desenvolver intelectualmente e, acostumado a ter suas decisões e desejos balizados pela aprovação do bando, a realidade objetiva para ela não tem qualquer importância. Na verdade, sua inconsciente percepção da realidade apenas se apresenta como uma ameaça que ela não entende e que a faz sentir-se fracassada, pois não consegue satisfazer seus desejos. Só no grupo, no bando, ela se sente protegida e capaz de exercer a única habilidade que desenvolveu: a manipulação humana.

Aos seis anos, essas crianças estão prontas para seguir para uma escola, onde os educadores modernos, segundo Rand, cumprirão a segunda etapa da sua tarefa de "comprachicos" da mente. O objetivo é a doutrinação com ideias que tornarão a recuperação intelectual dessas crianças improvável, ou mesmo impossível. O que se busca nesta etapa é deter o desenvolvimento conceitual, o poder de entender e usar abstrações de modo que as mentes dessas crianças fiquem limitadas apenas à sua percepção do concreto.

Rand aponta que, mais uma vez, a premissa ética que fundamenta esta decisão educacional é o altruísmo. A capacidade de aprender fatos objetivos, de perceber a realidade, de distinguir o falso do verdadeiro — de abstrair, enfim — são competências exclusivamente individuais; logo, tratam-se de habilidades que, pelo bem coletivo, não devem ser enfatizadas ou desenvolvidas:

> John Dewey, o pai da educação moderna (que inclui creches progressistas), opunha-se ao ensino do conhecimento teórico (ou seja, conceitual), e exigia que ele fosse substituído por ações concretas, "práticas", na forma de "Projetos de classe" que desenvolveriam o espírito social dos estudantes. "Simplesmente absorver fatos e verdades", escreveu ele, "é uma 'questão' tão exclusivamente individual que muito naturalmente tende a se tornar egoísta. Não há motivo social óbvio para adquirir conhecimento simples, não há nenhum ganho social claro para o sucesso com isso". (John Dewey, *The School and Society*, Chicago: The University of Chicago Press, 1956, página 13) (2011, p. 16).

Rand destaca que o tipo de técnica adotada por esses educadores modernos, o de conduzir discussões em grupo, ao invés de dar aulas não é escolhido à toa. Em tais discussões, os alunos precisam expressar suas opiniões a cerca de um tema — que provavelmente não conhecem — e sobre o qual, na verdade, deveriam aprender na escola. O resultado dessas atividades é muito mais grave do que o tédio que lhes causa ou a simples perda de tempo: há, segundo Rand, um ensinamento deliberado neste método:

> Mas tudo isso é muito pior do que uma simples perda de tempo para os alunos. Eles estão ensinando algumas coisas cruciais, embora não seja o assunto que parece ser o objeto de estudo. Eles estão aprendendo uma lição de metafísica e epistemologia. Eles estão sendo ensinados, por implicação, que não existe tal coisa como uma realidade firme e objetiva que a mente do homem deve aprender a perceber corretamente; que a realidade é um fluxo indeterminado e que pode ser qualquer coisa que o rebanho queira que seja; que a verdade ou falsidade é determinada pelo voto da maioria. E mais: que o conhecimento é desnecessário e irrelevante, já que as opiniões do professor não valem mais do que a fala do aluno mais obtuso e ignorante; e, portanto, que razão, o pensamento, a inteligência e a educação não têm nem importância nem valor. Na medida em que o aluno absorve essas noções, que incentivo teria para continuar sua educação e desenvolver sua mente? A resposta pode ser visto hoje em qualquer campus universitário". (2011, p. 17)

Essa doutrinação anti-racional se implementa através de fatos distorcidos na forma de propaganda coletivista e *slogans* místicos e altruistas que enfatizam a supremacia da emoção sobre a razão. Não há espaço para estudantes inteligentes e independentes, características mal vistas pelo bando, que movido por desconfiança e inveja, só aceita quem é medíocre:

> Mediocridade não significa inteligência média; significa inteligência média que tem ressentimento e inveja daqueles que são melhores. A educação progressista institucionalizou o *Establishment* da Inveja. (2011, p.19)

Segundo Rand, neste processo concebido deliberadamente para o embotamento intelectual, os estudantes que se adaptam entediam-se porque são incapazes de aprender, enquanto que os que resistem ao condicionamento, os independentes, entendiam-se com as atividades propostas: os jogos, os projetos de classe, as discussões em grupo. São esses últimos que normalmente se auto exilam para as ciências físicas, longe de discussões filosóficas e humanísticas. E, como sempre foi o plano dos "comprachicos", o campo social, aquele que lida com o futuro da sociedade, fica a cargo do primeiro grupo: os adaptados, com suas mentes atrofiadas e mutiladas.

Rand não é menos crítica em relação ao que vê nas universidades. Não poderia ser diferente, sendo esta a etapa final de um processo deliberadamente construído para fracassar educacionalmente:

> Com raras exceções, perdidas na corrente acadêmica "dominante", os cursos universitários nas humanidades não transmitem conhecimento aos estudantes, mas a convicção de que buscar conhecimento é errado, ingênuo ou inútil. O que comunicam não é informação, mas racionalização: a racionalização de um método mental de funcionamento que é perceptual, preso ao concreto, e focado nas emoções. Os cursos são projetados para proteger o *status quo*; não o *status quo* existencial, político ou social, mas o miserável *status quo* da psico-epistemologia dos alunos, conforme estabelecido desde as creches progressistas". (2011, p. 25)

Rand chama nossa atenção para os efeitos nocivos dos objetivos psico-epistemológicos das correntes da filosofia moderna sobre a educação do seu tempo. Quando o pragmatismo afirma que a realidade é um fluxo indeterminado que pode ser qualquer coisa que as pessoas queiram que seja, o bando pode determinar o que é real e o que não é. Está justificada a onipotência do bando sobre o indivíduo. Quando o positivismo lógico declara que o homem não pode ter certeza de nada, exceto de percepções sensoriais, está justificada para o estudante a sua mentalidade perceptiva e presa ao concreto. Quando a análise linguística declara que nem de percepções, consiste a realidade, mas de palavras, que não têm referências específicas e significam o que as pessoas querem que elas signifiquem, o estudante confirma o que lhe foi ensinado. Ele não tem que lutar para entender uma realidade incompreensível.

Ayn Rand explica que é a subserviência que buscam os "comprachicos" modernos e, para este fim, nada mais adequado que uma educação baseada em premissas irracionais:

> Nunca houve uma filosofia, uma teoria ou uma doutrina que atacasse (ou "limitasse") a razão, e que não pregasse também a submissão ao poder de alguma autoridade. Filosoficamente, a maioria dos homens não entende o assunto até hoje; mas

psico-epistemologicamente, eles o sentiram desde os tempos pré-históricos. Observe a natureza das primeiras lendas da humanidade, como a queda de Lúcifer, "o portador da luz", pelo pecado de desafiar a autoridade; ou a história de Prometeu, que ensinou aos homens as artes práticas da sobrevivência. Os que buscam poder sempre souberam que, se para tornar os homens submissos, o obstáculo não são suas emoções, seus desejos ou seus "instintos", mas suas mentes; se os homens tiverem que ser submetidos para serem governados, então o inimigo é a razão. (2011, p.28)

Desvirtua-se assim aquele que deveria, segundo Rand, ser o único objetivo da educação: ensinar ao estudante a desenvolver sua mente de modo a equipá-lo para lidar com a realidade. Para isto, ele precisaria de uma formação teórica, conceitual que o ensinasse a pensar, integrar e demonstrar seus conhecimentos. Rand afirma que as universidades de seu tempo simplesmente renunciaram a este objetivo. Aquilo a que se dedicavam a ensinar não era relevante para nada: nem para a teoria, nem para a prática, nem para a vida humana.

O que de mais exitoso as universidades conseguiram produzir foram os ativistas universitários — aqueles que se deixaram dominar e embrutecer pelos "comprachicos" de mentes ao longo de todo o processo educacional progressista. Tratam-se daqueles que atuam em manadas, cuja vontade lhes serve de guia para todas as ações. Incapazes de pensar individualmente, jamais questionam suas próprias premissas ou as do bando; logo, sem o domínio da razão, a força física representa sua única forma de atuar, lidar com o outro e resolver conflitos.

E nesses momentos de embate, lógico que são eles, e não os próprios "comprachicos" que vão atuar como manada e servir de bucha de canhão. Para isso, diz Rand, são educados ao longo de suas vidas: para a subserviência. E eles obedecerão a ordens sempre que for conveniente para os "comprachicos" ir contra o "sistema": eles serão arremetidos para atacar, bombardear, assassinar, lutar e morrer.

Em um breve comentário, Ayn Rand fala sobre a justiça da realidade: os "comprachicos" se imaginam como mestres de quem o governante, um desses brutos cuja mente eles atrofiaram, depende para orientar suas decisões. A realidade é que os "comprachicos" acabam reduzidos a aterrorizados lambe-botas desse mesmo bruto, sujeitos ao monstro irracional que criaram. A Alemanha nazista e a Rússia soviética são exemplos vívidos.

Sim, o enfraquecimento da razão promovido pelas correntes da filosofia moderna traz consequências nefastas e, portanto, tal processo de deterioração não deve ser ignorado:

> Embora a filosofia seja considerada (hoje) algo merecidamente desprezível por outras faculdades universitárias, é a filosofia que determina a natureza e a direção de todos os outros cursos porque é a filosofia que formula os princípios da epistemologia, isto é, as regras pelas quais os homens adquirem conhecimento. A influência das teorias filosóficas dominantes permeia todos os outros departamentos, incluindo as ciências físicas, e torna-se ainda mais perigosa ao ser aceita subconscientemente. As teorias filosóficas dos últimos duzentos anos, desde Immanuel Kant, parecem justificar a atitude daqueles que desprezam a filosofia como sendo verborragia vazia e sem importância. Mas isso é precisamente o perigo: entregar a filosofia (isto é, a base de conhecimento) aos fornecedores de verborragia vazia traz consequências. (2011, p. 26)

E como poderia ser diferente, se este sistema educacional é baseado no ódio?

> Olhe para os escritos de Kant, Dewey, Marcuse e seus seguidores para ver o ódio puro, um ódio à razão e a tudo o que isso implica: a inteligência, a habilidade, a realização, o sucesso, a autoconfiança, a auto-estima, qualquer aspecto brilhante, feliz e benevolente do homem. Essa é a atmosfera, o tema, o sentido de vida que permeia o *establishment* educacional de hoje.
>
> O que é que leva um ser humano ao *status* de "comprachico"? O ódio a si mesmo. O grau de ódio de um homem à razão é a medida do ódio a si mesmo. (2011, p. 29)

Para Rand, o caminho para reverter tal quadro de desolação educacional — criado pela filosofia — não poderia ser outro que não através da própria filosofia, mas de uma filosofia renascida:

> Foi o *establishment* educacional que criou esse desastre nacional. Foi a filosofia que criou o *establishment* educacional. A tendência filosófica anti-racional dos últimos duzentos anos chegou a um

beco sem saída e atingiu seu clímax. O contrário exigirá uma revolução filosófica ou, melhor dizendo, um renascimento da filosofia. Apelar para "lar, igreja, mãe e tradição" não funcionará; nunca funcionou. As idéias só podem ser combatidas por meio de idéias. O *establishment* educacional tem que ser combatido de baixo para cima, da causa para as consequências, da creche às universidades, da filosofia básica aos conflitos dos *campi*, de fora e de dentro. (2011, p.34)

Ou seguir subservientes aos "comprachicos".

BIBLIOGRAFIA

RAND, Ayn. *Philosophy: Who Needs It*, New York: Signet, 1984 (fairness doctrine).

RAND, Ayn. *Los Comprachicos*, objetivismo.org, 2011. Disponível em <https://objetivismo.org/wp-content/uploads/2018/01/Los-comprachicos.pdf>. Acesso em 26/fev/2019.

RAND, Ayn. *The Virtue of Selfishness*, New York: Signet, 1964.

CAPÍTULO 8

EGOÍSMO RACIONAL E O PRAZER

Michelle Borges Borsatto
Dennys Garcia Xavier

INTRODUÇÃO

Que estranho nome para uma obra de reflexão ética, podemos logo pensar ao nos depararmos com *The Virtue of Selfishness*[1] de Ayn Rand. Como poderia ser o egoísmo, logo ele, uma virtude? Pois numa sociedade marcada pelo altruísmo, pela irrestrita dedicação ao outro, este é o exato oposto do que costumamos aprender desde a mais tenra infância. Como poderia esta filósofa ousar incluir o egoísmo no panteão das virtudes humanas? Nathaniel Branden, com o qual estamos todos familiarizados a esta altura do livro, nos ajuda a responder a tais inquietações, dando voz e elementos randianos explicitamente pensados para romper com estigmas consciente ou inconscientemente adotados por todos nós,

---

[1] Traduzida para o português no ano de 1991, com o nome de *A Virtude do Egoísmo*.

sempre às custas de grandes doses de sacrifício pessoal marcado por indisfarçável hipocrisia. De fato, diz Branden (1991, p. 76):

> O choque entre egoísmo e altruísmo repousa em suas respostas conflitantes a estas perguntas. O egoísmo sustenta que o homem é um fim em si mesmo; o altruísmo, que o homem é um meio para os fins de outros. O egoísmo sustenta que, moralmente, o beneficiário de uma ação deveria ser a pessoa que age; o altruísmo, que moralmente, o beneficiário de uma ação deveria ser outro, e não a pessoa que age.

Aqui entram novamente em jogo binômios que, em Rand, permanecem como eixo de sustentação argumentativo: racionalidade/irracionalidade, objetividade/capricho. Claro, somente um homem egoísta, em sentido randiano, sabe que apenas a razão pode determinar o que é, a bem da verdade, do seu auto-interesse; e que buscar qualquer coisa diferente disso – tocado por desejos sociais externos, por paixões que não são suas, por capricho e determinação alheia a dados objetivos – resulta em lenta ou rápida autodestruição, mas sempre em autodestruição.

Segundo o economista Rodrigo Constantino, estudioso brasileiro da obra de Ayn Rand, Nathaniel Branden compartilha o argumento objetivista desenvolvido por Rand de que a racionalidade é uma faculdade intrínseca do ser humano, sendo a única verdadeiramente responsável por definir suas ações.

> O atributo que define o homem, que o distingue de todas as demais espécies, é sua habilidade de raciocinar. Para Nathaniel Branden, adepto do Objetivismo de Ayn Rand, a psicologia seria definida como "a ciência que estuda os atributos e características que o homem tem por virtude de sua faculdade racional". Cada homem pode experimentar diretamente apenas a sua consciência, e a introspecção é a primeira fonte do conhecimento psicológico de alguém. As manifestações e expressões da atividade mental são os comportamentos. A consciência é quem regula a ação. Ela não pode ser totalmente entendida sem referência ao comportamento, e este não pode ser entendido sem referência à consciência: o homem não é um fantasma incorpóreo nem um robô autômato. (CONSTANTINO, 2013)

Nesse contexto, há de se colocar a consciência do indivíduo como agente regulador da ação humana, pois essa consciência advém do fato de ser o homem dotado de razão, sendo a racionalidade o que nos distingue enquanto espécie. Essa visão do autor encontra respaldo teórico nas obras de Rand, já que razão deve ser tomada como diretriz de nossos atos e ações dentro do sistema ético proposto por ela, sempre em função de um interesse legítimo para o autor da ação. Ora,

> Pensar é do auto-interesse do homem; interromper a sua consciência, não. Escolher as suas diretrizes no contexto do seu conhecimento, seus valores e sua vida é do auto-interesse do homem; agir no impulso do momento, sem consideração ao seu contexto de longo prazo, não. Existir como um ser produtivo é do auto-interesse do homem; uma tentativa de existir como um parasita, não. Procurar a vida adequada à sua natureza é do auto-interesse do homem; procurar viver como um animal, não. (BRANDEN-1, 1991, p. 76)

A razão é um absoluto dentro da ótica objetivista, o pensar racionalmente está no centro dessa filosofia. Ela, a razão, está ligada à responsabilidade de pensar por si próprio e de ser o único responsável pelas consequências desse livre pensar. Soma-se a isso a independência do indivíduo, pois não cabe a transferência de culpa ou busca por um substituto para suas ações, haja vista ser o homem racional a figura central desta filosofia prática, sem subordinação a outrem.

Os fatos que compõem a nossa realidade objetiva são fatos que existem por si mesmos, não dependem de nossa razão ou consciência, sendo inegáveis e independentes. A mente racional tem por finalidade orientar e guiar as ações bem como a conduta moral do indivíduo. Para o senso comum, o ser humano que age visando tão-somente o seu próprio benefício e bem-estar age egoisticamente. O altruísmo, tão em voga em nossa sociedade, coloca como premissa o agir sempre calcado no benefício do coletivo, da sociedade. Esse modo de agir, claro, desconsidera o interesse do próprio indivíduo. E a sociedade coletivista, impregnada de noções de virtude que não passam de capricho compartilhado, não se cansa de criar modos para culpar o sujeito racionalmente egoísta:

> (...) visto que a natureza não abastece o homem com uma forma automática de sobrevivência e, que ele, por meio de seu esforço,

deve se sustentar, a crença que afirma que a preocupação com os nossos próprios interesses é nociva significa, portanto, que a vida do homem, o seu desejo de viver, é nocivo e, para Ayn Rand, nenhuma outra crença poderia ser mais nociva do que esta. (MARKS, 2014, p. 43)

Pensar sempre no outro e não no seu próprio desenvolvimento pessoal parece ser a bússola a guiar esses tempos de aversão ao êxito pessoal, ao *self-made man* ou *self-made woman*[2]. Premiar e enaltecer a mediocridade, nivelando por baixo o mérito individual e desconsiderando o valor do árduo trajeto das conquistas pessoais – as quais representam a personificação da própria emancipação humana e o sentido de virtude proposto pela criadora da filosofia objetivista –, são o grande e nefasto escopo de uma ética altruísta.

1. A ÉTICA ALTRUÍSTA VERSUS A VALORIZAÇÃO DAS AÇÕES RACIONAIS INDIVIDUAIS

O arcabouço da ética presente no individualismo/Objetivismo proposto por Rand encontra-se na valorização do esforço individual; o trabalho produtivo, um de seus componentes centrais na busca pelo êxito, bem como o prazer visto como fruto e recompensa legítima por esse modo de agir racional, centrado no seu próprio auto-interesse, motivo de orgulho para o homem. Diversamente disso, o homem que tem como motivação de seu agir o puro altruísmo se exime de pensar criticamente e de utilizar o cálculo racional para balizar suas atitudes individuais, usando como régua moral a conveniência social em consonância com a opinião da maioria. Eis que se depara com quadro do fracasso ideal, pois se escusa da culpa e do fracasso que porventura possam derivar de ações assim conduzidas, por serem moralmente aceitas – falamos aqui de uma moral vulgar – e chanceladas como corretas por grande parte da sociedade.

Desse abalroamento entre altruísmo e individualismo, podemos apreender que o sistema que apregoa a moral altruísta como

---

[2] O conceito de *self-made man* significa o homem que se elevou pelos seus próprios méritos, enquanto, segundo nota da autora, a expressão *self-made woman* seria a versão feminina do termo, ou seja, a mulher que se fez a si própria; mulher que se elevou por seus próprios méritos.

válida e representativa de virtudes acaba recaindo em injustiça, o oposto pretendido, "sabendo que todos os valores têm de ser ganhos e/ou mantidos pelas ações do homem, o sacrifício de alguns em prol de outros, daqueles que agem em favor dos que não agem, dos que têm moral em favor dos imorais, implicaria em uma injustiça". (MARKS, 2014, p.44).

Ayn Rand, claro, aposta no indivíduo autônomo, ou seja, na "menor das minorias" que compõe o tecido social. Esse indivíduo ciente de suas próprias potencialidades para se destacar e se diferenciar da grande massa amorfa que infelizmente é quantitativamente maior em nossa sociedade atual. Os altruístas, em sua defesa, procuram invariavelmente justificar suas ações dentro de um espectro moral ao colocar sempre "o outro" como beneficiário das mesmas. Aqui repousa um erro grosseiro, a ser evitado a todo custo:

> Suponha, por exemplo, que um filho escolha a carreira que deseja através de critérios racionais, mas aí renuncie a ela para agradar sua mãe, que prefere que siga uma carreira diferente, que tenha mais prestígio aos olhos dos vizinhos. O garoto acede ao desejo de sua mãe porque aceitou isto como uma obrigação moral: acredita que seu dever como filho consiste em colocar a felicidade de sua mãe acima da sua própria, mesmo que saiba que a exigência da sua mãe é irracional e mesmo que saiba que está se sentenciando a uma vida de miséria e frustração. É absurdo para os defensores da doutrina "todos somos egoístas" declararem que, já que o garoto está motivado pelo desejo de ser "virtuoso" ou de evitar a culpa, nenhum auto-sacrifício está envolvido, e sua ação é verdadeiramente egoísta. O que se evita é a pergunta de por que o garoto sente e deseja de tal forma. Emoções e desejos não são premissas irredutíveis, desprovidas de causa, são produto das premissas que se aceitou. O garoto "quer" renunciar à sua carreira apenas porque aceitou a ética do altruísmo; crê ser imoral agir para o seu próprio auto-interesse. Este é o princípio que está dirigindo as suas ações. (BRANDEN, 1991-1, p. 78)

Enquanto a ética altruísta advoga o agir com vistas ao próprio auto-interesse como algo maléfico e intrinsecamente imoral, a visão proposta por Ayn Rand questiona e coloca o agir egoisticamente em outro patamar de entendimento. Eis que o egoísmo ou não-egoísmo de uma ação deve ser determinado objetivamente, e não pelos sentimentos da pessoa que age. Assim como sentimentos não são armas da cognição, também não são um critério ético. Obviamente, para agir, tem-se de ser movido por algum motivo pessoal: deve-se "querer", em algum sentido, desempenhar a ação. A questão do egoísmo de uma ação ou do seu não-egoísmo depende, não do fato do indivíduo querer ou não a efetuar, mas apenas do porquê quer fazê-lo. Por que critério escolheu sua ação? Para alcançar qual objetivo? Ao fazer uso da motivação como mola propulsora do agir racional o indivíduo estaria assim trabalhando para uma vida pautada pela utilização do egoísmo virtuoso de forma explícita, o mesmo que o torna consciente e responsável por seus próprios atos e culmina em evolução e emancipação pessoal.

Ao se referir ao "egoísmo genuíno" a autora o equipara a uma conquista moral, que o homem guiado pela razão atinge ao viver com responsabilidade e integridade na busca por aquilo que lhe apraz, em última instância, ao que lhe dá prazer, felicidade, orgulho. Assim, um "egoísmo genuíno" – isto é: um interesse genuíno por saber o que é do auto-interesse do indivíduo, uma aceitação da responsabilidade de conquistá-lo, uma recusa a jamais traí-lo agindo sob caprichos cegos, estado de espírito, impulso ou sentimento do momento, uma lealdade sem compromissos com juízos, convicções e valores próprios – representa uma profunda conquista moral.

Veremos agora como esse conceito de egoísmo caminha com a ideia de prazer na busca por uma vida com significado, e emancipa o homem para lutar por viver com propósito, ou seja, assumindo o controle da realidade, almejando felicidade e alegria autênticas.

2. A IMPORTÂNCIA DO PRAZER LEGÍTIMO PARA O HOMEM RACIONAL

O prazer é visto como um componente essencial para uma vida equilibrada ao longo da obra de Rand. Prazer, para o homem, não é um luxo, mas uma necessidade psicológica profunda, defende a autora: ao permitir que o homem experimente, em sua própria pessoa, o sentido de que a vida é um valor, e que ele é um valor, o prazer serve como combustível emocional da existência do homem.

Pilar da ética proposta por Rand é a ação. Estamos diante de filosofia prática, não poderia ser diferente. As ações humanas mediadas pelo uso da razão tanto podem levar o homem ao sucesso e a uma vida prazerosa quanto à sua ruína. As ações quando bem-sucedidas, ou seja, quando são eficazes em seus propósitos, levam o ser humano a experienciar um estado de alegria que está diretamente (cor)relacionado a escolha de valores e ao próprio sentimento de competência. Da mesma forma, o homem tem a liberdade de escolher valores que o levem à sua própria destruição. O mecanismo prazer/dor que é parte constituinte da natureza humana está ligado à escolha racional dos valores que o indivíduo toma para si em sua vida cotidiana. A beleza dessa filosofia está em colocar o indivíduo como único protagonista de sua história, assim como responsável por suas escolhas e valores, subtraindo assim o peso dos ombros da sociedade por consequências infelizes e/ou danosas decorrentes de ações malsucedidas que porventura o tenham afetado. Dentro desse contexto, faz-se *mister* elucidar a conceituação do que sejam os valores aos quais Rand se refere:

> Os valores básicos de um homem refletem sua visão consciente e subconsciente de si mesmo e da existência. Eles são a expressão da (a) natureza e grau de sua autoestima ou falta dela, e (b) extensão do que considera o universo aberto ou fechado à sua compreensão e ação — isto é, a extensão até onde sustenta uma visão benevolente ou maléfica da existência. Deste modo, as coisas que um homem procura por prazer ou alegria são profundamente reveladoras do ponto de vista psicológico; são o índice de seu caráter e alma. (Por "alma" quero dizer: a consciência de um homem e seus valores motivadores básicos). (BRANDEN, 1991-2, p.81)

Haveria, então, cinco áreas da vida humana que estão interconectadas e que carregam em si a possibilidade de experimentar alegria na existência, quais sejam: trabalho produtivo (visto como o mais fundamental de todos), relacionamento humano, recreação, arte e sexo. Em todos esses aspectos importantes para a configuração de uma vida feliz e saudável o autor colocará a presença/ausência da autoestima como fator primordial que norteará os valores a serem buscados e seguidos, bem como o tipo de prazer decorrente dessa escolha.

Eis que o homem que sente estima por si próprio e a assume como um valor a enxerga, por via de consequência, como recompensa pelo trabalho produtivo de sua mente e sente-se orgulhoso por tal feito. A alegria e o prazer são vistos como uma recompensa emocional a um ato racional bem-sucedido, assim como funciona como um incentivo para continuar agindo em conformidade aos valores pessoais que tomou para si como fundamentais para se atingir esse estado de alegria e êxito pessoal, o qual demonstra sua competência em bem viver nesse mundo.

Ocorre que existem outros tipos de indivíduos em nossa sociedade, os quais têm "diferentes tipos de alma". Nesse grupo há os que têm como motivação central a busca por segurança, sendo essa a sua maior ambição; outros que, não tendo prazer no trabalho, vivem (ou sobrevivem) tentando obter satisfação em prazeres mundanos como álcool, festas, televisão, variados vícios que levam a adulteração de suas consciências e, nesse efêmero estado de torpor, sentem-se momentaneamente felizes. Temos o perfil de indivíduo que, praticamente destituído de amor-próprio, alimenta-se de ódio e ressentimentos para com o próximo e norteia suas ações para produzir destruição ao seu redor, pois se reconhece impotente e inapto para viver sua vida de forma a superar obstáculos e desafios, sendo sua existência permeada por um constante sentimento de terror e inadequação social.

Para além da autoestima e do cuidado consigo mesmo, percebemos então que na raiz do problema estão as escolhas que o indivíduo faz, inclusive na esfera do tipo de prazer que ele seleciona para se sentir vivo, amado, ou então para escapar de uma rotina por muitas vezes extenuante.

> A qualidade de qualquer prazer depende de processos mentais que lhe dão origem e acompanham, e da natureza dos valores envolvidos. O prazer de utilizar a consciência do indivíduo adequadamente e o "prazer" de ser inconsciente não são os mesmos – assim como o prazer de alcançar valores reais, de ganhar um sentimento autêntico de eficiência, e o "prazer" de diminuição temporária do sentido do indivíduo de medo e abandono, não são os mesmos. O homem que sente autoestima experimenta a alegria pura e não-adulterada de utilizar suas faculdades adequadamente e de alcançar, na realidade, valores verdadeiros – um prazer do qual os outros [...] homens podem não ter noção, bem como ele não tem noção do estado confuso e sombrio que eles chamam de "prazer". (BRANDEN, 1991-2, p. 83)

CONSIDERAÇÕES FINAIS

Rand é de uma atualidade gritante. Sua filosofia é instrumento eficaz de luta em prol da emancipação do ser humano. Não raro, por isso mesmo, transformou-se em objeto de crítica por pensadores que advogam pelo coletivo e pelo social vulgarmente conceituados, como vimos. A defesa do altruísmo em nossos dias ocorre justamente pela proliferação de ideias que colocam a defesa do coletivismo em destaque. Estamos falando aqui, é claro, do que é politicamente conveniente, pois que o senso comum já estigmatizou e amalgamou de tal forma a vinculação do egoísmo a algo nocivo e pernicioso, que o exercício de revalorização conceitual necessário ao bom ajuste das condutas demanda esforço e tempo insuspeitos.

Que reste claro: o egoísmo deve ser pensado em termos relacionais, jamais absolutos (ao menos não segundo o altruísmo vulgar combatido por Rand). *O quê* ou *a quem* atribuímos valor serve como um termômetro para o agir motivado e para projetar socialmente quem somos. Com Rand aprendemos que ações racionalmente calibradas nos fazem evitar uma série de problemas cotidianos que poderiam desembocar inclusive em autodestruição. Na melhor das hipóteses, com ela, evitamos a vergonha de nos expormos a situações resultantes de determinação pública/coletiva que devem ser evitadas já de partida.

BIBLIOGRAFIA

BRANDEN, N. "Não somos todos egoístas?" *In*: RAND, A. *A Virtude do Egoísmo*. Traduzido por On Line Assessoria em Idiomas; tradução revista por Winston Ling e Cândido Mendes Prunes. Porto Alegre, RS: Ortiz, 1991.

_____. "A psicologia do prazer". *In*: RAND, A. *A Virtude do Egoísmo*. Traduzido por On Line Assessoria em Idiomas; tradução revista por Winston Ling e Cândido Mendes Prunes. Porto Alegre, RS: Ortiz, 1991.

CONSTANTINO, Rodrigo. "A revolta contra a consciência". Disponível em: <http://www.rplib.com.br/index.php/artigos/item/2046>. Acesso em 23/jul/2018.

GUERREIRO, Mario. "A Virtude do Egoísmo" (Primeira Parte). Portal Jurídico Investidura, Florianópolis/SC, 16/abr/2009. Disponível em: <www.investidura.com.br/biblioteca-juridica/artigos/filosofia-dodireito/3285-a-virtude-do-egoismo-primeira-parte>. Acesso em 20/jul/2018.

MARKS, Larisse. *O Egoísmo como Virtude, um estudo da vida e obra de Ayn Rand* [recurso eletrônico] Porto Alegre, RS: Editora Fi, 2014. Disponível em: <https://docs.wixstatic.com/ugd/48d206_ca63ec1fa487418081c1cb814b7702a6.pdf>. Acesso em:02/mai/2018.

RAND, Ayn. *A Revolta de Atlas*. Tradução Paulo Henriques Britto. São Paulo: Arqueiro, 2017.

RAND, Ayn. *A Virtude do Egoísmo*. Traduzido por On Line Assessoria em Idiomas; tradução revista por Winston Ling e Cândido Mendes Prunes. Porto Alegre, RS: Ortiz, 1991.

CAPÍTULO 9

A ORIGEM DO GOVERNO

Dennys Garcia Xavier
Nei Oliveira de Souza Junior

INTRODUÇÃO

Uma vez que os capítulos anteriores já trataram das questões envolvidas na discussão relativa a direitos individuais e direitos coletivos, cabe-nos agora apresentar o papel do governo em relação a esses direitos. A partir da compreensão da natureza humana e das implicações que dela derivam, Ayn Rand parte para a investigação da origem ontológica do governo, de suas características e de seus desdobramentos, pois é apenas a partir da compressão da natureza humana que se pode tratar da necessidade de uma instituição que mantenha, na definição da filósofa, "o poder exclusivo de impor certas regras de conduta social em determinada área geográfica" (RAND, 1991, pg.135).

Segundo Rand, o ser humano tem duas características compositivas primordiais: *racionalidade e necessidade*. O homem busca, da melhor maneira possível, suprir suas necessidades, usando da maior e melhor ferramenta de que dispõe, a razão. Isso não quer dizer que o indivíduo viverá e se desenvolverá isoladamente, pelo contrário: ao longo da história percebe-se que os benefícios adquiridos em sociedade são infinitamente maiores do que aqueles obtidos fora dela. O homem racional não é homem isolado, mas é homem que também procura se beneficiar de elementos da vida em comunidade, estabelecidas condições específicas de tal vida. Dentre os quais dois se destacam: *conhecimento e comércio*. Com efeito, o homem é o único ser existente capaz de transmitir e ampliar sua teia de conhecimentos. Todo homem dispõe de benefício impossível de rastrear ao lidar com o conhecimento descoberto pelos seus pares no decorrer da linha do tempo. *Mutatis mutandis*, o mesmo se dá com a divisão do trabalho. Ela ventila a possibilidade de o homem mirar esforços em campo específico de trabalho e a comercializar com outros que, por sua vez, se especializam em campos diversos. Trata-se de uma grande rede de cooperação que projeta uma possibilidade de futuro impossível para o homem solitário. Não obstante isso, que reste claro: os benefícios de uma vida em sociedade

> [...] indicam, delimitam e definem que tipo de homens podem ser de valor uns para os outros e em que tipo de sociedade: somente homens racionais, produtivos e independentes em uma sociedade racional, produtiva e livre. (RAND, 1991, p.136)

Não estamos falando de qualquer tipo de homem ou de qualquer arquitetônica social. O homem pensado por Rand se torna aqui emblemático. Na busca por suprir nossos próprios anseios, percebemos as vantagens da vida em comum. Com a constituição das sociedades, o homem se tornou capaz não só de transmitir conhecimento por meio de transmissão cultural, mas também de expandir exponencialmente os seus conhecimentos de geração em geração. Em sociedade, além disso, o homem gera uma quantidade quase ilimitada de bens, os quais passam a constituir sua propriedade, material ou intelectual. Esses bens, em sociedade, podem ser trocados por outros tipos de bens, com outros homens. Desse modo, a partir do esforço individual de cada membro da sociedade, seja esse esforço físico ou/e mental, geram-se frutos e resultados dos quais, por meio de trocas, toda a sociedade pode usufruir. Donas daquilo que produzem, as relações comerciais devem ser exercidas livremente entre as pessoas, as quais podem escolher trocar ou não os seus produtos segundo os seus próprios anseios. Se a partir da constituição das sociedades surge o comércio, é por conta desse último que surge outro benefício para todos os membros da comunidade, qual seja, a divisão do trabalho e a especialização. Enquanto, por exemplo, uma pessoa se detém a executar atividades no ramo alimentício, outras pessoas podem se preocupar em executar outras atividades, atendendo demandas e enfrentando outras dificuldades, como no setor imobiliário, logístico, automobilístico e assim por diante. A divisão do trabalho, que só é possível em sociedade, proporciona uma eficácia e uma produtividade que não poderiam ser conquistadas isoladamente. O quadro é inequívoco: todos os ganhos sociais são conquistados por meio de ações individuais e egoístas de seus cidadãos, pois é a partir da necessidade de suprir os próprios anseios que se funda a sociedade. Os indivíduos se unem a outros indivíduos em prol das vantagens individuais e particulares possibilitadas por essa união, uma vez que, conforme aponta Ayn Rand, um ambiente social é muito mais proveitoso para seu sucesso em sobreviver.

Uma vez conscientes das vantagens possibilitadas a nossa sobrevivência pela vida em sociedade, vejamos, a seguir, quais são essas condições das quais fala Ayn Rand.

1. O GOVERNO COMO REPRESSÃO PELA FORÇA

Uma vez postas em evidência as notas típicas da existência humana (racionalidade e necessidade) e suas consequências imediatas (vida em sociedade, surgimento do comércio e especialização do trabalho), resta evidente que uma sociedade na qual se atente livremente contra a vida ou a integridade física de seus cidadãos – ou em que seja possível roubar os frutos do trabalho individual de outras pessoas – não pode subsistir ou prosperar. Ao permitir que isso aconteça romper-se-ia com o elemento básico que tornou possível o surgimento das sociedades, ou seja, o egoísmo racionalmente direcionado para atender a necessidades individuais. Portanto, a partir do convívio em sociedade surge a demanda por uma instituição que proteja as liberdades individuais. Segundo Ayn Rand, tão importante quanto a garantia de proteção ao direito à vida e a integridade física, é o direito de proteção à propriedade. Não se pode impedir um homem de ter acesso aos frutos de seu trabalho, ou tomá-los sem permissão (prática historicamente preferida dos coletivistas/estatistas). Admitir e proteger os direitos individuais é, na verdade, reconhecer a própria natureza do homem, e o único meio de se viver em sociedade.

Nas palavras de Ayn Rand:

> Uma sociedade que rouba o indivíduo do produto do seu esforço, ou o escraviza, ou tenta limitar a liberdade de seu intelecto, ou o compele a agir contra seu próprio julgamento racional – uma sociedade que estabelece um conflito entre os seus decretos e as exigências da natureza humana – não é, falando estritamente de uma sociedade, nada mais do que uma massa unida por um regime de quadrilha institucionalizado. Uma sociedade dessas destrói todos os valores da coexistência humana, não tem nenhuma justificativa possível e representa, não uma fonte de benefícios, mas a ameaça mais mortal à sobrevivência do homem. (RAND, 1991, p.136)

Uma vez que moralmente não se pode usurpar os direitos dos outros indivíduos, a única maneira restante de se retirar direitos é a imposição de força física. Precisamente, por isso, o Estado seria instituído, vale dizer, com a finalidade de deter o monopólio do uso da força na defesa do cidadão empreendedor. O Estado tem o direito e a obrigação de usar a força para não permitir a ruptura da ordem social estabelecida por um pacto estabelecido por indivíduos egoístas e racionais. Diferentemente dos contratualistas, no entanto, que afirmavam que as liberdades individuais eram cedidas ao Estado em troca de proteção, Ayn Rand entende que os indivíduos instauram o Estado para proteção, mas não por abdicarem de seus direitos, pelo contrário: justamente para garantirem o pleno exercício desses direitos, e para assegurarem sua autonomia enquanto indivíduos. Assim, o governo não é o soberano, mas o servo ou agente dos cidadãos.

Imagine se a todo instante alguém exercesse, por meio do emprego da força, a apropriação dos frutos do trabalho alheio. Se a todo instante o direito à vida fosse atacado, ou se o direito ao emprego de força física fosse deixado ao arbítrio de cada indivíduo. Para evitar que na vida em sociedade se instaure o "império da força bruta", levando os homens a uma "perpétua guerrilha tribal de selvagens préhistóricos", se faz necessário retirar a legitimidade do emprego da força das relações cotidianas entre os cidadãos.

Um dos principais requisitos para a constituição de uma sociedade é a exclusão da violência das relações sociais cotidianas. Sem isso, não seria possível coexistir, já que os homens viveriam sob constante ameaça um dos outros, demandando constante vigília de suas propriedades e se suas próprias vidas. O uso da força não pode ficar à mercê do livre arbítrio dos cidadãos. Por isso, o Estado é instituído: para proteger a propriedade e a vida dos indivíduos que dele necessitam.

A respeito do escopo de eliminar a força física das relações sociais, esclarece a filósofa:

> Os direitos humanos somente podem ser violados pelo uso da força física. É apenas por meio desta que um homem pode privar o outro de sua vida, ou escravizá-lo, ou roubá-lo, ou evitar que busque seus próprios objetivos, ou compeli-lo a agir contra seu próprio julgamento racional.
>
> A pré-condição de uma sociedade civilizada é a exclusão da força física dos relacionamentos sociais – assim estabelecendo o princípio de que, se os homens desejam negociar uns com os outros, podem fazê-lo somente por meio da razão: pela discussão, persuasão e acordo voluntário, não coagido. (RAND, 1991, p.136)

Mas não basta retirar o uso da força física das relações sociais e delegá-lo ao Estado. É preciso também regulamentá-lo. Essa instituição, devido ao grande poder que detém, deve ter suas atribuições fundadas sob leis bem definidas. Sua atuação tem que ser rigidamente circunscrita, obedecendo ao princípio de que seu propósito único e maior é o de combater aqueles que agem por meio da violência. Nesse sentido, ao Estado é delegado o poder do uso retaliativo da força, desde que sob controle objetivo, e por imposição normativa que não deixe margem para ambiguidades. Permitir que ocorram extensões de seu exercício institucional é extremamente perigoso, de modo que, se uma sociedade deseja ser livre, é necessário que ela controle o seu governo, não o contrário.

Sim, todos os indivíduos têm direito à própria vida e a seus desdobramentos, tendo como limites apenas os direitos dos outros indivíduos. Já o Estado não deve ter direitos, apenas deveres. Os oficiais que representam essa instituição só podem atuar sobre aquilo que esteja estritamente definido pelas leis, suas ações devem ser sempre legalmente limitadas, enquanto que, por sua vez, os cidadãos podem fazer tudo o que desejarem, exceto aquilo que tenha sido interditado em lei pensada para viabilizar a vida racional em comum. O Estado de nada usufrui de forma arbitrária. Um, o homem, tem direitos, o outro, o Estado, apenas deveres. Apenas assim é possível subordinar a força ao direito.

Assim,

> [...] se a força física deve ser excluída dos relacionamentos sociais, os homens precisam de uma instituição incumbida da tarefa de proteger os seus direitos sob um código objetivo de regras. Esta é a tarefa de um governo – de um verdadeiro governo – sua tarefa básica, única justificativa moral e a razão por que os homens precisam dele.
> Um governo é o meio de colocar o uso retaliatório da força física sob controle objetivo – isto é, sob leis objetivamente definidas. (RAND, 1991, p.138)

2. O GOVERNO COMO FORÇA JURÍDICA

Eliminado do convívio social o direito legítimo do emprego de força física, a racionalidade, exercida livremente, será o princípio que guiará o homem em suas relações sociais, responsável por coordenar relações humanas, particularmente no que se refere à elaboração dos contratos.

Os homens não são obrigados a negociarem ou a exercerem qualquer função a não ser pela sua livre vontade, e nessas condições irão mutuamente argumentar e ponderar livremente entre si, sobre os seus trabalhos, sejam esforços físicos ou mentais, para a busca da supressão de seus anseios individuais. Essas negociações realizadas voluntariamente no âmbito comercial, envolvidas pelo tempo, serão categorizadas pela autora sob a nomenclatura de "contrato". O rompimento desse contrato por uma das partes, de modo arbitrário, poderá gerar prejuízos para a outra parte envolvida, o que implicará a necessidade de um mediador para resolver esse conflito.

Antes de adentrarmos na proposta apresentada por Ayn Rand, a fim de esclarecermos o argumento exposto acima, tomemos um exemplo hipotético: suponha que um indivíduo realize uma compra, talvez pela *internet*. Transcorrido o prazo para a entrega indicado no momento da venda, o produto ainda não chegou. Nesse caso, uma das partes (a que vendeu o produto) rompeu o contrato que foi estabelecido no momento da compra/venda – uma troca de uma determinada quantia em dinheiro por um produto entregue até um determinado dia. Observe que o contrato, estabelecido na compra/venda do produto, teve seu rompimento decretado unilateralmente, de forma arbitrária. A pergunta que surge com esse problema é, como, e quem, irá resolver esse impasse? A essa pergunta, Ayn Rand responde que deverá ser o Estado. Aqui se evidencia, de forma emblemática, a sua função, a sua atribuição, o seu papel. Eis que quando o indivíduo efetuou o pagamento do produto ele trocou sua força de trabalho pelo produto, de maneira livremente negociada entre as partes. Tendo sido realizado o pagamento pelo produto, a partir do prazo estabelecido para entrega, a mercadoria passa a pertencer àquele que a comprou, como resultado de seu esforço produtivo. Contudo, uma vez que essa mercadoria não foi entregue ao comprador, ocorre um ataque à sua propriedade, por uso indireto da força, pois a mercadoria que agora pertence ao comprador ainda se encontra em domínio de outra pessoa, constituindo uma infração ao seu direito de posse. Assim, uma infração unilateral de contrato envolve um uso indireto de força física: consiste, em essência, no recebimento por um homem de valores materiais, mercadorias ou serviços de um outro, e na recusa a pagar por eles, assim os retendo pela força (pela mera posse física), não por direito – isto é, retendo-os sem o consentimento de seu proprietário.

> Similarmente, a fraude envolve um uso indireto da força: consiste em obter valores materiais sem o consentimento do proprietário, por meios ilegais ou promessas falsas. A extorsão é uma outra variante do uso da força: ela consiste na obtenção de valores materiais, não pela troca de valores, mas pela ameaça da força, violência ou dano. (RAND, 1991, p.140)

Fica evidente, que é da jurisdição do Estado atuar, uma vez que é seu dever proteger a propriedade daqueles que lhe delegaram poder para essa ação. Quanto mais desenvolvida uma sociedade, maior a gama de atividades das quais ela depende, o que implica a frequente realização de acordos contratuais entre os homens. Quanto mais acordos firmados, e quanto maior o patrimônio negociado, maior será a necessidade de proteção desses acordos. O Estado, como instituição constituída para esse fim, deverá tomar as devidas providências legais para desempenhar seu dever: punir aquele que se apropriou da propriedade alheia pelo uso da força (ainda que indireta) e entregar o produto ao devido proprietário.

Na definição de Ayn Rand:

> E isto leva a uma das mais importantes e mais complexas funções do governo: a função de árbitro que decide disputas entre homens de acordo com leis objetivas.
>
> Os criminosos são uma pequena minoria em uma sociedade semicivilizada. Mas a proteção e imposição de contratos através de tribunais civis é a necessidade mais crucial de uma sociedade pacífica; sem essa proteção, nenhuma civilização poderia ter se desenvolvido ou se mantido. (RAND, 1991, p. 139)

A partir de então, a pergunta que surge é a seguinte: uma vez que cabe ao Estado proteger os seus cidadãos, seja utilizando a força, quando necessário, seja intervindo juridicamente quando contratos forem rompidos unilateralmente, quem deverá arcar com os custos de manutenção desse governo? E de que forma?

3. FINANCIAMENTO DO GOVERNO NUMA SOCIEDADE LIVRE

Como ficou demonstrado em outros capítulos, Ayn Rand defende que não existem direitos coletivos, mas apenas direitos individuais, e que esses direitos são inalienáveis e naturais. Nesse sentido, o papel do governo em uma sociedade livre deve ser unicamente o de garantir essas liberdades individuais, ou seja, deve exercer a função de proteger a vida, a integridade física e as propriedades dos seus cidadãos, mesmo que para isso tenha que recorrer à repressão pela força quando necessário. Esses serviços seriam desempenhados pela polícia, pelas Forças Armadas e pelo sistema judiciário.

> As funções adequadas de um governo recaem sobre três largas categorias, todas elas envolvendo os problemas da força física e a proteção aos direitos dos homens: *a polícia*, para proteger os homens de criminosos – *as Forças Armadas*, para proteger os

> homens de invasores estrangeiros – *os tribunais*, para decidir disputas entre os homens, de acordo com leis objetivas.
>
> Estas três categorias envolvem consequências e questões derivadas – e sua implementação na prática, na forma de legislação específica, é enormemente complexa. (RAND, 1991, p. 141)

Há aqui, evidentemente, um custo de manutenção do aparato governamental. Para Rand, o princípio básico das sociedades livres no financiamento do governo seria o caráter voluntário das "contribuições". A autora não emprega os termos impostos e taxas, cuja origem remonta a governos onipotentes/estatistas. Monarcas e senhores feudais detinham a propriedade das terras, seus frutos, tudo o que se encontrava sobre as terras e até mesmo poder sobre a vida de seus súditos. O governante era um "benfeitor benevolente" que oferecia proteção e meios para subsistir. Pagar tributos era render graças e reconhecer as "benesses" ofertadas pelo soberano. Por outro lado, receber por serviços oferecidos, era rebaixar o soberano à condição de prestador de serviços aos seus súditos, numa condição moralmente inferior. Nas sociedades livres, entretanto, o governo existiria tão-somente para servir os cidadãos, sob condições bem delimitadas por uma Constituição. Não teria poder e nem propriedade sobre as riquezas e rendas das pessoas. O financiamento do Estado seria voluntário.

Claro, alcançar uma sociedade com essas características é assunto complexo, a ser mais bem trabalhado pela Filosofia Política e pela Filosofia do Direito. Existe, ainda hoje, falta de clareza na forma atual de prestação de serviços dos governos, predominando a falsa ideia da gratuidade desses serviços e a apropriação dos meios de produção, riqueza e renda das pessoas (especialmente em países como o Brasil, fartamente dependentes de "favores" estatais). Rand não pretende apresentar uma solução definitiva do caso, mas contribuir com uma sugestão ilustrativa de meio de financiamento do governo. Considerando que já na primeira metade do século XX existia uma quantidade significativa de operações de crédito bancário, cuja segurança jurídica contribuiu para a mitigação de riscos, os governos, cogita Rand, poderiam oferecer uma espécie de seguro jurídico a essas transações. O serviço seria opcional e mediante o pagamento de um prêmio relativamente baixo sobre o valor da operação de crédito, que daria acesso ao sistema bancário e, no caso dos clientes, ao sistema jurídico, visando a solução de contendas entre as partes por meio da execução legal do contrato. Devido à quantidade e ao volume de recursos envolvidos, os valores assim obtidos seriam suficientes para financiar o governo e até mesmo dotar o Estado de Forças Armadas prontas para atuar em casos de invasões e garantia da soberania. Seria socialmente justo, além disso: pessoas físicas ou jurídicas mais abastadas são mais economicamente ativas, o que naturalmente favoreceria pessoas menos providas, que também se beneficiariam dos serviços de proteção do governo. Para as partes contratantes de operações bancárias, o recurso jurídico representaria uma segurança para ambas as partes.

Atualmente, a execução legal de contratos é subsidiada pela sociedade, na medida em que todos os atos comerciais contam com o amparo jurídico do Estado. A autora ainda sugere que esse seguro poderia ser estendido a todos os contratos e acordos comerciais. Desta forma, a arrecadação de recursos teria a robustez necessária para financiar os serviços inerentes aos governos em uma sociedade livre.

Contudo, afirma Ayn Rand, a discussão sobre a forma de financiamento de uma sociedade livre seria o último tema desse importante debate rumo à liberdade. Inicialmente, e mais importante ainda, seria determinar o princípio pelo qual esse objetivo poderia ser alcançado. Se o princípio da liberdade for o objetivo de uma sociedade, ela deve empreender os esforços necessários para alcançá-lo, ainda que em longo prazo.

BIBLIOGRAFIA

RAND, Ayn. *A virtude do Egoísmo*. Porto Alegre: Editora Ortiz S.A., 1991.

HAYEK, F. A. *O Caminho da Servidão*. São Paulo: Instituto Ludwig von Mises Brasil, 2010.

HOPPE, H. H. *Uma teoria do socialismo e do capitalismo*. São Paulo: Instituto Ludwig von Mises Brasil, 2013.

CAPÍTULO 10

RAÍZES DO INDIVUALISMO OBJETIVISTA E A REJEIÇÃO DA IDENTIDADE COLETIVA

Renato Ganzarolli

> *"A menor minoria na Terra é o indivíduo. Aqueles que negam os direitos individuais não podem se dizer defensores das minorias".*
>
> *Ayn Rand.*

Ayn Rand proferiu o excerto acima na ocasião do encerramento de duas de suas conferências, entre 1961 e 1962, sobre a minoria mais assediada dos Estados Unidos, os empresários. O fragmento acima, bem como todos os textos contidos na publicação *Capitalismo: Ideal Desconhecido*[1] podem ser considerados como uma nota de rodapé não fictícia de seu seminal romance, *A Revolta de Atlas*.

---

[1] Toma-se a preferência pela publicação virtual lançada na Argentina, em 2012: RAND, Ayn. *Capitalismo: el ideal desconocido*. E-book. Buenos Aires: Grito Sagrado.

No texto em comento, RAND (2012, p. 58) diz ainda que "*a defesa dos direitos das minorias é hoje aclamada virtualmente por todos, como um elevado princípio moral*", mas que a própria aplicação deste princípio é feita de forma discriminatória. Para a autora, este princípio somente é aplicado para minorias raciais ou religiosas, omitindo os empresários, que se constituiriam em uma outra espécie de minoria: "*pequena, explorada, denunciada e indefesa*".

Sem embargo, não se intenta neste momento fazer uma defesa do empresariado como classe *per si*, visto que a própria publicação de Rand ora mencionada o faz de maneira magistral. O que se objetiva neste trabalho é visualizar a ideia construída por Rand em torno dos conceitos de Direitos Individuais e Direitos Coletivos, e como esse debate na esfera jusfilosófica tem raízes profundamente arraigadas e como esta oposição diametral que se pensa existir entre coletivo e indivíduo tem corroído bases fundamentais da liberdade na sociedade contemporânea.

1. SE SACRIFICAR PELO PRÓXIMO É MORAL?

A resposta curta: *se assim o indivíduo decidir, racional e objetivamente, se sacrificar pelo próximo é um ato moral*. Entretanto, para que essa resposta seja plausível, deve-se levar em consideração três importantes pontos estabelecidos por Rand em sua obra: *o racionalismo, o individualismo e o egoísmo*.

Na introdução de *A Virtude do Egoísmo*, RAND (1991, p. 17) diz que o primeiro passo para sua filosofia é defender que "*o direito do homem a uma existência moral racional – que é: reconhecer sua necessidade de um código moral para guiar o rumo e a realização de sua própria vida*".

É preciso entender que *o racionalismo*, para a ética objetivista não é tão somente a forma fundamental de eleição de valores internos e ações pessoais, e principalmente, de um código moral particular, individual. Mais do que isso, é um meio de sobrevivência.

Para RAND (1991, p. 24), há um único objetivo que pode ser considerado como absoluto. É um objetivo específico e precede qualquer conceito de valor: "*a conservação da vida do organismo*". Parte do discurso de John Galt em *A Revolta de Atlas* alcança esta máxima objetivista:

> Só há duas alternativas fundamentais no universo – existência ou não existência – que só se aplicam a uma única classe de entidades: os organismos vivos. A existência da matéria inanimada é incondicional, mas a existência da vida não é: ela depende de um curso de ação específico. A matéria é indestrutível, muda de forma, mas não pode deixar de existir. É apenas o organismo vivo que se defronta com duas alternativas constantes: vida ou morte. A vida é um processo de ação que se autossustenta e gera a si própria. Se um organismo fracassa nesse processo, ele morre. Os elementos químicos que o compõem permanecem, mas a vida desaparece. É apenas o conceito de "vida" que torna possível o conceito de "valor". (RAND, 2012, p. 905)

Sobre a máxima de *conservação da vida* repousa o modo de fazê-la. Para melhor ilustrar o argumento, o próprio exemplo de Rand tem grande préstimo: organismos mais simples, como as plantas, sobrevivem por meio de funções automáticas pois encontram alimento no solo em que crescem. Organismos mais complexos, como os animais, precisam de alguma consciência primitiva – ou instinto[2] – para executar a tarefa de se alimentar e de se reproduzir.

Entre todo o reino animal, só ao homem falta a sobrevivência instintiva, ou *código automático de sobrevivência*. O homem não percebe diretamente o que lhe faz mal, e seus sentidos físicos são incapazes de dizer automaticamente se determinada ação ou escolha colocará ou não em risco sua própria vida. Para além, o que trata de diferenciar o homem das outras espécies animais é o fato de sua consciência ser um *ato de vontade*.

O conhecimento dos fatores que garantem a sobrevivência de um ser humano não surge automaticamente, pois suas ações requerem uma condição conceitual, que é obtida por sua vez, de um conhecimento conceitual. E este não pode ser percebido automaticamente, senão por meio da *razão*:

---

[2] Rand acaba por aprofundar as espécies animais de acordo com o seu grau de complexidade. Animais menos complexos sobrevivem por *sensações*, estímulos que guiam suas ações ao alimento, à reprodução e ao abrigo. Animais mais complexos retém as sensações na forma de *percepção*, pois classificam primitivamente determinadas sensações em um sistema de *prazer-dor*, que Rand chama de conhecimento automático. Ambas categorias tem um ponto em comum: são incapazes de decidirem pelo próprio mal e agir como seus próprios destruidores.

A razão é a faculdade que identifica e integra o material provido pelos sentidos do homem. Ela é uma faculdade que o homem tem de exercitar por escolha. Pensar não é uma função automática. Em cada situação ou momento de sua vida, o homem é livre para pensar ou para evitar esse esforço. Pensar requer um estado de consciência total focalizada. O ato de focalizar nossa consciência é volitivo. O homem pode focalizar sua mente para obter uma consciência da realidade, total, ativa e dirigida a um objetivo – ou ele pode desfocá-la e entregar-se à deriva numa aturdida semiconsciência, meramente reagindo a qualquer estímulo casual do momento imediato, à mercê de seu mecanismo sensorial-perceptual não dirigido e de quaisquer conexões aleatórias ou por associação que se possa fazer. (RAND, 1991, p. 29)

Razão é para o homem o meio básico de sobrevivência, sem o qual não poderia sequer se alimentar. Uma determinada sensação pode indicar que alguém esteja com sede ou precise de se alimentar – desde que fora ensinado ou não tenha esquecido[3] tais conexões – mas esta sensação não dirá como obter comida, nem tampouco se a água é salubre ou o alimento é venenoso.

Em um trecho de *A Virtude do Egoísmo*, Nathaniel Branden escreve que a razão, além de um meio de sobrevivência puro e simples, deve ser o fundamento de uma existência racional, pois o individualista é, acima de tudo, um homem de razão: "*É da habilidade de pensar, da faculdade racional, que a vida do homem depende: a racionalidade é a pré-condição de independência e autoconfiança*" (RAND, 1991, p. 170).

Na ética objetivista, o *individualismo* é a forma de se estabelecer um paradigma ético valorativo que deflua da habilidade de raciocinar, de pensar. Pois se a razão é o meio de sobrevivência do homem, a ferramenta com a qual ele se distingue de todo o restante do reino animal, o *indivíduo* é seu operador.

A definição de individualismo que acompanha a filosofia objetivista é mais bem especificada por Nathaniel Branden (RAND 1991, p. 169 a 172). O articulista apresenta que o individualismo é parte de um conceito ético-político que "*sustenta a supremacia dos*

---

[3] Há determinadas espécies de enfermidades mentais que removem do ser humano a capacidade de fazer simples conexões sensoriais, como saber distinguir o que é fome do que é dor no estômago, ou cansaço de doença física.

direitos individuais, o princípio de que um homem é um fim em si mesmo, não um meio para os fins dos outros", mas também carrega em si um conceito ético-psicológico pois o homem individual "*deveria pensar e julgar de modo independente, sem valorizar nada acima da soberania de seu intelecto*".

Como conceito ético-político, o *individualismo* deve refletir o interesse racional do homem de não tomar parte de nenhuma responsabilidade, senão aquelas decorrentes das suas próprias escolhas. O *individualista* não deseja confiscar algo de alguém ou usar outra pessoa para seus fins particulares, quaisquer os sejam.

Adicionalmente, o *individualismo* não apenas rejeita a crença de que o homem deve viver para o coletivo. É um código ético que permite que o homem viva em causa própria e por meio da sua razão. É antagônico ao popular conceito de individualismo[4].

Em *A Nascente*[5], (RAND, 2013, p. 770) o arquiteto Howard Roark faz um poderoso discurso, no qual a autora revela a principal característica do individualismo objetivista: "*Eu não reconheço nenhuma obrigação para com os outros homens, com uma única exceção: respeitar a sua liberdade e não participar de nenhuma maneira em uma sociedade escravocrata*".

Para o Objetivismo, uma sociedade escravocrata é toda aquela em que o indivíduo não realize suas decisões racionalmente, ou toda aquela em que se obedeça a um sistema de regras e dogmas metafísicos superiores à própria soberania intelectual individual. Como Rand coloca:

> Introduzir na consciência de alguém qualquer ideia que não possa ser assim integrada, uma ideia não derivativa da realidade, não validada por um processo da razão, não sujeita a exame ou julgamento racional – ou pior, uma ideia que se choca com o resto dos conceitos e compreensão de realidade de alguém – é sabotar a função integrativa da consciência, liquidar o resto

---

[4] Para a corrente de pensamento coletivista, o individualismo é o mais perigoso vício social, por este ser considerado como uma subordinação do interesse geral aos interesses do indivíduo.

[5] Lançado 14 anos antes de *A Revolta de Atlas*, foi a porta de entrada para a popularização da filosofia objetivista.

das convicções de alguém e matar a capacidade do mesmo ter certeza de qualquer coisa. (RAND, 1991, p. 50)

Com efeito, a oposição de individualismo ao coletivismo é peça fundamental da ética objetivista, pois Rand não crê como racional a *interdependência* entre os homens, seja qual for o elo que os conecte, seja credo, filosofia ou classe social.

No que compete ao coletivismo, RAND (1991, p.46) classifica duas escolas de teoria ética que se opõem ao *individualismo objetivista*. O misticismo procura estabelecer "*a premissa de que o modelo ético de valor é estabelecido além-túmulo pelas leis ou exigência de uma outra dimensão sobrenatural[...]*". Por outro lado, na teoria social, "*seu dever ético é ser o escravo abnegado, sem direitos e destituído de voz, de qualquer necessidade, reivindicação ou exigência declaradas pelos outros*.

Não obstante o recorte objetivista do *indivíduo* como a peça central de seu sistema de valores e em oposição aos coletivismos místicos e sociais, é necessário afirmar que Rand também abomina a ideia de um *individualismo subjetivista* e o considera igualmente ignominioso.

Apenas o conceito heracliteano, indeterminado, fluido e plástico poderia permitir a alguém pensar ou pregar que o homem não precisa de princípios objetivos de ação – que a realidade lhe dá um cheque em branco – que nada que ele escolha como o bem ou mal, lhe servirá – que o capricho de um homem é um padrão moral válido e que a única pergunta é obter sucesso com isto. (RAND, 1991, p. 46)

Entendendo o *racionalismo* como a máxima da sobrevivência e da existência humana, e o *individualismo objetivista* como padrão ético-político de organização moral, calha a mencionar que o *egoísmo* é a máxima virtude do objetivista.

É justamente no campo da virtude que o *egoísmo objetivista* completa a filosofia moral do Objetivismo. Sem embargo, não se pode olvidar que a palavra *egoísmo* tem um significado semântico que invoca, ao menos nas correntes coletivistas, a completa ruína e o máximo vício. Mas é justamente sobre essa natureza semântica e antagônica entre *egoísmo* e *altruísmo* que Rand propõe o terceiro aspecto de sua filosofia moral.

Em linhas gerais, *egoísmo* é a preocupação com nossos próprios interesses, sustenta que um homem é um fim em si mesmo, enquanto que *altruísmo* é a preocupação com os interesses alheios, sustenta que o homem é um meio para os fins de outros. Mais do que isso, o significado das duas palavras apresenta uma característica superficial. Rand coloca que estes conceitos não incluem em si avaliação moral, *"não nos diz se a preocupação com os nossos interesses é boa ou má; nem nos diz o que constituem os interesses reais do homem"* (RAND, 1991, p. 14).

Para o objetivista, o *altruísmo* como valor ético é a causa de e a possibilidade para os maiores horrores já perpetrados na história da humanidade. No discurso de Roark, em *A Nascente*, Rand escreve com precisão:

> O "bem comum" do coletivo, da raça, da classe, do Estado foi a alegação e a justificativa de todas as tiranias estabelecidas sobre os homens. Os maiores horrores da história foram cometidos em nome de motivos altruísticos. Será que já foi cometido algum ato de egoísmo que possa igualar a carnificina executada pelos discípulos do altruísmo? Onde está a culpa: na hipocrisia dos altruístas ou na natureza do seu princípio? Os piores carrascos foram os mais sinceros. Eles acreditavam na sociedade perfeita alcançada através da guilhotina e do pelotão de fuzilamento. Ninguém questionou o seu direito de matar porque matavam por motivações altruístas. A ideia de que o homem deve ser sacrificado para benefício de outros estava bem estabelecida. Os atores mudam, mas o curso da tragédia permanece o mesmo. Humanitários que começam declarando seu amor pela humanidade e acabam com banhos de sangue. Assim foi e assim será enquanto se acreditar que uma ação é boa se for altruísta. Essa crença dá ao altruísta permissão para agir e força suas vítimas a sofrerem caladas. Os líderes de movimentos coletivistas não pedem nada para si mesmos. Mas observem os resultados. (RAND, 2013, p. 768)

Como resultado, acredita-se que não há escolha moral se o homem for *forçado* a um altruísmo obrigatório, muitas vezes estabelecidos por um conjunto de valores não originários da *razão* do indivíduo. É por isso que a base de uma sociedade objetivista teria de obrigatoriamente ser o *egoísmo*, distanciado do sentido hedonista que este termo comumente carrega. Há reflexos desta rejeição ao *altruísmo* na execução prática do *egoísmo objetivista*, seu fundamento é o da não-agressão:

> O princípio político básico da ética objetivista é: nenhum homem pode *iniciar* o uso de força física contra os outros. Nenhum homem – ou grupo, ou sociedade, ou governo – tem o direito de assumir o papel de um criminoso e começar a utilização da compulsão física contra qualquer homem. (RAND, 1991, p. 44)

Nota-se que os três elementos que compõem a ética objetivista complementam o âmago da resposta para a pergunta feita no início. *A razão* é o fundamental elemento do enigma objetivista, pois, por ser o homem um fim em si mesmo, aquele que não se orienta pela *razão* não tem capacidade de sobrevivência. Em consequência, o *indivíduo* é a estrutura pela qual a razão tem seu surgimento no plano moral. A capacidade de pensar, raciocinar e estabelecer diretrizes racionais só pode existir no plano individual. E finalmente, o *egoísmo* é a medida exata na qual que se aplicam as decisões morais individuais tomadas pela razão, pois é no *egoísmo objetivista* que a ação moral tem como seu autor o próprio beneficiário.

> Porque um homem genuinamente egoísta escolhe as suas diretrizes orientado pela razão – e porque os interesses de homens racionais não se chocam –, outros homens podem, frequentemente, beneficiar-se de suas ações. Mas o benefício de outros homens não é seu propósito ou objetivo básico; seu próprio benefício são seu propósito básico e objetivo consciente que dirigem suas ações. (RAND, 1991, p. 76)

Em suma, esta é a resposta longa para o problema levantado no início desta seção. Se alguém se sacrifica pelo outro e o faz a partir de uma decisão racional e consciente, que não responsabilize ninguém além de si mesmo e cujo propósito básico seja a própria conduta, esta é uma decisão moral.

2. AFINAL, O QUE É IDENTIDADE?

O leitor mais atento vai reparar que, na seção anterior, não se aprofundou o outro lado do conceito do *individualismo objetivista*, aquele que Branden chama de conceito ético-psicológico.

Sem embargo, o conceito *ético-psicológico* do individualismo que Branden escreve na obra de RAND (1991, p. 169) trata de robustecer a construção do homem como fundamento em si mesmo, que *"deveria pensar e julgar de modo independente, sem valorizar nada acima da soberania de seu intelecto"*.

Para a corrente ortodoxa, entretanto, a identidade está mais relacionada com a percepção alheia do que a autopercepção. BOCK *et al* (2012, p. 208) cita Carlos Brandão:

> [...] identidade explica o sentimento pessoal e a consciência da posse de um eu, de uma realidade individual que torna cada um de nós um sujeito único diante de outros "eus"; e é, ao mesmo tempo, o reconhecimento individual dessa exclusividade: a consciência de minha continuidade em mim mesmo. (BRANDÃO, 1986 *apud* BOCK, 2012)

BOCK *et al* (2012, p. 208) conclui que a construção da identidade pessoal se dá por meio da validação de outrem:

> Várias correntes da Psicologia (e a Psicanálise, inclusive) nos ensinam que o reconhecimento do eu se dá no momento em que aprendemos a diferenciar do outro. Eu passo a ser alguém quando descubro o outro, e a falta de tal reconhecimento não me permitiria saber quem sou, pois não teria elementos de comparação que permitissem ao meu eu destacar-se de outros eus. Dessa forma, podemos dizer que a identidade, o igual a si mesmo, depende da sua diferenciação em relação ao outro.

Pela leitura, torna-se visível o distanciamento do *individualismo objetivista* para com as correntes identitárias que hoje dominam o debate nas Humanidades. Ao contrário, para o objetivista, sua identidade é construída por si mesmo, por meio do exercício consciente da própria razão e no contexto de suas necessidades.

É notória a preocupação do Objetivismo na perversão de seus conceitos, pois, tanto Rand como Branden descartam expressamente o hedonismo subjetivo, por justamente, beirar a irracionalidade. Separada da razão, qualquer defesa de um certo tipo de individualismo "*se torna tão arbitrária e irracional quanto a do coletivismo*" (RAND, 1991, p. 172).

> E esta é a base do total repúdio do Objetivismo a todo "objetivista" de estilo próprio que se permite acreditar que qualquer acordo, área de encontro ou reaproximação é possível entre o Objetivismo e aquele individualismo falsificado que consiste em declarar: "Isto é certo porque eu quero". Ou: "É verdade porque eu acredito". (RAND, 1991, p. 172)[6]

Em franca oposição à corrente ortodoxa de construção da identidade, o conceito *ético-psicológico* do individualismo torna desnecessária a existência de outrem para que um possa ser, o que se reflete na orientação de Branden de que o verdadeiro individualista é desapaixonado e intransigentemente centrado em fatos.

Deste modo, a construção da identidade e do indivíduo no Objetivismo deverá sempre ser acompanhada da razão, e essa é a sua medida da *independência* para com seus semelhantes. Um indivíduo verdadeiramente *independente* e *racional* não deixará se levar por irracionalismos ou declarações não-provadas de outros[7].

Ressalta-se que o Objetivismo não tem o condão de estimular uma sociedade ascética, ou pior, em eterno conflito. O que o Objetivismo critica é a irracionalidade das decisões que são tomadas em favor de um "*bem-comum*" que ultrapassa as realidades individuais dos sujeitos de determinada ordem. Por isso, a *independência* intelectual e psicológica deve ser o primeiro passo de uma sociedade objetivista.

Dessa *independência intelectual*, a vida em sociedade tem grande peso para a sobrevivência do homem, por ocorrência de dois grandes

---

[6] Este trecho da obra *A Virtude do Egoísmo* foi escrito por Nathaniel Branden, um psicólogo que participou do "círculo interno" de amizades de Ayn Rand até o final dos anos 60. Curiosamente, apesar de rejeitar em seu texto o individualismo subjetivo, quando deixou o Objetivismo, pediu desculpas por "contribuir para a terrível atmosfera de repressão intelectual que permeia o movimento objetivista".

[7] Talvez por isso as *pseudociências* e movimentos negacionistas têm alcançado legiões de seguidores.

valores que são proporcionados pela vida em sociedade: conhecimento e comércio.

Sobre o comércio, RAND (1991, p. 135) declara que:

> O homem é o único espécime que pode transmitir e expandir seu repertório de conhecimentos de geração a geração; o conhecimento potencialmente a disposição do homem é maior do que o que qualquer indivíduo poderia adquirir no seu próprio tempo de vida; todo homem tira um benefício incalculável do conhecimento descoberto por outros.

Outro grande benefício é a divisão do trabalho, que RAND (1991, p. 135-6) declara:

> [...] ela capacita o homem a devotar seus esforços para um campo particular de trabalho e a comercializar com outros que se especializam em campos diversos. Esta forma de cooperação permite a todos os homens que nela tomam parte alcançarem mais conhecimento, destreza e retorno produtivo do seu esforço do que poderiam alcançar se cada um tivesse que produzir tudo o que precisasse, em uma ilha deserta ou em uma fazenda que se auto-sustentasse.

Portanto, a partir de um conceito *ético-político* e *ético-psicológico* do indivíduo, pode-se encontrar no Objetivismo uma construção social que se dá por orientação da *razão*, e esta é a medida primeira de todas as coisas, até mesmo do indivíduo. Significa dizer que, através da ótica objetivista, a *identidade pessoal* deve ser francamente estimulada, não pela imposição coletiva obrigatoriamente *dependente*, mas pelo império da razão *independente*.

3. É POSSÍVEL UMA COMUNIDADE INDEPENDENTE?

Para além da oposição entre a maneira pela qual se dá a construção identitária entre as correntes ortodoxas (pela validação em outros) e o Objetivismo (pela razão em si mesmo), como se viu, a distinção entre o *indivíduo* e o *coletivo*, entre o *egoísmo* e o *altruísmo* aprofunda-se também pelo viés da *dependência* ou da *independência*.

No discurso de Roark, em *A Nascente* (RAND, 2013, p. 766), há um trecho que diz: "*A escolha não é sacrifício pessoal ou domínio sobre os outros. A escolha é independência ou dependência*". Isto é, muito mais do que estabelecer uma diferenciação entre *altruísmo* e *egoísmo*, é preciso perceber o papel da *independência* para os rumos de uma comunidade. E uma comunidade só será verdadeiramente *independente* quando estabelecer em seu sistema político a proteção absoluta aos *direitos individuais*. Sobre direitos, diz RAND (1991, p. 128):

> Direitos são um princípio moral que define relacionamentos sociais corretos. Assim como um homem precisa de um código moral para sobreviver (para agir, para escolher as metas certas e para alcançá-las), também a sociedade (um grupo de homens) precisa de princípios morais a fim de organizar um sistema social harmonioso com a natureza do homem e com suas exigências para sobreviver.

No entanto, com a mesma intensidade que celebra os direitos individuais, o Objetivismo rejeita a noção de direitos coletivos, pois considera que não há possibilidade de existir coletivo sem a presença de indivíduos. Para RAND (1991, p. 129): "*Qualquer grupo ou 'coletivo', grande ou pequeno, é somente um número de indivíduos*".

Sem embargo, pelo Objetivismo, só há um direito fundamental, que é o direito de um homem à sua própria vida. O direito à vida, segundo RAND (1991, p. 120): "*significa o direito de se empenhar na ação autossuficiente e autogerada, o que significa: a liberdade de levar todas as ações exigidas pela natureza de um ser racional para o apoio, o favorecimento, a execução e o gozo de sua própria vida*".

Em consequência, é por meio do *direito à propriedade* a única forma de se implementar adequadamente o direito à vida. Se aclara a frase de Roark em *A Nascente*: "*eu não reconheço nenhuma obrigação para com os outros homens, com uma única exceção: respeitar sua liberdade e não participar de nenhuma maneira em uma sociedade escravocrata*".

Esta frase, dita ao final do discurso do protagonista de *A Nascente*, ilustra a rejeição de Rand à criação intelectual dos direitos de "massa". Para a autora, o grupo, o coletivo, não tem qualquer direito além daqueles que podem ser percebidos por seus próprios indivíduos, e tampouco os indivíduos têm acesso a qualquer direito que não seja fruto de seu próprio esforço pessoal.

Outrossim, como já anteriormente abordado, uma sociedade escravocrata é aquela em que terceiros se beneficiam do fruto do esforço alheio, seja pela imposição de regras governamentais, de impostos ou de *altruísmo* forçado. Para RAND (1991, p.123) *"qualquer alegado direito de um homem que necessita a violação dos direitos de um outro, não é e não pode ser um direito"*.

Convém afirmar que os agrupamentos que Rand se refere só são legítimos se decorrentes de associações voluntárias. Também não seria possível em uma sociedade livre obrigar indivíduos a participarem de associações ou grupos que não queiram, seja por imposição política, social, mística ou até mesmo étnica. Este *racismo* é abominado por RAND (1991, p. 158), como a forma *mais baixa e mais cruelmente primitiva de coletivismo*.

Por conseguinte, tais agrupamentos forçados só conseguem existir a partir de uma relação de *dependência*, seja ela dos indivíduos que integram o grupo (não são independentes entre si) ou seja entre dois ou mais grupos (que não são independentes entre si) pois neste sentido, a existência de determinados grupos só seria possível mediante a inexistência de outros, o que não reflete uma comunidade verdadeiramente racional.

Em vista disso, a construção de uma sociedade independente só poderá ser alcançada mediante a criação de um sistema de leis que permita que o *indivíduo* atinja seu verdadeiro potencial, orientado pela *razão, por si mesmo e por suas próprias ações*. Qualquer sistema de leis que seja orientado para minimizar direitos individuais é um sistema de leis de uma sociedade escravocrata, pois como diz RAND (1991, p. 132):

> Os direitos individuais não podem estar sujeitos a uma votação pública; uma maioria não tem o direito de votar e acabar assim com os direitos de uma minoria; a função política dos direitos é precisamente proteger as minorais da opressão das maiorias (e a menor minoria da terra é o indivíduo).

4. POR QUE IDENTIDADE IMPORTA?

Até aqui, o que se elaborou foi uma análise de alguns dos importantes preceitos do pensamento objetivista. Seu substrato ético parte de um pressuposto *racional*, já que a *razão* é a ferramenta mais básica de sobrevivência do homem. Esta *razão* só pode ser exercida por um *indivíduo*. Um *indivíduo* é um fim em si mesmo, pois ele não pode compartilhar a si com outrem. Uma pessoa pode dividir um prato de comida, mas não pode digerir o alimento do outro. Da mesma forma, alguém pode comunicar uma ideia, mas não pode emprestar a mente para alguém o fazer. E um indivíduo deve realizar suas ações tendo em vista um único beneficiário: *ele mesmo*.

Razão, indivíduo, egoísmo. Não é difícil de concluir o porquê da filosofia de Ayn Rand ter ficado às margens das Academias brasileiras, e o porquê de ser considerada a filósofa mais "perigosa" dos Estados Unidos da América. Rand escapou dos horrores do comunismo não só fisicamente, mas seu pensamento tratou de combater ferozmente a ideia de que a sociedade deve ser coletivista por natureza. É ao mesmo tempo sua incomparável contribuição e seu maior vício.

É nesse singular distanciamento que a filosofia objetivista permite uma pequena crítica. Para que seu sistema de valores funcione como a engrenagem arquitetada por Rand, toda a humanidade deverá ser *racional*. Todas as ações individuais deveriam ter sua base na razão do autor, e ele deveria pesar todas as variáveis para a execução dessas ações. Branden escreve: "*este é o significado da independência intelectual – e esta é a essência de um individualista. Ela é desapaixonada e intransigentemente centrado em fatos*". (RAND, 1991, p. 171)

O fato é que nós, como seres humanos, tendemos à irracionalidade em muitos momentos. Nem sempre – ou quase nunca, em alguns casos – fazemos os melhores juízos individuais e as melhores escolhas egoístas, nem mesmo conseguimos pesar e analisar todas as variáveis possíveis para uma ação. É por esse motivo, pela tendência do homem ao irracional que uma sociedade objetivista é, de certa maneira, utópica.

Entretanto, é justamente por essa utopia que o Objetivismo precisa ser trazido a lume. Sua defesa dos direitos individuais deve ser o fundamento de qualquer sistema civilizado de leis, pois permite que indivíduos de diferentes origens possam coexistir pacificamente. Convém lembrar que o *egoísmo* também compreende a *não-agressão*.

Ao fim e ao cabo, somente por meio da elevação do conceito objetivista de *identidade individual*, e da defesa dos *direitos individuais* que dela decorrem, poderemos alcançar uma sociedade verdadeiramente livre. Despeço-me como Roark, em *A Nascente*:

> Eu vim aqui para dizer que não reconheço o direito de ninguém a um minuto sequer da minha vida. Nem a nenhuma parte da minha energia. Nem a nenhuma conquista minha. Não me importa quem faça a exigência, quantos a façam, nem o tamanho da sua necessidade. (RAND, 2013, p. 770)

BIBLIOGRAFIA

BOCK, Ana Mercês Bahia. FURTADO, Odair. TEIXEIRA, Maria de Lourdes Trassi. *Psicologias*. Uma introdução ao estudo de psicologia. 14ª Ed. São Paulo: Saraiva, 2009.

RAND, Ayn. *A Nascente*. São Paulo: Arqueiro, 2013.

RAND, Ayn. *A Revolta de Atlas*. São Paulo: Arqueiro, 2012.

RAND, Ayn. *A Virtude do Egoísmo*. Traduzido por On Line-Assessoria em Idiomas; tradução revista por Winston Ling e Cândido Mendes Prunes. Porto Alegre: Ortiz, 1991.

RAND, Ayn. *Capitalismo. El ideal desconocido*. Buenos Aires: Grito Sagrado, 2012.

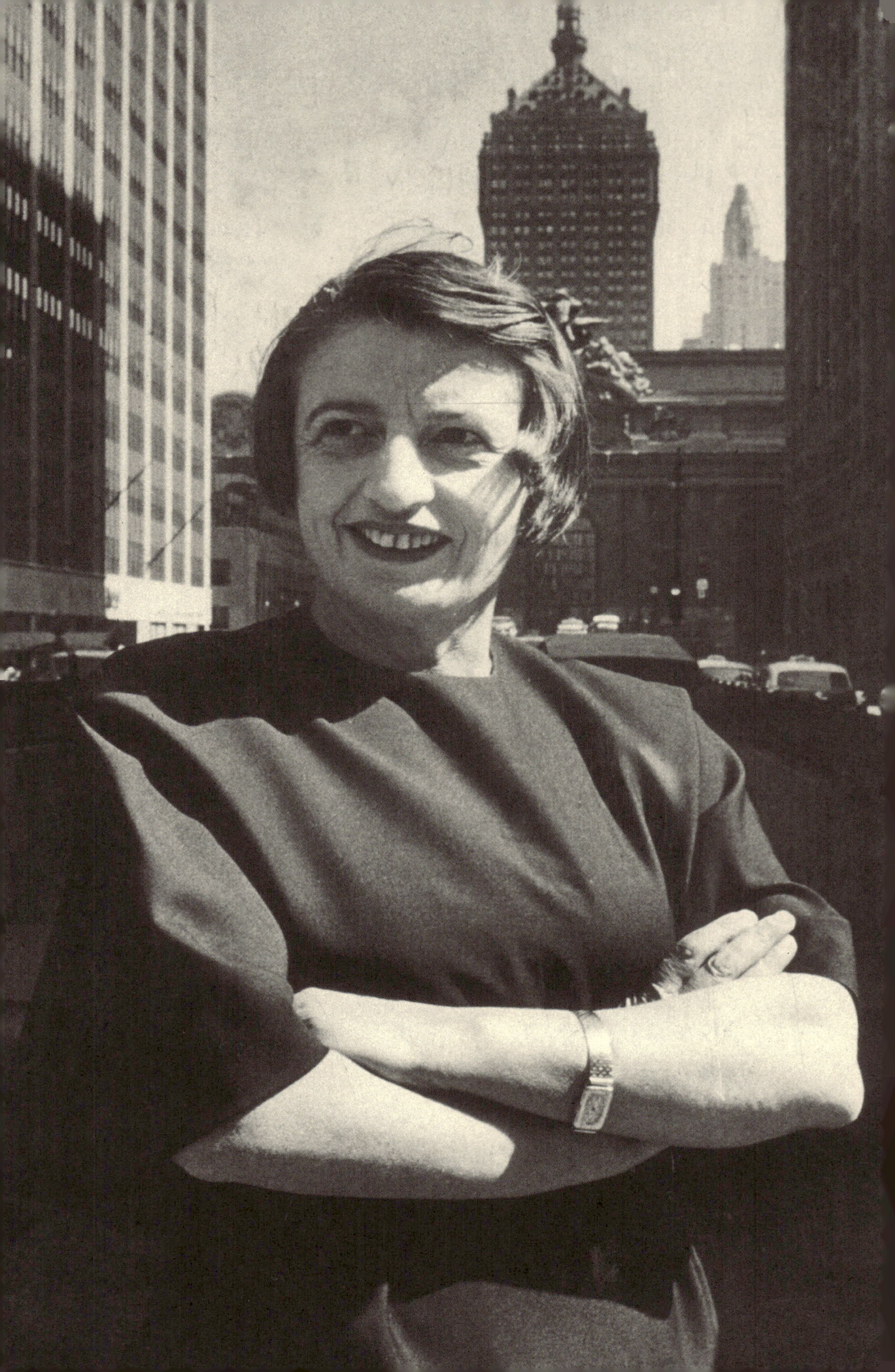

CAPÍTULO 11

UM BREVE ENSAIO SOBRE O OBJETIVISMO DE AYN RAND

Roberto Rachewsky

Há milênios, os seres humanos vêm trilhando os mais diversos caminhos na luta pela existência.
Há poucos séculos, a humanidade tem tido acesso a níveis de vida até então inimagináveis. Nunca vivemos com tal longevidade, com tanta saúde, com impressionante prosperidade e felicidade. O atingimento destes padrões de vida não ocorreu ao acaso, foi fruto de uma série de fatores, mas certamente, nenhum dos fatores que podemos elencar foi mais importante do que o reconhecimento de que somos seres racionais dotados de direitos individuais inalienáveis.

Se é auto-evidente, se é um dado da realidade, que o capitalismo é incomparavelmente superior ao socialismo para entregar os resultados econômicos e sociais que desejamos, por que então, como defensores do capitalismo, seguimos perdendo a luta no embate cultural e ideológico?

Porque desde pequenos, enquanto ainda somos crianças, ouvimos insistentemente de nossos pais ou mestres a advertência de devemos ser altruístas, abrindo mão do que é nosso, sacrificando-se em favor de terceiros.

Quantas vezes ouvimos que deveríamos ceder nossos brinquedos a outras crianças, principalmente quando elas tentam tirá-los de nós intimidando-nos com o uso da força ou fazendo chantagem emocional?

É assim, inculcando desde a infância a ética do sacrifício, que se inicia o processo de construção de uma sociedade coletivista, onde a cultura do altruísmo embasa a luta pela justiça social, com dois fortes apelos, o assistencialismo e o igualitarismo.

O assistencialismo prega que as pessoas são detentoras de "direitos" sobre o que não possuem e que, obviamente, serão atendidos pelos demais através do uso da força ou do auto sacrifício.

O igualitarismo advoga a imoralidade da desigualdade social.

Assistencialismo e igualitarismo, ou justiça social, servirão para pavimentar *O Caminho da Servidão* que, mais cedo ou mais tarde, resultará no estado hipertrofiado, como esse que vemos hoje no Brasil e em outros países, contra o qual todos os que se sentem sufocados pela onipresença estatal querem lutar.

É assim, com a promoção da justiça social, baseada no assistencialismo e no igualitarismo, que se cria um processo de dissonância cognitiva que promove a negação da própria natureza humana, que estimula o auto sacrifício e premia a intimidação, criando a falsa justificativa moral para trocas de soma zero, onde para um ganhar, o outro precisa perder.

Para estabelecer um processo cognitivo adequado, onde a realidade fundamenta a moral e esta justifica a ação, precisamos, desde cedo, ensinar nossas crianças que o princípio correto e verdadeiro para obtermos a felicidade no contexto social, é o princípio do comerciante.

Quem não lembra das trocas de figurinhas colecionáveis, gibis, brinquedos ou jogos que toda criança experimenta?

É assim, desta forma, demonstrando-se que somente é justo obter-se a satisfação através dos processos de troca voluntária, não apenas de valores materiais, mas também intelectuais e espirituais, que estabeleceremos a mentalidade capitalista, a mentalidade da criação e distribuição concomitante e constante de valor. O legítimo jogo do ganha-ganha, sem termos que recorrer ao auto-sacrifício, sem termos que exercer a intimidação.

Assim, criaremos uma cultura digna, ajustada à natureza humana, capaz de reconhecer que o capitalismo é o único sistema político e econômico adequado para se construir uma civilização próspera, não pelos seus resultados consequentes, que todos podem facilmente ver, mas pela preservação do que é essencial, o entendimento de que o indivíduo é um fim em si mesmo e que a sua vida a ele pertence.

É importante, portanto, discutir os fundamentos da liberdade sob uma visão filosófica completa. Expor as vantagens do capitalismo, com seus resultados econômicos, é necessário, mas não é suficiente.

Precisamos, primeiramente, defender a liberdade, o princípio do comerciante, o voluntarismo, a cooperação e a caridade, em contraposição ao sacrifício, ao altruísmo e à intimidação.

Precisamos de ideias que sejam ao mesmo tempo, verdadeiras e corretas, exatamente o que a visão objetivista dos fundamentos da liberdade pode nos trazer.

Quando falamos em visão objetivista não podemos esquecer que estaremos tratando de filosofia. E no caso, estaremos falando do Objetivismo, uma escola filosófica completa, criada por Ayn Rand, uma das mais implacáveis e radicais defensoras do capitalismo.

Ayn Rand ousou formular um conjunto de ideias, oferecendo justificativas não-econômicas a este sistema que ela considera o mais adequado para o homem viver na Terra. Tão interessante quanto suas obras, a própria vida de Ayn Rand poderia ser confundida com um de seus romances e ela mesma com um de seus heróis.

Ayn Rand vivenciou períodos marcantes da história do século XX, alguns deles moldaram sua visão de mundo e fortaleceram os princípios que ela carregou por toda sua vida e que ajudaram a construir sua maior obra, sua filosofia. Influenciou gerações, sendo que seus livros venderam quase de 30 milhões de cópias. Sua obra prima, *A Revolta de Atlas*, foi considerado o livro mais influente dos Estados Unidos da América depois da Bíblia, segundo a Biblioteca do Congresso Americano.

AYN RAND

Ayn Rand nasce no dia 2 de fevereiro de 1905, no seio de uma família de classe média judia. Em 1917, eclode a Revolução Russa.

Os bolcheviques confiscam a farmácia e o apartamento da família, obrigando-os a dividir a residência com estranhos, inclusive com antigos funcionários. Este foi um dos motivos da aversão que ela tinha ao comunismo.

Em 1918, a família deixa São Petersburgo para escapar do regime comunista e se estabelece na Crimeia, onde seu pai abre um novo negócio. Em seguida, os comunistas capturam a Crimeia e nacionalizam novamente o negócio da família. Em 1921, voltam a São Petersburgo (agora chamada de Petrogrado).

Ayn Rand gradua-se no ensino médio. Aos 16 anos, ingressa na Universidade de Leningrado, novo nome da cidade, onde cursa Filosofia e História. Ali toma conhecimento das obras de Aristóteles, que seria sua grande inspiração.

A fome e a doença se espalham por toda a Rússia. Falar contra o governo poderia significar uma passagem só de ida para a Sibéria, para o acusado e sua família. O temor de sofrer punição por suas ideias faz com que Ayn Rand sinta-se aprisionada em seu próprio país.

Em 1924, gradua-se em Filosofia e História e atende um curso para roteiristas no "Instituto de Cinema". No ano seguinte, trabalha como guia de museu. Durante este tempo, desenvolveria sua paixão pelo teatro e pelo cinema, o que a faz sonhar com a vida no estrangeiro.

Parentes que moravam em Chicago, aceitam que ela passe uma temporada com eles. Obtém passaporte, visto e ganha da mãe um bilhete de primeira classe em um navio para a América. Em 26 de janeiro de 1926, deixa a Rússia. Comemora seus 21 anos em Berlim, chegando a Nova York em 10 de fevereiro.

Sua vida nunca mais seria a mesma.

De Nova York, Ayn Rand dirige-se a Chicago, onde, por seis meses, fica hospedada na casa de parentes.

Cumprindo seu propósito de vida, muda-se para Hollywood e imediatamente emprega-se como figurante, passando em seguida, a trabalhar como assistente de roteirista e depois como roteirista. É alí que conhece seu marido para toda a vida, o ator Frank O´Connor.

Escreve diversos roteiros para o cinema, mas consagra-se como escritora de romances. Todos eles tratando do conflito entre o individualismo e o coletivismo. Obviamente, por sua formação filosófica e pela experiência vivida em seu país de origem.

Em 1936, publica seu primeiro livro de destaque, *We the Living*, que posteriormente seria lançado como peça de teatro na Broadway e depois, sem seu conhecimento, uma produção cinematográfica na Itália.

Em 1943, publica *The Fountainhead*" disponível no Brasil, como *A Nascente*, que viria a se tornar também um filme de sucesso, cujo roteiro é escrito pela própria Ayn Rand.

Em 1947, é convocada pela Comissão de Atividades Anti-Americanas da Câmara dos Representantes do Congresso, onde critica a propaganda comunista patrocinada pelo próprio governo americano.

Em 1957, publica sua obra prima, *Atlas Shrugged*, disponível no Brasil com o título *A Revolta de Atlas*" onde ela materializa, na forma de romance, sua filosofia.

Com o sucesso, Ayn Rand passa a dedicar-se exclusivamente à publicação de obras de não-ficção, de *newsletters*, de textos para colunas em jornal, a proferir palestras, a dar aulas na universidade, e a aparições públicas em *talk shows* no rádio e na TV. Dedica-se inteiramente a explicar e difundir o Objetivismo.

Ayn Rand, convém citar, manteve por longos anos um grupo de intelectuais e amigos para discutir questões filosóficas. O grupo chamava-se ironicamente "The Collective" e dele participou Alan Greenspan, que viria a ser presidente do Federal Reserve por muitos anos.

Em 1979, Ayn Rand publica *Introdução à Epistemologia Objetivista*. Naquele mesmo ano, falece seu marido.

Em 1981, faz uma última aparição pública, palestrando na Comissão para a Reforma Monetária na cidade de New Orleans. Alí, apresenta seu famoso discurso "A Sanção da Vítimas".

Em 06 de março 1982, Ayn Rand morre em New York.

FILOSOFIA

Filosofia é a ciência que estuda a existência e busca determinar os fundamentos que envolvem a nossa vida na Terra.

Todo conjunto de ideias para ser considerado uma filosofia completa, deve atender os cinco ramos que compõem qualquer filosofia: metafísica, epistemologoa, ética, política e estética.

Metafísica, também conhecida como teoria da realidade, busca responder as questões: onde estamos e quem somos.

Epistemologia, também denominada por teoria do conhecimento, responde as perguntas: como eu sei e como eu sei que eu sei.

Ética, a ciência dos valores morais, questiona como eu devo viver.

Política, a ciência que trata das leis e do governo, com repercussões na economia e no mercado, busca responder à pergunta: como viver num contexto social.

E, finalmente, a Estética, ou Filosofia da Arte, que busca responder à pergunta: como reproduzir abstrações na forma concreta.

É importantíssimo entender que os ramos da Filosofia seguem uma rígida ordem de precedência, sendo a Metafísica pré-requisito para o estudo da Epistemologia, esta da Ética e assim por diante. Quem quiser inverter a ordem sequencial ou tentar definir uma ética ou uma visão do mundo a partir da economia, por exemplo, inverterá a ordem de formação do pensamento e estará incorrendo em um grave erro.

O estudo da filosofia proporciona também uma visão mais adequada da História da Humanidade, permitindo um melhor entendimento da cultura de cada povo, em uma determinada época e lugar, facilitando a compreensão dos acontecimentos.

OJETIVISMO

O Objetivismo elegeu para responder aquelas cinco perguntas mencionadas acima, da seguinte maneira:

Onde estamos? Quem somos? Realidade, Lei da Identidade e Consciência.

Como eu sei? Como eu sei que eu sei? Razão, Método Científico e Lógica.

Como eu devo viver? *Egoísmo racional*, Autointeresse.

Como viver num contexto social? Capitalismo Radical ou Capitalismo *Laissez Faire*.

Como reproduzir abstrações na forma de concretos? Realismo Romântico.

Metafísica é a ciência que estuda a teoria da realidade, da existência.

A visão metafísica objetivista é óbvia e inicia com um axioma fundamental: a existência existe.

Objetivistas não acreditam em coisas sobrenaturais, em espíritos que vagam por aí, na possibilidade de que algo possa existir fora da existência ou do universo.

Para o Objetivismo, existir é ser algo; ser algo é ter uma identidade. Ou seja, existência é identidade, o que nos leva a um segundo axioma: a lei da identidade que estabelece que se algo existe, este algo tem determinadas características que formarão uma identidade que comporá uma determinada entidade.

Entidade é tudo aquilo que existe e por causa das suas características mais peculiares, são passíveis de classificação, quantificação etc. Cada entidade é igual à soma de suas características, sendo, portanto, igual a si mesma, não podendo ao mesmo tempo ser igual a algo diferente.

Como corolário da lei da identidade temos a lei da causalidade que diz: toda ação produz um efeito e que esse efeito necessariamente tem uma causa e essa causa está sempre ligada a alguma entidade cuja ação não pode contrariar a sua natureza.

A consciência existe neste contexto. Realidade tem primazia sobre a consciência. Não faz sentido uma consciência consciente de si mesma. A realidade entra em nossa consciência e é percebida por ela. Não é a consciência que cria a realidade. Ayn Rand resumia isso afirmando que existência é identidade; consciência é identificação.

Toda essa exposição sobre a metafísica tem como objetivo principal, reconhecer que o que existe no universo existe com determinadas características, e que o homem, por ser uma entidade com uma certa identidade que o faz diferente de tudo o mais que existe, seja um mineral, um vegetal ou animais de outras espécies, irracionais, precisa agir de acordo com a sua natureza, utilizando o equipamento que lhe é natural para preencher os requisitos que lhe permitirá, antes de qualquer outra coisa, existir.

A epistemologia, ou a teoria do conhecimento, considerando-se a filosofia objetivista, defende que não há dicotomia entre corpo e mente. Que somos muito mais do que exclusivamente matéria, somos também nossos propósitos, nossas ideias, nossos sonhos e nossas emoções. Não existe tampouco, como vimos na metafísica, a possibilidade de uma vida extracorpórea. Não crê na possibilidade de atos revelatórios, sejam estes divinos ou extrasensoriais. Não aceita a ideia de que o homem tem instintos como os outros animais. Instintos estes como programas automáticos contra os quais os seres não podem se rebelar, contradizer, negar o seu cumprimento.

Acredita no livre arbítrio, na faculdade do uso da razão. Entende que temos o futuro a nossa disposição, o que significa que não acredita em destino manifesto e nem em determinismo histórico.

Percebe que a razão incorpora as emoções. A razão deve identificar os valores, construir os caminhos e a emoção reage dando o necessário combustível para persegui-los. Agora, a emoção é acessória. Ela tem que ser colocada no seu devido lugar.

O Objetivismo entende que nascemos como uma folha em branco, sem conhecimento prévio, nem uma moralidade congênita. Todo nosso conhecimento é obtido através das informações captadas por nossos sentidos.

Estas informações fruirão para e pela nossa mente, através do código visual e auditivo que chamamos de linguagem para formarmos os conceitos que nos permitirão criar abstrações, integrações e ideias. A linguagem é a maior invenção humana. Ela não tem como função fundamental a comunicação, mas a formação de conceitos. A comunicação é importante, mas como consequência. Afinal, não é possível a comunicação, sem termos algo para comunicar.

Num mundo onde a divisão do trabalho prolifera e o conhecimento se aprofunda e se especializa cada vez mais, a linguagem e a comunicação são cruciais para o desenvolvimento. Este é um processo que envolve a cognição e a funcionalidade, através do qual transformaremos o mundo que percebemos, traduzindo os concretos existentes, em abstrações para desenvolvermos novos concretos transmitindo-os para os demais.

É assim que construímos conceitos e princípios, através do que percebemos, validando as ideias confrontando-as com a realidade e com a lógica, revendo nossos pensamentos, nossas premissas, até que não existam mais contradições. Esses são os métodos que médicos diagnosticam, tratam e curam doenças, que artistas criam músicas ou obras artísticas para reproduzir utopias possíveis ou impossíveis.

É assim que filósofos descobrem a natureza do universo, do homem. É assim que crianças aprendem a linguagem, a matemática e boas maneiras.

Objetivismo foi um termo escolhido por Ayn Rand a partir do conceito de objetividade.

A partir desse entendimento de que a realidade existe, independentemente da nossa consciência, dos nossos medos, das nossas objeções ou das nossas discordâncias.

Objetividade atesta que ao defendermos qualquer ideia ou visão, é a realidade que estará dando sempre a última palavra.

A razão é o meio pelo qual todos nós aprendemos sobre o mundo, sobre nós mesmos, sobre nossas necessidades e como satisfazê-las apropriadamente.

Todo conhecimento humano começa com a informação. Questões como onde, quando, quem, como, quanto e por que podem ser combinadas formando trilhões de perguntas e respostas trocadas por bilhões de pessoas.

Quando falamos em fluxo da informação, estamos falando em fluxo da vida, possível apenas através da formação de conceitos; possível apenas aos seres humanos, através da linguagem.

Então, se a metafísica nos diz que precisamos agir para existir, a epistemologia nos diz que para existir precisamos necessariamente usar a razão.

Se sabemos onde estamos, quem somos, e como sabemos a respeito disso, resta-nos eleger os valores morais a serem levados em consideração neste desafio existencial. Esse é o papel da ética.

A ética estabelece quais são os valores que devem nortear nossa ação para a preservação de nossa existência. O objetivismo entende que a própria vida é o padrão moral de valor mais elevado que há. Para nós, seres humanos, não havendo vida, não há existência. Logo, agir guiado pelo autointeresse não é apenas uma questão ética, é existencial.

Portanto, o autointeresse, ou seja, tudo aquilo que fazemos em prol da nossa vida, da nossa existência, é o valor ético a ser defendido.

Como já vimos, o que pode garantir uma vida próspera, com a satisfação do nosso autointeresse, é nossa capacidade do uso da razão. Esta integração de conceitos, autointeresse e uso da razão, formam a ideia eticamente ideal do *egoísmo racional*.

Para uma vida coerente com o princípio ético do *egoísmo racional* são indispensáveis sete virtudes que permitirão termos uma vida melhor, mais longa, mais feliz, sem prejudicar a nós mesmos, nem aos outros.

A racionalidade é o reconhecimento de que a razão é nossa única fonte de conhecimento, nossa única ferramenta para julgar o que a realidade e a lógica nos apresentam e nosso único guia para a ação. Ser irracional não quer dizer estar cego ao que acontece, nem ignorante da realidade. Ser irracional é recusar a premissa de que a racionalidade é nosso meio de sobrevivência, é não querer enxergar a realidade, é não querer aprender, saber e conhecer o que a realidade e a lógica nos oferecem para termos uma vida melhor, próspera e pacífica.

Honestidade é não falsear a realidade para si mesmo, nem para os outros. A mentira prejudica a mente.

Integridade é não falsear a sua própria consciência, é concluir sobre premissas que já aceitamos como válidas e agir de acordo com os princípios que entendemos serem verdadeiros e corretos.

Independência é usar a própria mente para lidar com a realidade, é deixar de lado a fé ou a crença naquilo que está escrito ou que nos dizem sem que a gente mesmo faça nossa avaliação das premissas confrontando-as com a realidade e a lógica. É não aceitarmos dogmas. Independência também é a virtude de podermos manter nossa vida de forma autônoma, ou seja, por nosso próprio esforço, sem depender do sacrifício de ninguém.

Produtividade é a virtude de podermos manter nossa vida materialmente através da geração de valor.

Justiça é dar a cada um o que cada um merece. É entendermos que cada indivíduo, com sua consciência, faz parte da realidade, é algo e como tal tem uma identidade. Ser justo é entender que tipo de natureza aquela pessoa tem e que ação ela promoverá, causando algum efeito qualquer. Não podemos nos evadir de uma avaliação e de dar um tratamento adequado a cada indivíduo com o qual vamos ou estamos nos relacionando. Justiça é dar o valor adequado a cada coisa. Neste sentido, é tratar cada um como merece.

Orgulho é o auto-reconhecimento de que se está a cada dia, moralmente melhor. Orgulho, não pode ser confundido com arrogância ou soberba.

Tendo em vista a ética objetivista, somente um sistema político é possível: o Capitalismo Radical, comumente chamado de Capitalismo *Laissez Faire*.

Ayn Rand dizia que civilização é o avanço em direção a uma sociedade de privacidade. A inteira existência do homem selvagem é pública, comandada pelas leis de sua tribo. Civilização é o processo de libertar o homem dos homens. Numa sociedade civilizada, as relações interpessoais de qualquer tipo não dizem respeito à sociedade nem ao governo, a não ser quando elas se transformam em violação dos direitos de alguém, quando o governo é chamado a intervir para conter a iniciação do uso da violência por parte de alguém, retaliando contra ela.

É para extrair a violência da sociedade que o Objetivismo entende ser necessário que se institua uma agência chamada governo, que tem uma única e inequívoca função, garantir a existência de uma sociedade livre baseada economicamente no sistema de livre mercado. Livre mercado é o mercado livre da violência, praticada em suas diversas formas, a iniciação do uso da força, furtos, roubos, sequestros, estupros, agressões, assassinatos, fraudes, rompimentos de contratos de forma unilateral e injustificada, de desavenças e o mais importante de tudo, a sociedade livre da ação violenta do governo.

Numa sociedade de homens racionais, existe apenas um contrato implícito, o de que a vida é o valor maior para cada indivíduo. Existir é um direito inalienável, portanto, se alguém não respeita essa cláusula, deve ser afastado da sociedade e, se a sociedade, através do seu governo, não respeita os direitos individuais, então ela não é uma verdadeira sociedade. É apenas um amontoado de bárbaros vivendo no caos promovido pela violência.

Esse tema é fundamental para o debate ideológico e é exatamente aqui que Ayn Rand inova. Ela demonstra com sua filosofia que direitos não são outorgados por nenhuma entidade, seja ela divina, seja ela um rei, um partido político ou a própria sociedade. Tampouco é um direito natural, no sentido de que ela não é autoevidente, nem brota das árvores ou cai do céu.

Ela conclui que, tendo em vista o que a metafísica, a epistemologia e a ética objetivista apresentam, a teoria dos direitos individuais baseia-se em princípios morais derivados da própria análise da realidade. O fato do homem existir, sendo o ser racional que é, determina que ele tenha de forma inalienável os direitos à liberdade e à propriedade para ter seu direito à vida garantido. Direito à liberdade nada mais é do que a possibilidade do homem agir, de acordo com seu próprio julgamento, para o seu próprio benefício, para garantir, prolongar, promover e aproveitar sua própria vida, como melhor lhe convier, sem compulsão, sem coerção, por meio de escolhas voluntárias não impostas por alguém.

É para proteger os direitos individuais que existe o governo. É importante que se tenha em mente que governo que viola direitos individuais não é governo, é máfia. Lembrem-se da lei da identidade que diz que cada entidade é igual à soma de suas características, sendo, portanto, igual a si mesma, não podendo ao mesmo tempo ser igual a algo diferente. Ora se há uma entidade que viola direitos e não os protege, então essa entidade não é um governo, mas sim uma máfia. E como tal deve ser tratada.

O governo sob a ótica objetivista deve ser limitado a apenas três funções básicas e nada mais do que isso, sob pena dele deixar de ser um protetor de direitos para ser um violador de direitos.

A proteção dos direitos individuais no âmbito doméstico por meio da polícia, o trabalho de julgar e punir aqueles que violarem direitos por meio de tribunais. Estes podem também servir como mediadores em caso de disputas ocasionais. E a proteção dos indivíduos daquela sociedade contra a agressão por estrangeiros.

O governo deve ser limitado ao provimento de segurança e justiça. Limitado por uma Constituição que tem como objetivo precípuo, dizer o que o governo pode fazer. Tudo aquilo que não estiver ali previsto, não é facultado ao governo que faça.

O Objetivismo defende o *"rule of law"* ou o império das leis. Leis objetivas derivadas dos direitos individuais e criadas para reforçá-los e protegê-los. Leis prospectivas, de amplo conhecimento da população, claras, de fácil interpretação, aplicáveis igualmente para todos os indivíduos, sem privilégios nem restrições, preservando o direito ao contraditório, através do devido processo legal.

Agora, não é apenas o governo que cria leis. Os indivíduos podem criar suas sociedades regidas por leis próprias que devem ser respeitadas por todos e subordinadas às leis objetivas que as antecederam. Leis próprias aqui, nada mais são do que os contratos particulares.

No provimento de segurança, o governo deve agir para proteger os indivíduos, daqueles que iniciam o uso da violência, da força ou de fraude. Mas o governo não pode ter o monopólio do uso da força. Ele não é onipresente, nem onipotente, para oferecer segurança a todo momento. O legítimo direito à autodefesa, à proteção da própria vida, ou de terceiros, e dos valores eventualmente ameaçados por gente violenta, permitem que os indivíduos ajam emergencialmente, de forma direta, ou indireta, por meio de agências de segurança por eles contratadas.

O monopólio que o governo detém, é aquele que impede que um indivíduo atacado possa tomar para si o trabalho de apuração dos fatos, o julgamento sobre a responsabilidade e a aplicação da pena sob o risco de, em vez de estar se defendendo de um suposto agressor, estar apenas violando o direito de alguém, inclusive o direito ao devido processo legal e ao contraditório de quem for suspeito.

Também os tribunais não deteriam o monopólio para dirimir conflitos. As partes poderiam recorrer aos serviços privados de arbitragem para sanar dúvidas ou mediar desentendimentos. É claro que existe a possibilidade de as partes terem que recorrer à justiça estatal em última instância, caso não se satisfaçam com o resultado apresentado pelo árbitro privado escolhido. Eventualmente, o cumprimento de um contrato terá que ser forçado pelo governo, tanto quanto este faria para a imposição de uma lei.

Considerando a lógica de que governos existem para proteger os direitos individuais, não podem então violá-los sob pena de tornarem-se máfias, concluímos então que seu estabelecimento e manutenção teriam que depender exclusivamente de financiamento voluntário. Sempre que alguém firmasse um contrato, poderia optar por tê-lo protegido pelo governo por meio do pagamento de uma taxa. Sempre que alguém tivesse uma desavença, recorreria à justiça pagando as custas judiciais.

Certamente, uma sociedade onde o governo fosse separado da economia, onde inexistissem leis positivistas ou redistributivistas, os conflitos entres as pessoas tenderiam a cair enormemente, até porque o governo é o maior usuário do Judiciário e o maior violador de direitos que conhecemos nos dias de hoje.

Os custos para a manutenção do governo cairiam de tal maneira que ninguém se importaria até de lhe fazer doações e certamente, como já ocorre hoje, contribuir com sua arrecadação através de loterias.

Seria muito interessante que os economistas, que hoje dedicam exaustivas horas tentando prever e prescrever as ações do governo, estudassem formas voluntárias de financiá-lo, baseadas no princípio do comerciante.

A estética, ou filosofia da arte, culmina com a conjugação dos demais ramos da filosofia, amarrados e conectados por meio da linguagem. Mas uma linguagem de outra espécie. Se a metafísica nos demonstra que a nossa consciência capta os concretos da realidade e, através da linguagem, forma os conceitos utilizando-se do nosso sistema sensorial e perceptivo, visual e auditivo, utilizando nossa cognição para dar funcionalidade aos conhecimentos adquiridos, na estética o caminho é inverso. Aquilo que nossa consciência captou, conceituou, memorizou e integrou na forma de conceitos e ideias, servirá de insumo para a construção de concretos ficcionais expressados através das atividades artísticas.

E é aí que as mensagens abstratas e subjetivas tomam forma para estabelecer novos padrões de valor sem compromisso imediato com o problema existencial, mas sim com visões ideais, utópicas, distópicas etc.

A arte tem o propósito de tornar abstrações que habitam a consciência de um artista em uma obra que adquire a forma dos concretos imaginados. É a maneira que temos para permitir uma relação perceptual entre o nosso imaginário e o público. Cada artista expõe sua visão essencial, metafísica, de como vê o mundo, de como vê a si próprio e que valores ele elege como seus.

Para os objetivistas, e Ayn Rand deixou isto bem claro em suas obras ficcionais, a arte romântica deve tratar de temas universais, atemporais, sobre os problemas e os valores relacionados com a existência humana. Como dizia Aristóteles, a arte deve representar não aquilo que é, mas como poderia ser ou como deveria ser.

Como eu mencionei no início deste artigo, depois que estudamos a filosofia, podemos desenvolver uma análise da história baseada não apenas nos fatos em si, mas também nas escolas de pensamento, nas visões de mundo e nas culturas que determinaram as ações daquelas sociedades, no que se refere à política e à economia.

AYN RAND E OS DEVANEIOS DO COLETIVISMO

Podemos afirmar, sem descartar a polêmica, que a humanidade percorre dois caminhos antagônicos essencialmente, o que segue a Escola Platônica e a Escola Kantiana, que são basicamente subjetivistas, que dão primazia à consciência sobre a realidade, que privilegiam a dedução e o apriorismo sobre o método indutivo de formação de conceitos e princípios, que favorecem a religiosidade, o dogma, o materialismo que pode ser identificado no marxismo ou numa espiritualidade desapegada metafisicamente da realidade e vinculada com a fé e a crença. Normalmente utilitarista, normativa, que entende que o homem tem deveres com a sociedade e que a obediência é o objetivo mais elevado que se pode esperar desenvolver no indivíduo. Escolas que veem o homem como um ser limitado, que reage apenas à dor. Que peca originalmente e está submetido aos caprichos, aos vícios, e que vive hedonisticamente guiado pelo prazer. Essa é a trilha que defende o coletivismo, que estabelece a visão do homem como sendo um meio para um fim maior.

E de outro lado, temos a Escola Aristotélica de pensamento, restaurada na Idade Média por Tomás de Aquino com seus trabalhos seculares, amplamente promovida pelo Iluminismo, principalmente a partir do século XVII, que produziu a Revolução Gloriosa, a Revolução Industrial e a Revolução Americana que acabou por criar os Estados Unidos da América, a primeira sociedade na história a institucionalizar o capitalismo, a partir da consolidação de uma mentalidade, até então inexistente, que compreende, aceita e defende que o homem é um fim em si mesmo, capaz de criar riqueza suficiente para melhorar a vida de toda uma nação, como ocorreu com a sociedade americana, mesmo recebendo dezenas de milhões de indivíduos, imigrantes que fugiram da opressão de seus países, exatamente aqueles países cujas sociedades viviam sob a égide do coletivismo. Sim, a economia dos países mais próximos dos ideais do capitalismo são superiores, mas são superiores por causa da filosofia que está no seu alicerce, a filosofia que advoga em favor da realidade, da razão e do autointeresse. Aquela criada por Ayn Rand, o Objetivismo, a filosofia para se viver na Terra.

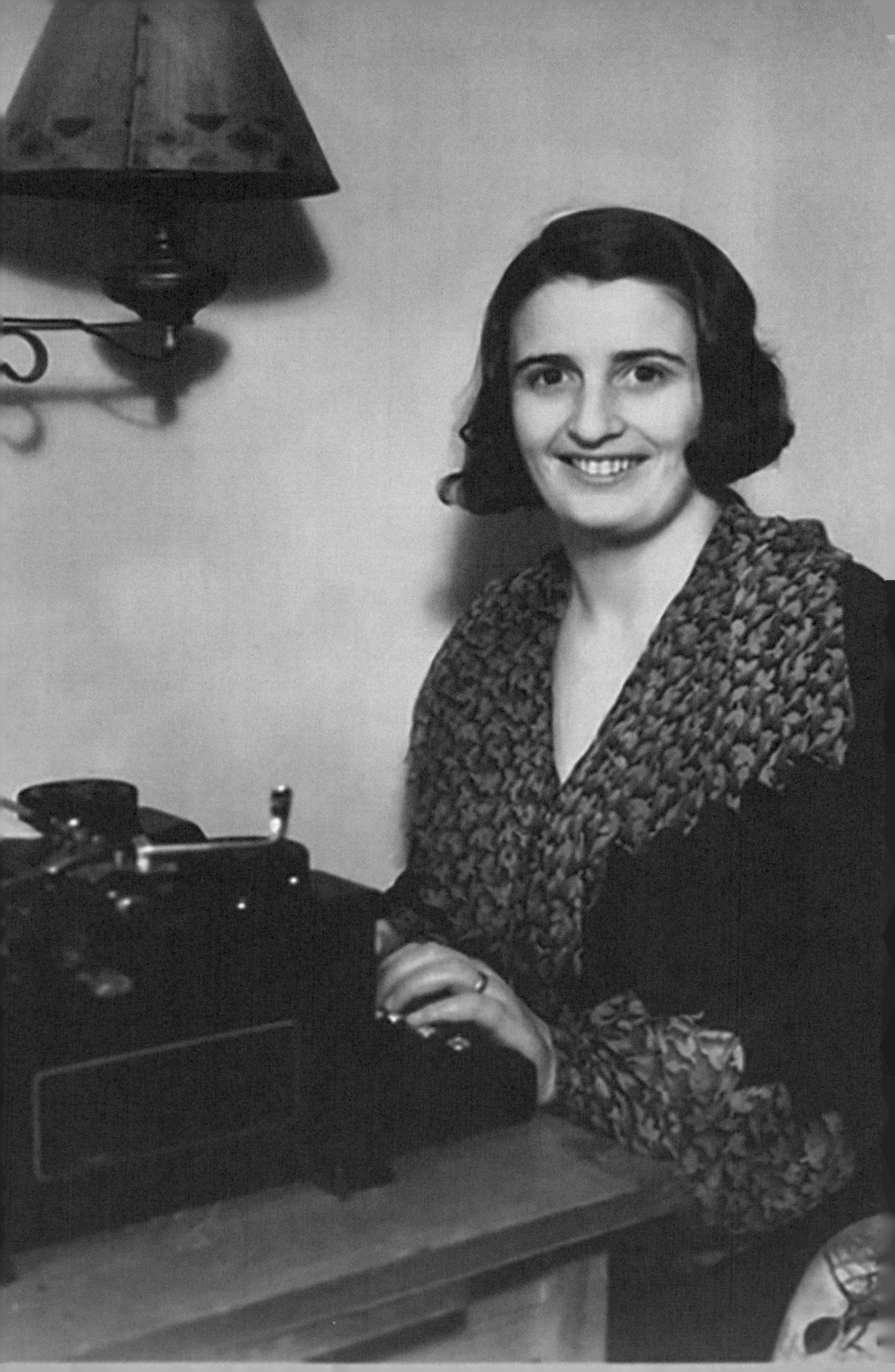

APÊNDICE

O LEGADO DE AYN RAND

Weverton Paulo da Silva
Luciene Gomes dos Santos

Além de filósofa, Ayn Rand foi uma escritora fecunda e de sucesso mundial, escrevendo desde romances a peças de teatros e obras de não-ficção, relacionadas a explicar e divulgar sua filosofia. Somadas, suas obras de ficção e de não-ficção, no começo da década de 80 já tinham vendido mais de 20 milhões de exemplares em todo o mundo. Outro dado que demonstra a magnitude e a influência do pensamento de Rand é manifesto na pesquisa realizada pela Biblioteca do Congresso Americano no ano de 1991. O levantamento para saber qual livro havia exercido maior influência na vida das pessoas apontou a obra *Atlas Shrugged* (1957), de Ayn Rand, em segundo lugar na pesquisa. Em primeiro lugar ficou a Bíblia.

Mesmo em suas peças de teatro e romances Ayn Rand já expunha seus ideais filosóficos, até que, a partir de 1957, após a publicação de seu último romance, passou a se dedicar exclusivamente à disseminação da filosofia que criara, chamada de Objetivismo. Seus escritos filosóficos abarcam os vários ramos da filosofia, de modo que, aqui citamos apenas alguns deles: *Philosophy: Who needs it* – Metafísica;

Introduction to Objectivist Epistemology – Epistemologia; *The Virtue of Selfishness* – Ética; *Capitalism, the unknown ideal* – Política; *The Romantic Manifesto* – Estética.

Dentre as várias obras escritas por Ayn Rand, apresentaremos aqui aquelas que consideramos suas obras mais importantes, por conta da repercussão e do sucesso que alcançaram. De fato, sua produção literária se estende a bem mais do que nos seria possível abordar aqui, de modo que ao final deste capítulo o leitor que quiser conhecer mais sobre Ayn Rand e suas obras encontrará várias fontes, de inesgotável material.

OBRAS DE FICÇÃO

We the Living (1936 e 1959)

Publicado no ano de 1936, a primeira impressão do romance *We the Living* pela editora Macmillan Company foi de apenas 3.000 cópias. Antecipando um possível fracasso de vendas por conta das primeiras críticas a obra terem sido negativas, a editora violou sua obrigação contratual e destruiu o material utilizado na publicação do livro. Contudo, graças à propaganda boca a boca, essa primeira tiragem se esgotou nas livrarias em apenas 18 meses após a publicação. Na era pré-digital, uma segunda impressão exigiria investimentos a partir do zero, e, por isso, uma nova edição revisada dessa obra foi publicada apenas no ano de 1959, após o estrondoso sucesso de outra obra de Rand – *Atlas Shrugged* (1957). A obra tem como cenário a Rússia comunista, no início da década de 1920, e narra o romance entre a estudante universitária Kira Argounova e Leo Kovalensky, e as dificuldades enfrentadas por eles mediante a imposição de um Estado totalitário, que reivindica o direito do coletivo em prol das vidas individuais. Em síntese, o tema principal de *We the Living* consiste em demonstrar a luta do indivíduo contra o Estado totalitário e coletivista.

Anthem (1938 e 1946)

Rejeitado pelos editores americanos, o romance *Anthem* foi publicado pela primeira vez na Inglaterra, no ano de 1938. A edição americana, levemente revisada por Rand, foi publicada apenas em

1946. A obra se passa num futuro onde o coletivismo prevaleceu de tal maneira que não existe mais a palavra "eu". Não existem bens pessoais nem amor romântico, e todas as preferências pessoais são tidas como pecaminosas e altamente condenáveis. Nessa sociedade distorcida pela imposição do coletivo sobre o indivíduo, Ayn Rand narra a luta do jovem chamado de Equality 7-2521 em sua busca por conhecimento, sua tentativa de encontrar o próprio futuro, ao mesmo tempo em que conhece a obstinada Liberty 5-3000. Juntos, desafiam as leis de sua sociedade, arriscando as próprias vidas. No Brasil, a obra ganhou uma tradução no ano de 2015 pela Vide Editorial, com o nome de *Cântico*.

The Fountainhead (1943)

Inicialmente rejeitado por doze editoras, *The Fountainhead* foi publicado pela primeira vez no ano de 1943, pela editora Bobbs-Merrill Company. A obra, que começou a ser escrita no ano de 1935 com o nome de *Second Hand Lives*, depois de um começo lento nas vendas, no ano de 1945 alcançou o sexto lugar na lista de *best-sellers* do *The New York Times*, com 100.000 cópias vendidas, tornando-se um sucesso de críticas e de vendas. Nessa obra, Ayn Rand apresenta o arquiteto Howard Roark como o modelo de homem ideal: guiado pela razão, independente e de grande autoestima. Na luta para superar a rejeição profissional por conta de suas ideias inovadoras em uma sociedade que privilegia a tradição, Roark luta não só contra os críticos arquitetônicos, que são seus colegas profissionais, mas contra toda a sociedade. Tudo em nome de sua independência e recusa em comprometer seus princípios. Tamanho foi o sucesso alcançado pelo livro que em julho do ano de 1949 a obra ganhou uma versão cinematográfica pela Warner Brothers, estrelada por Gary Cooper e Patricia Neal. No Brasil, o filme foi lançado com o nome de *Vontade Indômita*, e o livro com o nome de *A Nascente*. Atualmente, a obra já foi traduzida em 22 idiomas.

Atlas Shrugged (1957)

Quarto e último romance de Ayn Rand, data do ano de 1945 o primeiro rascunho manuscrito do romance *The Strike*, título original da obra *Atlas Shrugged*. A obra foi publicada no dia 10 de outubro de 1957, pela editora Random House, e com apenas dois meses já estava entre os dez primeiros na lista de *best-sellers* do *The New York Times*. A obra mescla ficção científica, mistério e romance, ao descrever um futuro em que vários empresários nos Estados Unidos resolvem abandonar a sociedade, em reposta as exponenciais regulações e taxações impostas aos cidadãos produtivos e suas empresas, por um governo corrupto e ineficiente. Foi, sobretudo, a partir da publicação deste livro que Rand consagrou-se como a principal escritora e filósofa defensora do individualismo, com uma série de temas abarcados por essa obra e posteriormente desenvolvidos em sua filosofia do Objetivismo. No Brasil, a primeira tradução foi lançada no ano de 1987 com o título de *Quem é John Galt?*, e, em 2010, com o nome de *A Revolta de Atlas*. A obra recebeu uma adaptação cinematográfica, de mesmo nome, dividida em três partes, sendo a primeira lançada em 2011, seguida pela segunda parte em 2012 e a terceira no ano de 2014.

OBRAS DE NÃO-FICÇÃO

For the New Intellectual (1961)

Após a publicação e o sucesso de *Atlas Shrugged*, Ayn Rand se dedicou à escrita de trabalhos filosóficos de não-ficção, como meio de explicar e divulgar seus ideais. Inaugura essa nova fase a obra *For the New Intellectual*, livro publicado como uma coletânea dos discursos filosóficos extraídos de seus romances. Em um longo ensaio introdutório, Rand argumenta que a civilização ocidental está em declínio e em vias de falência, por conta do fracasso de seus filósofos e intelectuais. Os enxertos criteriosamente selecionados por Rand e posteriormente apresentados na obra servem justamente para apresentar o esboço de sua filosofia guiada pela razão, a qual, segundo Rand, seria a única capaz de fazer frente ao movimento altruísta e coletivista responsável por esse fracasso. As vendas dessa obra ultrapassaram a marca de um milhão de cópias.

The Objectivist Newsletter (1962 – 1965)

Seguindo o princípio de promover a sua nova filosofia, o Objetivismo, entre os anos de 1962 até 1976 Ayn Rand escreveu ensaios que, juntamente com outros colegas, publicou em três periódicos sucessivos: *The Objectivist Newsletter*, *The Objectivist* e *The Ayn Rand Letter*. A criação e as publicações do *The Objectivist Newsletter*, em parceria com Nathaniel Branden, ocorreram mensalmente em um boletim de quatro páginas, de janeiro de 1962 a dezembro de 1965, data em que o boletim foi convertido para o formato de revista sob o título de *The Objectivist*. Embora os artigos publicados no *The Objectivist Newsletter* tenham sido escritos há várias décadas, a interpretação filosófica de Rand sobre os temas abordados proporciona aos ensaios uma atemporalidade e relevância que transcendem os limites de sua época. Os ensaios publicados no *The Objectivist Newsletter*, entre os anos de 1962 até 1965, foram reunidos e publicados em uma obra de nome análogo. Foram lançados, também, outros livros, reunindo apenas os artigos mais significativos publicados nesses periódicos.

The Virtue of Selfishness (1964)

Entre os anos de 1962 até 1976 Ayn Rand escreveu e publicou em três periódicos sucessivos: *The Objectivist Newsletter*, *The Objectivist* e *The Ayn Rand Letter*. Vários desses ensaios foram posteriormente reunidos no formato de obras literárias, assim como ocorreu com essa obra. Publicada no ano de 1964, *The Virtue of Selfishness* reúne artigos de Ayn Rand e Nathaniel Branden publicados no periódico *The Objectivist Newsletter*. Uma particularidade dessa obra diz respeito à introdução escrita por Rand em setembro de 1964 e que, a partir de novembro de 1970, faz constar uma nota, também escrita por Ayn Rand, comunicando o afastamento de Nathaniel Branden de todos os meios e canais ligados à sua filosofia. No Brasil, a obra foi traduzida pela Editora Ortiz S. A. no ano de 1991 sob o título de *A Virtude do Egoísmo*. No primeiro e principal ensaio dessa obra, "A Ética Objetivista" (1961), Ayn Rand apresenta sua teoria ético-filosófica a partir da desconstrução acerca do princípio do altruísmo, substituindo-o pelo princípio do *egoísmo racional*, aspecto fundamental em sua filosofia objetivista.

Capitalism: The Unknown Ideal (1966)

Assim como as outras publicações citadas anteriormente, a obra *Capitalism: The Unknown Ideal* é composta por diversos ensaios publicados originalmente nos periódicos *The Objectivist Newsletter* e agora também do *The Objectivist*. No ano de 1966 foi publicada uma primeira edição, de capa dura, pela *New American Library*. No ano seguinte, em 1967, foi lançada uma nova edição em brochura, revisada para incluir dois ensaios adicionais. Tal como aconteceu na obra *The Virtue of Selfishness* – que havia sido publicada em 1964 –, no ano de 1970 Rand revisou a introdução para refletir sua ruptura com Nathaniel Branden. Essa obra não apresenta um tratado sobre a economia do capitalismo, mas uma defesa atemporal da filosofia do capitalismo enquanto único sistema econômico, social, moral e prático consistente com a natureza humana. Nessa obra, Rand e seus colegas defendem o capitalismo *laissez-faire* como um ideal moral, argumentando que o capitalismo ao qual se referem se restringe exclusivamente à proteção dos direitos individuais, o que inclui o direito à propriedade.

The Objectivist (1966 – 1971)

As publicações que anteriormente ocorriam mensalmente no periódico *The Objectivist Newsletter*, a partir do ano de 1966 passaram a ocorrer em formato de revista de dezesseis páginas, sob o título de *The Objectivist*. A publicação da revista *The Objectivist* ocorreu de janeiro de 1966 até setembro do ano de 1971, quando foi substituída por um boletim quinzenal chamado *The Ayn Rand Letter*. No final do ano de 1966 a revista contava com mais de 21.000 assinantes. A obra que reúne todos os ensaios desse período (1966-1971) foi publicada nos Estados Unidos, em capa dura, contendo 1.120 páginas. Nela, além dos ensaios de Rand a respeito de uma variedade de temas, como o lançamento da Apollo 11 ou críticas de livros como sugestões para seus leitores, também é possível encontrarmos artigos de vários de seus colaboradores, desenvolvidos sob a sua supervisão, e que não foram publicados em nenhum outro lugar.

Introduction to Objectivist Epistemology (1966)

A obra *Introduction to Objectivist Epistemology* foi inicialmente publicada como uma série de ensaios no periódico *The Objectivist*, entre julho de 1966 a fevereiro de 1967, sendo posteriormente republicada, ainda no ano de 1967, como um livreto pelo *Instituto Nathaniel Branden*. Em 1979 foi publicado pela *New American Library* um livro que reunia o ensaio de Rand junto a um outro ensaio, publicado por Leonard Peikoff no *The Objectivist*, entre maio a setembro de 1967. A mesma editora publicou em 1990 uma edição revisada, coeditada por Peikoff e Harry Binswanger. Nessa obra, Rand apresenta e desenvolve sua proposta para o problema histórico dos universais, com a introdução de uma nova teoria sobre a formação de conceitos, enquanto o artigo de Peikoff, baseado na teoria de Rand, e, por ela editado, apresenta uma crítica à distinção analítico-sintética.

The Romantic Manifesto (1969)

Essa coleção de ensaios sobre a natureza da arte foi publicada pela primeira vez no ano de 1969, pela *The World Publishing Company*, e, em 1971 uma edição em brochura foi publicada pela *New American Library*. A maioria dos ensaios contidos nesta obra derivam do periódico *The Objectivist*, com exceção do capítulo "Introduction to Ninety-Three", que foi originalmente escrito como uma introdução para uma edição do romance de Victor Hugo. Uma edição revisada foi publicada em 1975, com o acréscimo do capítulo *"Art and Cognition"*. Esse foi o primeiro livro de Rand a ser publicado após sua ruptura com Nathaniel Branden, e, ao contrário das coleções anteriores, *The Romantic Manifesto* não contém material escrito por Branden ou quaisquer outros autores além de Rand. Nessa coleção, Ayn Rand apresenta a função da arte na vida do homem, passando por uma análise da música, da literatura e das formas válidas de arte.

The New Left: The Anti-Industrial Revolution (1971)

Confrontada por uma ideia, evento ou movimento historicamente importante, Ayn Rand sempre procurou identificar suas causas e efeitos. Na década de 1960 os jovens americanos se rebelaram contra o *establishment* cultural, promovendo ocupações de *campi* universitários e protestando contra a guerra no Vietnã e o capitalismo industrial, sobre a bandeira da Nova Esquerda. *The New Left: The Anti-Industrial Revolution* contém, além de uma análise crítica do crescente movimento ambientalista de sua época, também os vários ensaios de Ayn Rand a respeito desse movimento estudantil dos anos 60, publicados, primeiramente, no periódico *The Objectivist*. Em 1971 foi publicada a primeira edição, pela *New American Library*.

Uma edição revisada foi publicada no ano de 1975, acrescentando o ensaio "*The Age of Envy*", enquanto no ano de 1999 uma edição ampliada editada por Peter Schwartz foi publicada com o título de *Return of the Primitive: The Anti-Industrial Revolution*. Nessa última edição foram adicionados outros artigos, incluindo três do editor Peter Schwartz.

The Ayn Rand Letter (1971 – 1976)

Esse foi o último dos periódicos de Ayn Rand, publicado como um boletim quinzenal no estilo de uma carta datilografada, de outubro 1971 a fevereiro de 1976. Os vários ensaios publicados durante esse período versavam sobre uma diversidade de temas, mas sempre unidos por um ideal em comum, ao afirmarem a filosofia como um guia indispensável para entender e agir no mundo real. Comparado com o periódico anterior (*The Objectivist*), *The Ayn Rand Letter* perdeu assinantes, em parte por conta do aumento no preço da assinatura. A partir do ano de 1973, problemas pessoais levaram Rand a gerar atrasos na produção. No início do ano, diferenças ideológicas entre Rand e sua irmã recém-chegada da União Soviética foram responsáveis por atrasos na escrita de seus ensaios e, consequentemente, no cronograma de publicações. Essa situação durou em torno de oito meses, e, embora após esse período Rand tenha tentado retomar o cronograma, mais atrasos ocorreram a partir do momento em que ela foi diagnosticada com câncer de pulmão. Por conta desses atrasos, as edições publicadas passaram a conter uma nota explicando que a "carta" havia sido escrita após a data que consta em seu cabeçalho, ou seja, a data prevista segundo o cronograma da publicação. No ano de 1975, as edições já estavam com oito meses de atraso, com a edição datada de 26 de agosto de 1974 sendo escrita em maio de 1975. Nessa mesma edição, Leonard Peikoff anunciou que a publicação, que antes era quinzenal, passaria a ser mensal. Contudo, ainda assim Rand não conseguiu cumprir o cronograma, e, em fevereiro de 1976 publicou a última edição do *The Ayn Rand Letter*. Mesmo com o fim do periódico, e a saúde debilitada, Rand ajudou a estabelecer o *Objectivist Forum*, atuando como consultora filosófica até a sua morte, em 1982. Tendo Harry Binswanger como editor, o periódico circulou como um jornal bimestral objetivista entre fevereiro de 1980 a dezembro de 1987.

Philosophy: Who Needs It (1982)

Último trabalho planejado por Ayn Rand antes de sua morte, ela reúne nessa obra, publicada postumamente, dezoito ensaios que tratam da influência da filosofia em todos os aspectos de nossa vida. Ao apresentar sua interpretação própria, ela também acrescenta uma avalição a respeito de vários outros pensadores, incluindo, John Rawls, John Maynard Keynes, Immanuel Kant. A primeira edição publicada em 1982 pela editora Bobbs-Merrill apresenta, em sua maioria, artigos extraídos do boletim *The Ayn Rand Letter*. O ensaio do qual deriva o título dessa obra é de um discurso proferido por Ayn Rand em 6 de março de 1974 para os formados da Academia Militar dos Estados Unidos, no qual argumenta sobre o papel central da filosofia nas atividades humanas.

PUBLICAÇÕES PÓSTUMAS

Em seus ensaios, Ayn Rand tratou de uma multiplicidade de temas, sempre na tentativa de demonstrar uma aplicabilidade prática para a sua filosofia objetivista. Mesmo após décadas, suas críticas e análises continuam atuais, e, por isso, são frequentemente revisitadas. Apesar de sua morte, que ocorreu em 6 de março de 1982, diversas obras póstumas foram publicadas, trazendo ensaios que foram publicados nos três periódicos dos quais foi responsável, entre os anos de 1962 até 1976 – *The Objectivist Newsletter*, *The Objectivist* e *The Ayn Rand Letter* –, além de cartas enviadas por Rand, transcrições de palestras ou entrevistas concedidas a revistas, universidades, rádio e televisão. Além disso, outras publicações visam explicar ou dar continuidade à divulgação de suas ideias. Listamos, a seguir, algumas dessas obras:

- *The Ayn Rand Lexicon: Objectivism From A To Z* – 1986
- *The Voice Of Reason: Essays In Objectivist Thought* – 1989
- *Objectivism: The Philosophy Of Ayn Rand* – 1991
- *The Ayn Rand Column* – 1991 e 1998
- *Ayn Rand's Marginalia* – 1995
- *Letters Of Ayn Rand* – 1995

- *Journals Of Ayn Rand* – 1997
- *The Ayn Rand Reader* – 1998
- *Russian Writings On Hollywood* – 1999
- *The Art Of Fiction* – 2000
- *The Art Of Nonfiction* – 2001
- *Ayn Rand Answers: The Best Of Her Q & A* – 2005
- *Objectively Speaking: Ayn Rand Interviewed* – 2009

AYN RAND E A FILOSOFIA OBJETIVISTA: OUTRAS FONTES

É possível saber mais a respeito da filosofia objetivista criada e desenvolvida por Ayn Rand nos seguintes endereços eletrônicos:

Sites (em inglês)

- *Ayn Rand Institute (ARI)* – https://www.aynrand.org
- *Objectivism Reference Center* – https://www.noblesoul.com/orc/index.html
- *The Intellectual Activist* – http://www.intellectualactivist.com
- *The Atlas Society* – https://atlassociety.org
- *The Ayn Rand Lexicon: Objectivism from A to Z* – http://aynrandlexicon.com

Fóruns de discussão (em inglês)

- *Objectivist Living* – http://www.objectivistliving.com/forums/
- *Objectivism Online Forum* – http://forum.objectivismonline.com
- *Sense of Life Objectivists (SOLO)* – http://www.solopassion.com/forum
- *The Forum for Ayn Rand Fans* – http://forums.4aynrandfans.com

Sites (em português)

- *Objetivista* – https://objetivista.org
- *Instituto Liberal* – https://www.institutoliberal.org.br
- *Objetivismo: A filosofia de Ayn Rand* – http://objetivismo.com.br
- *Ayn Rand Space* – https://aynrand.space

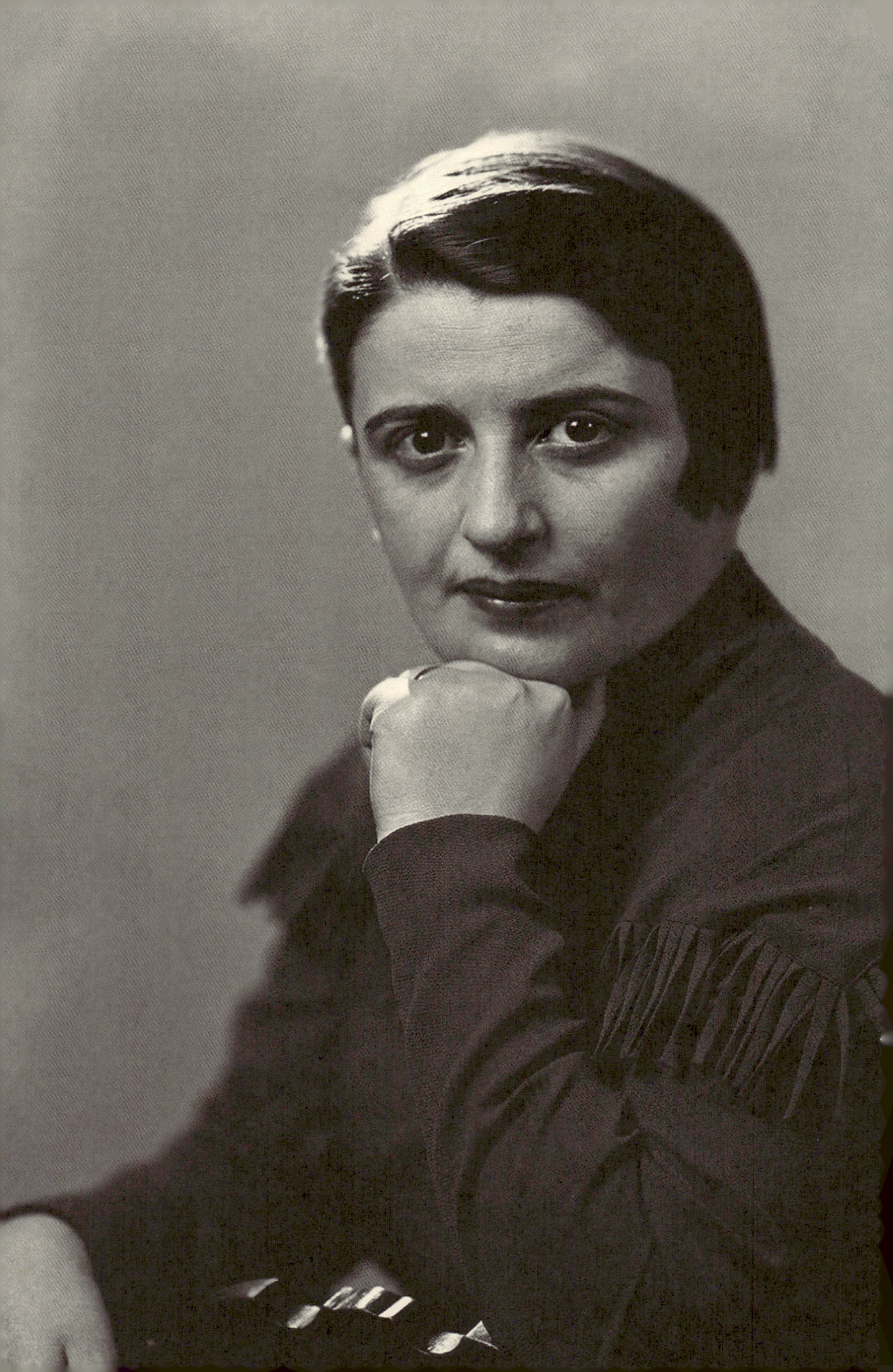

AUTORES

DENNYS GARCIA XAVIER (Coordenador/Autor)

Autor e tradutor de dezenas de livros, artigos e capítulos científicos, é Professor Associado de Filosofia Antiga, Política e Ética da Universidade Federal de Uberlândia (UFU). Professor do Programa de Pós-graduação em Direito (UFU). Doutor em *Storia della Filosofia* pela Università degli Studi di Macerata (CAPES/ Itália). Tem Pós-doutorado pela Universidade de Coimbra (CAPES/ Portugal), Pós-doutorado pela PUC-SP e Pós-doutorado pela Università La Sapienza di Roma. Tem passagens de pesquisa pela Universidad Carlos III de Madrid, Universidad de Buenos Aires, Trinity College Dublin, Università di Cagliari e Université Paris Sorbonne. É Diretor de Pesquisa da UniLivres e Coordenador do Students for Liberty Brasil. Na condição de esportista, foi também membro das Seleções Mineira e Brasileira de Natação e venceu diversos campeonatos nos âmbitos estadual, nacional e internacional (1993-1998). É Coordenador do Projeto Pragmata, no qual são pesquisados problemas e soluções liberais (especialmente operadas pelos países mais bem colocados em *rankings* internacionais de qualidade escolar) para a educação brasileira.

ALEXANDRE WALMOTT BORGES

Doutor em Direito. Doutor em História. Pesquisador Líder do LAECC, Laboratório Americano de Estudos Constitucionais Comparados. Pós-doutor pela Universidade Autônoma de Barcelona. Pesquisador visitante na

Universidade de Barcelona. Professor dos Programas de Pós-graduação em Direito, UFU e UNESP (nesse último, professor visitante), e Programa de Biocombustíveis – UFU.

ANAMARIA CAMARGO

Mestre em educação com foco em *E-learning*, pela Universidade de Hull, Inglaterra, onde atuou como professora EaD de 2006 a 2014. Pesquisadora da área de Educação, seja como professora, coordenadora acadêmica, desenvolvedora de materiais didáticos, tutora e colunista de jornais. Coordenadora do movimento Educação sem Estado, é coorganizadora e autora de capítulos nos livros *Educar é Libertar* e *A Liberdade Decifrada: Desconstruindo Mitos do Estatismo Brasileiro*. Diretora de Políticas Educacionais do Instituto Liberdade e Justiça.

GABRIEL OLIVEIRA DE AGUIAR BORGES

Bacharel em Direito pela Universidade Federal de Uberlândia (UFU). Especialista em Direito Processual Civil pela Faculdade Damásio (SP). Mestre em Direito pela UFU. Pesquisador do projeto Pragmata. Professor convidado do Programa de Pós-graduação em Direito Societário e Contratos Empresariais da UFU. Professor na área de Direito Privado na Unifasc (GO). Professor na instituição Luciano Rosa Cursos Jurídicos. Presidente da Liga de Direito dos Negócios de Uberlândia. Advogado.

GUSTAVO HENRIQUE DE FREITAS COELHO

É graduado em Análise e Desenvolvimento de Sistemas pela Universidade de Franca (2015). É graduando em Filosofia pela Universidade Federal de Uberlândia (UFU), onde vem atuando como monitor em diversas disciplinas do curso. Corresponsável pela elaboração de material didático em Filosofia para a Futuro Associação Educacional (2017). Concluiu projeto de pesquisa em Iniciação Científica Voluntária na área de Bioética e Biotecnologia (2018). Tem diversas participações em eventos científicos, na condição de autor de trabalhos e também como organizador. É membro do Projeto Pragmata, conduzido pelo Prof. Dennys Garcia Xavier.

HENRIQUE BIBIANO SIQUEIRA

Graduando do curso de Direito pela Universidade Federal de Uberlândia (UFU). Membro do grupo de pesquisa *Direito e Religião* (CEDIRE). Membro do grupo Poder Judiciário e Teorias Contemporâneas do Direito. Pesquisador do Projeto Pragmata/ UFU, sob coordenação do Prof. Dennys Garcia Xavier.

JOSÉ CARLOS MARRA

Graduado em Engenharia elétrica (UFU). Especialista em Gestão Empresarial e em Agronegócios (UFU). Graduação em Filosofia (UFU). Educador Corporativo (Universidade Corporativa do Banco do Brasil). Membro do Projeto Pragmata/UFU.

LUCIENE GOMES DOS SANTOS

Executiva na empresa Uptime Comunicação. Graduada em Letras pela Universidade Federal de Uberlândia (UFU). Pesquisadora do Projeto Pragmata, no qual se dedica às questões linguísticas derivadas da crítica estabelecida pelos autores que compõem a assim denominada "Escola Austríaca".

MARCO FELIPE DOS SANTOS

Bacharel em História pela Universidade Federal de Uberlândia (UFU). Fundador do Grupo de Estudos Cascavéis do Triângulo. Pesquisador do Projeto Pragmata, no qual se dedica ao estudo de autores da Escola Austríaca de Economia. Professor de História. *Webprofessor* do *Canal Doreán Schola*.

MICHELLE BORGES BORSATTO

Bacharel e Licenciada em Ciências Sociais com ênfase em Ciência Política pela Universidade Estadual Paulista (UNESP). Especialista em Negociações Econômicas Internacionais pelo programa de Pós-Graduação em Relações Internacionais San Tiago Dantas (UNESP-UNICAMP-PUC-SP).

Atualmente graduanda em Letras Habilitação Inglês e Literaturas da Língua Inglesa na Universidade Federal de Uberlândia. Membro do Projeto Pragmata/ UFU onde atual como pesquisadora e revisora, sob a coordenação do Prof. Dr. Dennys Garcia Xavier.

MÜLLER MENDES VIANA

Graduando em Filosofia pela Universidade Federal de Uberlândia (UFU). Integrante do Grupo de Estudos em Filósofos Conservadores. Interesses acadêmicos: Ética/Política e Existencialismo. Membro do Projeto Pragmata, conduzido pelo Prof. Dennys Garcia Xavier.

NEI OLIVEIRA DE SOUZA JÚNIOR

Graduando em Ciências Sociais na Universidade Federal de Uberlândia. Atualmente pesquisador do PIBIC-FAPEMIG no tema "Alienação" nos seguintes autores: Adam Smith, Karl Marx, J. J. Rousseau e J. Locke. Participante do grupo de estudo sobre a Revolução Francesa. Leciona aulas de Sociologia no Curso Pré-vestibular Futuro Alternativo desde o segundo semestre de 2017.

REGINALDO JACINTO ALVES

É graduado em Pedagogia e graduado em Teologia. É graduando em Filosofia pela Universidade Federal de Uberlândia (UFU). Estudioso do fenômeno religioso nas doutrinas de autores liberais, é membro do Projeto Pragmata, sob direção do Prof. Dennys Garcia Xavier.

RENATO GANZAROLLI

Graduado em Direito pelo Centro Universitário do Planalto de Araxá. É Especialista e Mestre em Direito Público pela Universidade Federal de Uberlândia (UFU). É Professor de Direito em sua *alma mater* e atua como advogado na mesma cidade. No rádio, é apresentador do programa *Volt Livre*, que defende arduamente a causa da Liberdade.

ROBERTO RACHEWSKY

Empresário, pesquisador e ativista pelo Capitalismo Radical. Co-Fundador do IEE – Instituto de Estudos Empresariais, do Instituto Liberdade e do Instituto Atlantos. Articulista do Instituto Liberal, do Instituto Millenium e do *site Objetivismo Brasil*.

ROSANE ROCHA VIOLA SIQUIEROLI

Graduada em Direito pela Universidade Federal de Uberlândia (UFU). Especialista em Ciências Criminais também pela UFU. Tem larga experiência na área de Comunicação Social, telejornalismo, com ênfase em Jornalismo Especializado (Empresarial e Científico). Mestre pelo Programa de Pós-graduação em Filosofia da UFU.

WESLEY COSTA XAVIER

Tem Bacharelado e Licenciatura em Filosofia pelo Instituto de Filosofia da Universidade Federal de Uberlândia (UFU). Mestre em Filosofia pela Universidade Federal de Uberlândia (UFU). É Professor de Filosofia em diversas instituições de Ensino Médio. Membro do Projeto Pragmata, conduzido pelo Prof. Dennys Garcia Xavier.

WEVERTON PAULO DA SILVA

Empreendedor. Graduando em Filosofia pela Universidade Federal de Uberlândia (UFU). Pesquisador dos ciclos econômicos (Escola Austríaca). Membro do Projeto Pragmata, conduzido pelo Prof. Dennys Garcia Xavier.

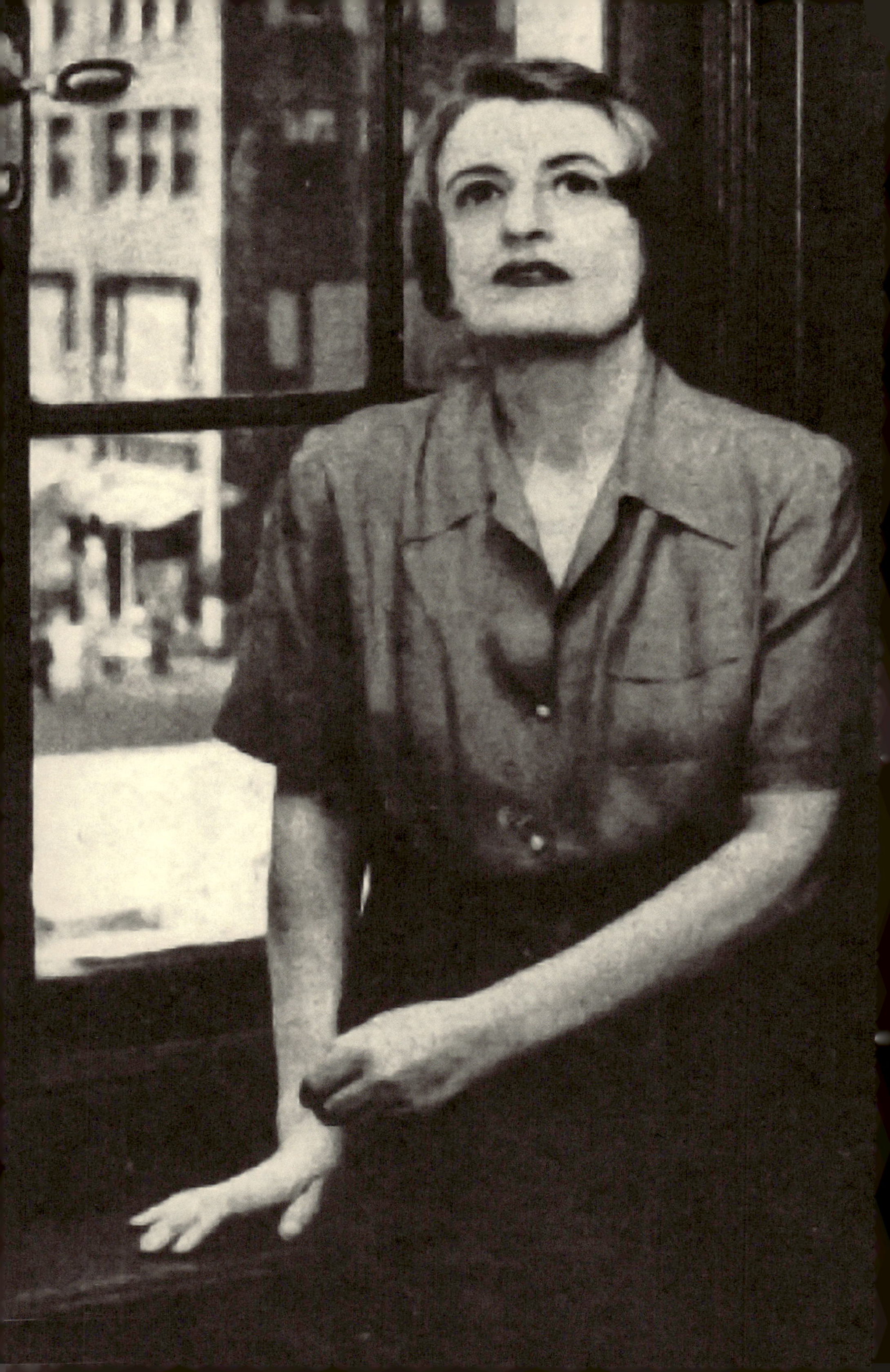

ÍNDICE REMISSIVO E ONOMÁSTICO

A

Academia de Hollywood, 54
Academia Militar dos Estados Unidos, 215
Alemanha, 27, 82, 112, 133, 153
Alice no País das Maravilhas (filme), 36
Anthem, de Ayn Rand, 47, 208
America and the Intellectuals (simpósio), 12
Apollo 11, 212
ARI Campus, 29
Aristóteles (384-322 a.C.), 98, 194, 204
Armageddon (filme), 36
Aron, Raymond Claude Ferdinand (1905-1983), 11
Art Of Fiction, The, 216
Art Of Nonfiction, The, 216
Art Students League, 38
Ásia, 122
Átila (406-453), o Huno, 140
Atlas Shrugged, de Ayn Rand, 66-68, 74-75, 121, 195, 207-10
Aufklärung (esclarecimento) kantiana, 79
Ayn Rand Answers: The Best Of Her Q & A, 216
Ayn Rand Archives, 74
Ayn Rand Column, The, 215
Ayn Rand Letter, The, 211-12, 214-15
Ayn Rand Lexicon, The: Objectivism From A To Z, 215-16
Ayn Rand's Marginalia, 215
Ayn Rand Reader, The, 216
Ayn Rand: A Sense of Life – The Companion Book, de Michael Paxton, 77

Ayn Rand: A Sense of Life, documentário de Michael Paxton, 77

Ayn Rand and Song of Russia: Communism and Anti-Communism in 1940s Hollywood, 54

Ayn Rand and the World She Made, de Anne Conover Heller, 77

Ayn Rand: A Writer's Life, Vídeo-curso, 29

B

Bakunin, Mikhail Alexandrovich (1814-1876), 136

Beetlejuice (filme), 36

Bentham, Jeremy (1748-1832), 83-84

Berlim, 194

Best, Emma, 57

Best Years of Our Lives, The (Os Melhores Anos de Nossas Vidas), 54

Bíblia Sagrada, 75, 193, 297

Biblioteca do Congresso Americano, 75, 193, 207

Binswanger, Harry (1944-), 213-14

Blumenthal, Nathan, *ver* Branden, Nathaniel,

Bobbs-Merrill Company, 47, 209, 215

Bolcheviques, 22, 26-27, 53, 194

Branden, Barbara (1929-2013), 62-71, 74, 77, 127

Branden, Nathaniel (1930-2014), 61-72, 74, 77, 155-56, 178, 184, 211-13

Brandão, Carlos (1958-), 183

Brasil, 50, 107, 173, 192, 195, 209-11

Broadway, 37, 42, 195

C

Califórnia, 33, 51-52, 62, 71

Câmara dos Deputados dos Estados Unidos, 53

Câmara dos Representantes do Congresso, 195

Caminho da Servidão, O, de F. A. Hayek, 136, 192

Cântico, de Ayn Rand, 209

Capitalism: The Unknown Ideal, de Ayn Rand, 70, 72, 211

Capitalismo: Ideal Desconhecido, de Ayn Rand, 175

Capitalismo *laissez-faire*, 67, 76, 212

Carrie (filme), 36

Castro Ruz, Fidel Alejandro (1926-2016), 140

Cemitério Kensico, 73

Certo e errado: O que você precisa saber para ajudar a juventude a fazer as escolhas certas, de Josh MacDowell, 124

Chatsworth, 51

Chicago, 33-34, 133, 194

Churchill, Winston Leonard Spencer- (1874-1965), 56

Coletivismo, coletivista, 47, 96-98, 127-29, 131-33, 138, 150, 157, 163, 168, 179-81, 184, 187-88, 192, 194, 205, 208-10

Collective, The, 195

Columbia University, 144

Comissão de Atividades Anti-Americanas, 195

Comissão para a Reforma Monetária, 195

Como levar uma vida racional numa sociedade irracional?, de Ayn Rand, 107-08

Communist Infiltration-Motion Picture Industry – COMPIC (Infiltração Comunista na Indústria Cinematográfica), 57

Comunismo, comunista, 28-30, 32, 42, 47, 52-55, 57-58, 75-76, 96, 132, 188, 194-95, 208

Connecticut, 47

Constantino, Rodrigo (1976-), 156

Contato (filme), 36

Cooper, Gary [Frank James Cooper (1901-1961)], 50, 52, 57, 209

Crimeia, 29, 194

Crise de 1929, 44

Culver City, 34-36

Culver Studios, The, *ver* The Ince Studios,

D

De Grasse, 32

DeMille, Cecil B. (1881-1959), 34, 37, 39-40

Departamento de Pedagogia Social, 29

Descartes, René (1596-1650), 84

Desilu Studios *ver* The Ince Studios

Determinismo histórico, 198

Deus salve o czar, 18

Dewey, John (1859-1952), 149

Discurso "A Sanção da Vítimas", 195

Discurso sobre o Método: Regras para a Orientação do Espírito, de René Descartes, 84

Disney, Walter E. (1901-1966), 52, 57

Domingo Sangrento, 18-19, 24

E

Editora Ortiz S. A., 211

Equality 7-2521, personagem de *Anthem*, 209

Escola Aristotélica, 205

Escola Kantiana, 205

Escola Platônica, 205

Essência da constituição, A, de Ferdinand Lassalle, 112

Estados Unidos da América, 12, 18, 30, 32-33, 38-39, 47, 53-54,

61, 63, 72, 74, 76, 127-28, 133-34, 175, 188, 193, 205, 210, 212, 215
Estatismo, estatistas, 98, 120, 168, 173
ET, o Extraterrestre (filme), 36
Europa, 133
Eu Sou a Lenda (filme), 36
Exércitos Russos Brancos, 29
Exército Vermelho, 27
Existencialismo sartreano, 79

F

Fascismo, fascista, 132
Federal Bureau of Investigation (FBI), 53, 57-61
Federal Reserve, 195
Ford, Gerald Rudolph (1913-2006), 38º presidente dos Estados Unidos, 72
Fortaleza de São Pedro e São Paulo, 30-31
For the New Intellectual, de Ayn Rand, 68, 210
Fountainhead, The, de Ayn Rand, 18, 42, 47-51, 54, 61-63, 75, 209
Fountainhead, The (filme), 50

G

General Tire and Rubber Company, 36
Genghis Khan (1162-1227), 140
Goddess of the Market: Ayn Rand and the American Right, de Jennifer Burns, 77
Greenspan, Alan (1926-), 63-64, 67, 72, 195
Gregório XIII, [Ugo Buoncompagni (1502-1585)], 226º Papa da Igreja Católica, 18
Guerra do Vietnã, 213

H

Hayek, F. A. [Friedrich August von] (1899-1992), 9, 136-37
Hesse, Konrad (1919-2005), 108, 113
Hitler, Adolf (1889-1945), 55-57, 140
Hollywood, 31, 33-34, 37, 40, 42, 44, 48, 51-54, 57, 194
Hollywood: American Movie City ver *Russian Writings on Hollywood*
Hollywood Citizen, 39-40
Hoover, John Edgar (1895-1972), 57, 59-61
Hopper, Hedda (1885-1966), 52
House Un-American Activities Committee – HUAC (Comitê de Atividades Antiamericanas da Câmara), 53
Howard Hughes Studio *ver* The Ince Studios
Howard Roark, personagem de *The Fountainhead*, 18, 179, 209
Hugo, Victor Marie (1802-1885), 145, 213

I

Idade Média, 205
Iluminismo, 205
Império Russo czarista, 17
Império Romano, 18
Ince Studios, The, também conhecido como *Culver Studios*, 35
Individualist Credo, The ver *The Only Path to Tomorrow*
Inglaterra, 47, 133, 208
Instituto Ayn Rand, 74
Instituto Estadual de Artes Cinematográficas de Petrogrado, 31
Instituto Nathaniel Branden, 68, 212
Introdução à Epistemologia Objetivista, de Ayn Rand, 195
Introduction to Objectivist Epistemology, de Ayn Rand, 208, 212
Itália, 18, 195

J

Judgement Day: My Years with Ayn Rand, de Nathaniel Branden, revisado e renomeado para *My Years with Ayn Rand*, 74
John Galt, personagem de *A Revolta de Atlas*, 15, 176, 210
Journals Of Ayn Rand, 216

K

Kant, Immanuel (1724-1804), 143-44, 153, 215
Kerensky, Alexander Fyodorovich (1881-1970), 26
Keynes, John Maynard (1883-1946), 215
Kill Bill (filme), 36
King of Kings, 36-37, 39
King Kong (cena em *Skull Island*), 36
Klinge, Aleksandr, 22
Kremlin, 27
Khrushchev, Nikita Sergeyevich (1894-1971), 140

L

Laird International Studios, ver The Ince Studios
Lassalle, Ferdinand [Ferdinand Johann Gottlieb Lassal (1825-1864)], 112-13
Legalmente Loira (filme), 36
Lenin, [Vladimir Ilyich Ulyanov (1870-1924)], 22, 26-28
Leningrado ver São Petersburgo
Letters Of Ayn Rand, 215
L'homme qui rit, de Victor Hugo, 145
Liberty 5-3000, personagem de *Anthem*, 209
Livre arbítrio, 96, 169, 198

Lorain, 38
Los Angeles, 35, 42, 62-63
Love Letters, de Ayn Rand, 51
Luhmann, Niklas (1927-1998), 108-11
Lvov, Georgy Yevgenyevich (1861-1925), 26

M

MacDowell, Josh, 124-25
Macmillan Company, 42, 44, 208
Marcuse, Herbert (1898-1979), 153
Martov, Yuly (1873-1923), 22
Matrix (filme), 36
Mayer, Louis B. (1884-1957), 52
Medicare (programa governamental de assistência médica para idosos), 128
Menaul, Christopher (1944-), 61
Mencheviques, 22, 26
Metro Goldwyn-Mayer, 42, 54
México, 38
Meyer e Holler, 35
Milwaukee Building Company, 35
Monroe, Marilyn [Norma Jeane Mortenson (1926-1962)], 34
Motion Picture Aliance for Preservation of American Ideals, 52
My Dog (filme), 37
My Years with Ayn Rand ver *Judgement Day: My Years with Ayn Rand*

N

Nascente, A, de Ayn Rand, 179, 181, 186, 189, 195, 209
Nathaniel Branden Institute (NBI), 68
Nazismo, nazista, 56, 82, 132, 153
Neal, Patricia Louise (1926-2010), 50, 209
Nethaway, Rowland, 125
Neutra, Richard Joseph (1892-1970), 51
New American Library, 212-13
New Left, The: The Anti-Industrial Revolution, de Ayn Rand, 145, 213
New York Herald Tribune, 44-45
New York Times, The, 42, 44, 46, 48, 51, 67
New York Times Book Review, The, 49
Nicolau II, [Nikolai Alieksandrovich Romanov (1868-1918)], czar da Rússia, 18, 24-25
Night of January 16th, The, de Ayn Rand, 42-43, 47
Noite no Museu, Uma (filme), 36
Nova Orleans, 73
Nova York, 31-33, 38, 42, 44, 47, 63, 65, 68, 71-73, 133, 194-95
Núñez, Miguel, 121, 124-25

O

Objectively Speaking: Ayn Rand Interviewed, 216

Objetivismo, 16, 57, 59-61, 68-69, 71, 76, 80-82, 88-94, 97, 100-02, 104-05, 111, 127, 156-58, 175-76, 178-88, 191, 193, 195-99, 201-02, 204-05, 207, 210-11, 214-17

Objectivism: The Philosophy Of Ayn Rand, 215

Objectivist, The (anteriormente *The Objectivist Newsletter*), 71-72, 210-11

Objectivist Forum, 214

Objectivist Newsletter, The, 68, 71-72, 210-12, 215

O'Connor, Alice, *ver* Alissa Zinovievna Rosenbaum, nome de registro de Ayn Rand

O'Connor, Charles Francis Frank (1897-1979), 36-8, 42, 44, 47-48, 51-52, 63-67, 69, 72-73, 194

Odessa, 28

Only Path to Tomorrow, The, de Ayn Rand, 52

Oscar, 54

P

Palácio de Inverno do czar, 18-19, 26-27

Palestras Nathaniel Branden, 68

Paramount, 51

Partido Operário Social Democrata Russo (POSDR), 22

Passion of Ayn Rand, The (*A Paixão de Ayn Rand*), de Barbara Branden, 61, 74, 77

Passion of Ayn Rand's Critics, The, de James S. Valliant, 74

Pathé Exchange Studios *ver* The Ince Studios

Peikoff, Leonard S. (1933-), 64, 213-14

Penthouse Legend, 42

Perfect Film and Chemical *ver* The Ince Studios

Petrogrado ver São Petersburgo

Philosophy: Who needs it, de Ayn Rand, 207, 215

Playboy (revista), 68-69

Plekhanov, Georgi Valentinovich (1856-1918), 22

Pola Negri ver *Russian Writings on Hollywood*

Portnoy, Harry, 33

Presley, Elvis Aaron (1935-1977), 61

Primeira Guerra Mundial, 22, 24-25, 27

Pruette, Lorinne Livingston (1896-1976), 48-49

Psychology of Self-Esteem, The, de Nathaniel Branden, 71

Q

Quem é John Galt?, primeiro título de *Atlas Schrugged* no Brasil, 15, 210

R

Random House, 67, 77, 209
Rawls, John Bordley (1921-2002), 215
Razão, 17, 31, 47, 56, 69, 75-76, 81, 85-86, 89-90, 92, 96, 97-00, 103, 105, 124-26, 129, 137, 139, 144-46, 150-53, 156-57, 160-61, 166, 169-70, 177-79, 181-85, 187-88, 196, 198-00, 205, 209-10
Reader's Digest, 52, 216
Red Scare (Ameaça Vermelha), 53
Red Pawn, de Ayn Rand, 41
República Popular da China, 53
Return of the Primitive: The Anti-Industrial Revolution, de Ayn Rand, 214
Revolta de Atlas, A, de Ayn Rand, 68, 87, 119, 175-76, 179, 193, 195, 210
Revolução Americana, 205
Revolução Gloriosa, 205
Revolução Industrial, 205
Revolução Russa, 15, 17, 25, 28, 53, 193
RKO Studios, 35, 39-42, 48
RoboCop (filme), 36
Rocky (filme), 36

Romantic Manifesto, The, de Ayn Rand, 208, 213, 230
Rorty, Richard McKay (1931-2007), 120
Rosenbaum, Alice, *ver* Alissa Zinovyevna Rosenbaum, nome de registro de Ayn Rand,
Rosenbaum, Alissa Zinovyevna, ou Ayn Rand (1905-1982), 17-18, 21-23, 33
Rosenbaum, Anna Borisovna, 20, 28
Rosenbaum, Zelman Wolf Zakharovich, 20-22, 28
Rússia, 17-18, 22, 24-27, 29, 31-34, 38, 41-42, 47, 55-57, 75-76, 127, 129, 132-33, 153, 194, 208
Russian Writings on Hollywood, 31, 216

S

São Petersburgo, 17, 19-20, 22, 24-26, 28-31, 38, 194
Saturday Evering Post, 57, 61
School and Society, The, de John Dewey, 149
Schopenhauer, Arthur (1788-1860), 84, 89
Schwartz, Peter, 214
Screen Guide Americans, 52
Second Hand Lives, título original de *The Fountainhead*, 209
Segunda Guerra Mundial, 52-55

Selznick International Pictures *ver* The Ince Studios

Serviço Postal dos Estados Unidos, 74

Sibéria, 30, 194

Skyscraper, The, 37

Sociologia do Direito I, de Niklas Luhmann, 108

Sofocracia platônica, 79

Song of Russia (Canção da Rússia), 54-55

Sony Corporation *ver* The Ince Studios

Stalin, [Josef Vissariónovitch (1878-1953)], 130

Strike, The, título original de *Atlas Shrugged*, 66, 209

Studio Club, 34, 40

T

Teatro Stony Creek, 47

Tonight Show, The, apresentado por Johnny Carson, 70

Tomás de Aquino (1225-1274), Santo, 205

Tratado de Paz de Brest-Litovsk, 27

U

Uber das Verfassungswesen, conferência de Ferdinand Lassalle, 112

Ucrânia, 28

União Soviética, 22, 32, 42, 54, 72, 214

Universal Pictures, 41

Universidade de Leningrado, 194

Universidade de Petrogrado, 29

Universidade de Varsóvia, 20

V

Vida não requer um pacto?, A, de Ayn Rand, 107-08

Vide Editorial, 209

Vidor, King Wallis (1894-1982), 50

Virtude do egoísmo, A, de Ayn Rand, 80, 97, 107, 155, 176, 178, 184, 211

Virtue of Selfishness, The, de Ayn Rand,

Voice Of Reason, The: Essays In Objectivist Thought, 70, 72, 144, 155, 208, 211-12

Vontade Indômita, ver *The Fountainhead*,

W

Wallis, Harold Brent (1898-1986), 51

Warner Brothers, 50-51, 209

Washington Boulevard, 35

Wayne, John [Marion Mitchell Morrison (1907-1979)], 52

Weidman, Barbara *ver* Branden, Barbara

We The Living, de Ayn Rand, 29-30, 42, 44-46, 195, 208

Who Is Ayn Rand?, de Nathaniel Branden e Barbara Branden, 68, 77

Willkie, Wendel Lewis (1892-1944), 47

Woman on Trial ver *The Night of January 16th*

World Publishing Company, The, 213

Wright, Frank Lloyd (1867-1959), 48

X

X-Men: Primeira Classe (filme), 36

Y

You Came Along, de Ayn Rand, 51

A trajetória pessoal e o vasto conhecimento teórico que acumulou sobre as diferentes vertentes do liberalismo e de outras correntes políticas, bem como os estudos que realizou sobre o pensamento brasileiro e sobre a história pátria, colocam Antonio Paim na posição de ser o estudioso mais qualificado para escrever a presente obra. O livro *História do Liberalismo Brasileiro* é um relato completo do desenvolvimento desta corrente política e econômica em nosso país, desde o século XVIII até o presente. Nesta edição foram publicados, também, um prefácio de Alex Catharino, sobre a biografia intelectual de Antonio Paim, e um posfácio de Marcel van Hattem, no qual se discute a influência do pensamento liberal nos mais recentes acontecimentos políticos do Brasil.

Os objetivos principais do livro *A Bela Anarquia* de Jeffrey Tucker são: 1) chamar a atenção para a realidade que nos cerca, mas que dificilmente nos preocupamos em notar, muito menos de celebrar; 2) exortar a disposição de abraçar este novo mundo como um meio de melhorar nossas vidas independentemente do que as instituições anacrônicas de poder estatal desejem que façamos; 3) elucidar as causas e efeitos que criaram este novo mundo; e 4) estimular mais ainda as boas instituições que criaram esta bela anarquia. Esta obra cobre os usos das mídias sociais, a obsolescência do Estado-nação, o modo como o governo está destruindo o mundo físico, o papel do comércio na salvação da humanidade, as depredações da política monetária dos governos e o mal da guerra, bem como a mentira da segurança nacional e o papel das sociedades privadas como agentes de libertação.

Rumo a uma Sociedade Libertária apresenta em curtos e incisivos capítulos as questões polêmicas mais discutidas em nosso tempo sob o prisma dos fundamentos básicos do libertarianismo. No característico estilo claro e agradável que marcam todos os seus escritos, nesta coletânea de ensaios o professor Walter Block discute política externa, economia e liberdades pessoais. Ao forçar o leitor a sair do lugar comum das análises políticas, econômicas e sociais, a lógica impecável do autor revela que os princípios econômicos da Escola Austríaca e o pensamento individualista libertário são os melhores veículos para compreender os problemas mundiais e conduzir em direção às soluções destes. A presente edição brasileira conta com um posfácio do youtuber Raphaël Lima, criador do canal Ideias Radicais.

Liberdade, Valores e Mercado são os princípios que orientam a LVM Editora na missão de publicar obras de renomados autores brasileiros e estrangeiros nas áreas de Filosofia, História, Ciências Sociais e Economia. Merecem destaque especial em nosso catálogo os títulos da Coleção von Mises, que será composta pelas obras completas, em língua portuguesa, do economista austríaco Ludwig von Mises (1881-1973) em edições críticas, acrescidas de apresentações, prefácios e posfácios escritos por grandes especialistas brasileiros e estrangeiros no pensamento misesiano, além de notas do editor. Tratam-se de livros indispensáveis para todos que desejam compreender melhor o pensamento liberal.

Visando cumprir parte da missão almejada pela LVM Editora de publicar obras de renomados autores brasileiros e estrangeiros nas áreas de Filosofia, História, Ciências Sociais e Economia, a Coleção Protoaustríacos lançará em português inúmeros trabalhos de teólogos, filósofos, historiadores, juristas, cientistas sociais e economista que influenciaram ou anteciparam os ensinamentos da Escola Austríaca Economia, além de estudos contemporâneos acerca dos autores que, entre a Idade Média e o século XIX, ofereceram bases para o pensamento desta e de outras importantes vertente do pensamento liberal. Esta importante coleção é coordenada pelo professor Ubiratan Jorge Iorio e conta com a colaboração de renomados intelectuais..

Acompanhe a LVM Editora nas redes sociais

📘 https://www.facebook.com/LVMeditora/
📷 https://www.instagram.com/lvmeditora/

Esta obra foi composta pela BR75
na família tipográfica Sabon e impressa
pela Rettec para a LVM em Agosto de 2023